महत्वाकांक्षा का जाल

कैसे भागदौड़ छोड़ें और जीना शुरू करें

अमीना अलताई

भूमिकाः रेचेल रॉजर्स

महत्वाकांक्षा का जाल

अमीना अलताई

प्रथम आवृत्ती : अक्तूबर 2025

अनुवादक : अभिषेक शुक्ला

प्रकाशक : वॉव पब्लिशिंग्ज् प्रा. लि. पुणे

मुद्रक : ट्रिनिटी अकादमी फॉर कॉर्पोरेट ट्रेनिंग लि., पुणे

ISBN : 978-81-989820-6-3

'Ambition Trap' इस अंग्रेजी पुस्तक का हिंदी अनुवाद

Mahatvakanksha Ka Jaal

यह किताब उन सभी लोगों को समर्पित है, जो हमेशा हाशिये पर रहे हैं, जिन्होंने बार-बार खारिज किए जाने का कष्ट झेला है - बहुत अजीब, बहुत काले, बहुत क्वीर (समलैंगिक), बहुत अलग, बहुत मोटे, बहुत गरीब, बहुत स्त्री-सुलभ या बहुत दिव्यांग - जिन्हें बार-बार इस एहसास से गुज़रना पड़ा है कि वे इस दुनिया की दी हुई ''सामान्य'' की परिभाषा में फिट नहीं बैठते।

यह किताब उन लोगों के लिए है, जिन्होंने अपनी ज़िंदगी खुद को बदलने की कोशिश में गुज़ार दी, जबकि वास्तव में पूरे सिस्टम को बदलने की ज़रूरत थी, उन्हें नहीं। यह किताब इस बात को याद दिलाने के लिए है कि 'हमारे अंदर कुछ भी गलत नहीं है।' और आप जैसे हैं, अगर वैसे ही मुझे अपना थोड़ा समय दें, तो यह मेरे लिए बड़े सम्मान की बात होगी।

लेखिका की टिप्पणी

इस किताब को शुरू करने से पहले मैं कुछ बातें स्पष्ट करना चाहती हूँ। सबसे पहले, यह ज़रूरी है कि जिस ज्ञान से मेरा यह काम उपजा है, उस परंपरा और शिक्षकों को सम्मान दिया जाए। मैं अपने शिक्षकों, कोचों, मार्गदर्शकों और प्रेरणाओं को श्रद्धांजलि देती हूँ – रा गॉडेस, जेएलव कैल्डेरॉन, हिल्डी डन, एरिन फोली, जेस्सी जॉनसन चंद्रा, श्रीकला चंद्रा, हैंडेल ग्रुप, इंस्टिट्यूट ऑफ इंटीग्रेटिव न्यूट्रिशन, डॉ. डेगनिट नूर, अनुराग गुप्ता, हीदर बॉक्स, डॉ. मार्गरिटा रूसोलेलो, शैमैनिक रेकी वर्ल्डवाइड, एलिन लॉरलर, एमी बोनाडूचे–गार्डनर, चार्ली नोल्स, रेचल रॉजर्स, और बेन टर्शेन।

प्रमुख शब्दों पर स्पष्टीकरण

इस किताब में मैंने ऐतिहासिक रूप से बहिष्कृत और कम प्रतिनिधित्ववाले नेताओं, हाशिये पर जी रहे समुदायों, बीआईपीओसी (ब्लैक, इंडिजिनस और पीपल ऑफ कलर या अन्य नस्ल/रंग वाले लोग) और व्हाइट सुप्रीमेसी कल्चर (श्वेत वर्चस्व संस्कृति) का उल्लेख किया है। पाठकों की सुविधा के लिए मैंने इन शब्दों को आगे परिभाषित कर दिया है।

इस किताब में मैंने जिन शब्दों और भाषा का प्रयोग किया है, उनसे मेरा सामना तब हुआ, जब मैं अपने शोध के लिए डाटा इकट्ठा कर रही थी। जिन लोगों ने मुझे यह डाटा उपलब्ध कराया – यानी मेरे सोर्स – वे इन शब्दों का उपयोग करते थे। इस किताब में मैंने कई बार जेंडर बाइनरी भाषा का उपयोग भी किया है क्योंकि मुझे वह डाटा उसी भाषा में उपलब्ध हुआ। आज भाषा और शब्दावली बहुत तेज़ी से बदल रही है और मैं हमेशा उन समुदायों से सीखने की कोशिश करती हूँ, जो इस बदलाव को आगे बढ़ा रहे हैं। इसके बावजूद, मैं अब भी वही शब्द इस्तेमाल कर रही हूँ, जो डाटा इकट्ठा करने में प्रयोग हुए थे ताकि डाटा की मूल भावना से समझौता न

हो और पाठकों के लिए उसे समझना आसान रहे। मैंने यहाँ जो शब्द उपयोग किए हैं, वे इस बात को प्रतिबिंबित नहीं करते कि विभिन्न समुदायों को संबोधित करते मैं स्वयं किन शब्दों को प्राथमिकता दूँगी।

ऐतिहासिक रूप से बहिष्कृत : जब मैं ''ऐतिहासिक रूप से बहिष्कृत'' लोगों की बात करती हूँ, तो मेरा तात्पर्य उन लोगों से होता है, जिन्हें संस्थागत भेदभाव झेलना पड़ा या अवसरों से वंचित किया गया। इसमें शामिल हैं महिलाएँ, जन्म देनेवाले अभिभावक, अन्य नस्ल/रंग वाली महिलाएँ, बीआईपीओसी (ब्लैक, इंडिजिनस और पीपल ऑफ कलर या अन्य नस्ल/रंग वाले लोग), स्पष्ट या अस्पष्ट रूप से दिव्यांग लोग, पुरानी बीमारियों से पीड़ित, न्यूरोडायवर्जेंट लोग, विभिन्न आकार और शारीरिक संरचनाओंवाले लोग और एलजीबीटीक्यूआईए+ समुदाय। यद्यपि इन सभी समूहों को किसी एक इकाई के तौर पर नहीं देखा जा सकता और सभी ने अलग-अलग स्तर पर भेदभाव का अनुभव किया है। फिर भी यह स्पष्ट है कि ये लोग सिसजेंडर व्हाइट पुरुषों की तुलना में अधिक चुनौतियों का सामना करते हैं। ऐतिहासिक रूप से बहिष्कृत इन लोगों को मैं ''कमतर आँके गए नेता'' या ''ग्लोबल मेजॉरिटी'' भी कह सकती हूँ।

हाशिये पर स्थित : हाशिये पर वे लोग होते हैं, जो शक्ति संतुलन के असमान होने के कारण भेदभाव और बहिष्कार का अनुभव करते हैं। जाति, लिंग, नस्ल, क्षमता, आयु, शरीर का आकार, धर्म, नागरिकता की स्थिति और सेक्शुअल ओरिएंटेशन (यौन झुकाव या पहचान) जैसे क्षेत्रों में यह हाशियाकरण हो सकता है। परिभाषा के अनुसार, विविध, बीआईपीओसी और ऐतिहासिक रूप से बहिष्कृत नेता अक्सर हाशिये पर रखे जाते हैं।

बीआईपीओसी : इसका अर्थ है ''ब्लैक, इंडिजिनस और पीपल ऑफ कलर''। आप क्यूटीबीआईपीओसी में भी इस शब्द का एक रूप देख सकते हैं, जिसका अर्थ है ''क्वीर, ट्रांस, ब्लैक, इंडिजिनस और पीपल ऑफ कलर''। यह शब्द इन समुदायों में एकता और एकजुटता को दर्शाने के लिए अस्तित्व में आया है। हालाँकि इस शब्द को लेकर स्वयं इन समुदायों में भी बहस चल रही है। क्योंकि इन समूहों की पहचानें और अनुभव एक-दूसरे से बिलकुल अलग हैं। साथ ही, कुछ विद्वान तर्क देते हैं कि जितना हम नॉन-व्हाइट (गैर-श्वेत) समूहों के लिए नए लेबल गढ़ते हैं, अमेरिका में व्हाइटनेस उतनी ही केंद्र में आने लगती है। मैंने यह शैली इसलिए चुनी क्योंकि अधिकांश लोग इसका अर्थ जानते हैं।

व्हाइट सुप्रीमेसी कल्चर : व्हाइट सुप्रीमेसी कल्चर (श्वेत वर्चस्व संस्कृति) एक प्रकार का नस्लवाद है, जो यह धारणा रखता है कि व्हाइट यानी श्वेत नस्ल के लोग अन्य नस्लों से श्रेष्ठ हैं और उन्हें आर्थिक, राजनीतिक और सामाजिक रूप से गैर-श्वेत समूहों पर अपना प्रभुत्व रखना चाहिए। व्हाइट सुप्रीमेसी की विशेषताएँ संगठनात्मक संस्कृति में प्रकट होती हैं और उन्हें बिना किसी सामूहिक स्वीकृति के सामान्य मानक के रूप में स्वीकार कर लिया जाता है। ये विशेषताएँ पीओसी (पीपल ऑफ कलर) और व्हाइट्स (श्वेत नस्ल के लोगों) दोनों के लिए हानिकारक होती हैं क्योंकि वे केवल एक नस्लीय समूह के अनुभवों, मूल्यों और प्राथमिकताओं को ही महत्त्व देती हैं। यहाँ तक कि वे संगठन भी, जो पीओसी द्वारा संचालित हैं या जिनमें अधिकांश कर्मचारी पीओसी समूहों के हैं, व्हाइट सुप्रीमेसी कल्चर की विशेषताओं को प्रकट कर सकते हैं। यह समझना आवश्यक है कि हम सभी इसी संस्कृति में जी रहे हैं, चाहे हमारी नस्लीय पहचान और इंटरसेक्शनैलिटी कुछ भी हो – लेकिन इसका प्रभाव हम सभी पर एक जैसा नहीं होता। अक्सर ''व्हाइट सुप्रीमेसी कल्चर'' शब्द को सुनकर लोग इसे व्हाइट्स (श्वेत नस्ल के लोगों) पर व्यक्तिगत हमला समझ लेते हैं। लेकिन ऐसा नहीं है। यह एक संस्कृति है, जो हम सभी को नुकसान पहुँचाती है। इसका एक सरल उदाहरण है – ऐसी संस्कृति में जीना जो हमें हमारे शारीरिक अनुभवों से कट जाने की शिक्षा देती है और सोच-विचार को भावना से ऊपर रखती है। इस प्रकार यह संस्कृति शरीर से मिलनेवाली मूल्यवान अंतर्दृष्टि को नज़रअंदाज़ कर देती है।

केस स्टडीज़ पर

अंत में, इस पुस्तक में प्रस्तुत केस स्टडीज़ कुछ वास्तविक और कुछ काल्पनिक घटनाओं का मिश्रण हैं ताकि मैं अपने क्लाइंट्स की गोपनीयता बनाकर रख सकूँ। कुछ मामलों में, लोगों की कहानियों को ज़्यादा जीवंत रूप में प्रस्तुत करने के लिए वास्तविक पहलुओं को बरकरार रखना ज़रूरी लगा। इन मामलों में उनकी अनुमति लेकर ही उनकी कहानियाँ शामिल की गई हैं। कुछ व्यक्तियों की पहचान और विवरण गोपनीयता की रक्षा करने के लिए बदल दिए गए हैं।

विषय सूची

परिचय

शुक्रवार का दिन था और मैनहट्टन में चिलचिलाती गर्मी पड़ रही थी। सुबह ८ बजे से ही लोग सड़कों पर गर्मी की चेतावनी से परेशान नज़र आ रहे थे। हवा में उमस (दम घुटनेवाली वायु) थी, जिसने मेरी ड्रेस को मेरी टांगों से ऐसे चिपका दिया था, जैसे कोई गीला कपड़ा हो। मैं दिनभर के लिए किराए पर ली गई लाल रंग की मिनी कूपर कार में आकर बैठी। स्टीयरिंग व्हील इतना गर्म था कि छूना मुश्किल था। मैंने अपना बैग और लैपटॉप बगल की सीट पर बड़े सलीके से रख दिया, जैसे वह इस सफर का कोई साथी हो। फिर मैंने एसी चालू किया, पार्किंग गैराज से कार को बाहर निकाला और तेजी से आगे बढ़ गई।

हर शुक्रवार की तरह इस बार भी मैं अपने एक क्लाइंट से मिलने के लिए न्यूयॉर्क सिटी से कनेक्टिकट की ओर आई-९५ हाईवे पर तेज रफ्तार से चली जा रही थी। बहुत से महत्वाकांक्षी परफेक्शनिस्ट्स की तरह मुझे भी लेट होने से नफरत थी। मैं ट्रैफिक के बीच में से रास्ता बनाते हुए लेन बदलती जा रही थी ताकि रास्ते में कोई रुकावट न आए। इस हफ्ते मैं पहले ही करीब ६० घंटे काम कर चुकी थी और अब वीकेंड शुरू करने के लिए बेताब थी।

और तभी मेरा फोन बजा।

मैंने जल्दी से अपने फोन पर कॉलर आईडी देखा – मेरी डॉक्टर, डॉ. गुलाटी का कॉल था।

''हैलो!'' मैंने कुछ चिढ़ते हुए कहा। मैं किसी भी हालत में और लेट नहीं होना चाहती थी।

''तुम कहाँ हो?'' डॉ. गुलाटी ने घबराए हुए स्वर में पूछा। उनकी आवाज़ में तनाव और एक अजीब-सी हड़बड़ी थी, जो मैंने पहले कभी नहीं सुनी थी।

''क्लाइंट से मिलने जा रही हूँ! क्या बात है, जल्दी बताइए।'' मैंने थोड़ी लापरवाही से कहा।

फोन की दूसरी तरफ से लंबी साँस लेने की उनकी आवाज़ सुनाई दी, जैसे वो खुद को संभाल रही हों। और फिर उन्होंने जो कहा, उसे मैं कभी नहीं भूल पाऊँगी।

''अगर तुम तत्काल अस्पताल जाने के बजाय अपने क्लाइंट के पास ही गईं, तो वो दिन दूर नहीं, जब तुम्हें मल्टीपल ऑर्गन फेलियर हो जाएगा।''

मैंने जोर से पलकें झपकाईं, मैं पूरी तरह समझ नहीं पाई कि वो क्या कह रही थीं।

''मतलब? आप कहना क्या चाहती हैं?''

''तुम इस हद तक कमजोर (एनीमिक) हो चुकी हो कि तुम्हारी जान को खतरा पैदा हो गया है,'' डॉ. गुलाटी ने कहा। ''अगर तुम्हें तत्काल आईवी ट्रीटमेंट नहीं मिला, तो तुम्हारे शरीर के कई अंगों में गंभीर खराबी आ सकती है और वे काम करना बंद कर सकते हैं।''

यह सुनते ही पिछले कुछ साल जैसे मेरी आँखों के सामने दौड़ गए - कंपनी खड़ी करना, बड़े लक्ष्य हासिल करना, 'अच्छी लड़की' बनने की मेरी आदत। आखिर मेरे साथ ये सब कैसे हो गया? मैंने तो सब कुछ 'सही' किया था।

उस वक्त मुझे नहीं पता था लेकिन मैं अनजाने में ही एक जाल में फँस चुकी थी, जिसे मैंने बाद में ''महत्वाकांक्षा का जाल'' नाम दिया।

मुझे सीलिएक डिज़ीज़ और हाशिमोटो थायरॉइडाइटिस था और खुद का ध्यान न रखने के कारण मेरे शरीर में ज़रूरी मिनरल्स को सोखने की क्षमता खत्म हो चुकी थी। अब मैं इतनी बीमार हो चुकी थी कि मेरे पास धीरे-धीरे ठीक होने का विकल्प नहीं था। आनेवाले हफ्तों में अपना स्वास्थ्य बहाल करने के लिए मुझे एक हेमेटोलॉजिस्ट से इंट्रावीनस थेरेपी लेनी पड़ी। लेकिन असली समस्या ये बीमारियाँ या मेरे जेनेटिक्स नहीं थे - असल समस्या थी मेरा दिमाग और मेरे सोचने का तरीका। मेरी काम की लत और सफलता के साथ मेरा कष्टदायी संबंध - जो सचमुच मेरी जान ले रहा था।

जिस तरह से हम काम कर रहे हैं, वह कारगर नहीं है

मौत के करीब पहुँचने के मेरे इस अनुभव के बाद बीते एक दशक में, मैंने ये कहानी कई मंचों और पॉडकास्ट्स पर साझा की है। जो बात मुझे हमेशा चौंकाती है, वो ये है कि न जाने कितने लोग बाद में मुझसे संपर्क करते हैं या लाइन में लगकर मिलने आते है सिर्फ ये कहने के लिए कि कुछ ऐसा ही उनके साथ भी हुआ है। और शायद आपके साथ भी ऐसा ही हो। लेकिन ये कैसे संभव है? इतने सारे लोग खुद को कष्ट और थकावट में क्यों झोंक रहे हैं?

अपने स्वास्थ्य संकट के बाद मैंने अपनी महत्वाकांक्षा को गहराई से परखना शुरू किया और एक परेशान करनेवाला लेकिन आम पैटर्न सामने आया। शायद आपमें से कई लोगों की तरह मैंने भी अपना करियर अमेरिका के इतिहास की सबसे बड़ी आर्थिक गिरावटों में से एक के ठीक पहले ही शुरू किया था। लेट-स्टेज कैपिटलिज़्म ने मुझे सिखाया कि अपनी पहचान, अपनी कीमत और अपना आत्म-सम्मान लगातार प्रतिस्पर्धा और उपलब्धियों से बनाना होता है। मैंने सीखा कि सिर झुकाकर कड़ी मेहनत करो, कभी न थको, कभी न रुको। हममें से बहुत से महत्वाकांक्षी लोग यही सोचते हैं कि हमारा काम ही हमारी पहचान है। इस सोच ने मेरे रिश्तों, मेरी रुचियों और अंततः मेरी मानसिक और शारीरिक सेहत की बलि ले ली।

क्या आप मेरी इस बात से रिलेट कर रहे हैं? शायद आपने भी खुद को साबित करने के लिए सबको पछाड़ने की कोशिश की है और इसके चलते शारीरिक और मानसिक समस्याओं का शिकार हो गए हैं।

शायद आप भी उपलब्धियों, पैसे और पदों के पीछे भागते रहे हैं, पर अब सब कुछ खोखला लगने लगा है।

शायद आप उँचाई तक पहुँचने की जद्दोजहद में लगे हुए हैं लेकिन माइक्रोअग्रेशन से दबे जा रहे हैं और सोच रहे हैं - क्या वाकई ये सब इसके लायक है?

शायद आप भी एक अस्तित्वगत संकट से गुजर रहे हैं क्योंकि जिस चोटी तक आप पहुँचे हैं, वह उस सपने जैसी तो नहीं लग रही, जो आपने देखा था।

हमारी महत्वाकांक्षा के साथ जो रिश्ता बन गया है, उसमें सबसे बड़ी चुनौती यह है कि हम मानते हैं कि यह कभी न रुकनेवाला एक सीधा रास्ता है - कि महत्वाकांक्षी होने का मतलब है कभी न रुकना, कभी आराम न करना। दरअसल, आजकल की महत्वाकांक्षा का मतलब है हर पल और ज़्यादा आगे बढ़ना, चाहे

कुछ भी क्यों न खो जाए। इस कारण कई लोग अब महत्वाकांक्षा को पूरी तरह खारिज करने में लगे हैं, मानो यह कोई गंदा शब्द हो।

मैं आपसे यह नहीं कह रही कि आप कम सफल हों या अपनी महत्वाकांक्षाएँ छोड़ दें। सच तो ये है कि मैं खुद बहुत ज़्यादा महत्वाकांक्षी हूँ और मुझे यकीन है, आप भी होंगे। मैं सिर्फ आपको अपनी महत्वाकांक्षा के साथ एक अच्छा संबंध बनाने का निमंत्रण दे रही हूँ।

असलियत ये है कि महत्वाकांक्षा का असली मतलब अंधाधुंध और बेमतलब आगे बढ़ते रहना नहीं है। इसका मतलब है - संतुलन, गति, ऊर्जा की पुन: प्राप्ति, पोषण, विश्राम और विकास। हमारी महत्वाकांक्षा चक्रीय होती है, बिलकुल वैसे ही जैसे एक बारहमासी फूल खिलता है। शुरुआत होती है इच्छा के बीज से: ''मुझे बढ़ना है।'' हम उस इच्छा को अपने पोषण से सींचते हैं। हम धीरे-धीरे आगे बढ़ते हैं और धीरे-धीरे ऊपर उठते हैं। जितना संभव हो, हर पल हम उतना ऊँचे बढ़ते हैं - अपने आंतरिक और बाहरी हालातों के अनुसार। हमारी प्रतिभा पूरी तरह खिलती है और हम एक मौसमी शिखर पर पहुँचते हैं। वह क्षण अद्‌भुत होता है। फिर हवा का रुख बदलता है और हमें लगता है कि अब आगे बढ़ना संभव नहीं है। तब हम रुकते हैं, धीमे पड़ते हैं और फिर जमीन के नीचे वापस लौट जाते हैं - एक नए मौसम की तैयारी के लिए। यह चक्र बार-बार ऐसे ही चलता रहता है।

लेकिन कुछ ऐसी चीज़ें भी होती हैं, जिनके चलते महत्वाकांक्षा विकृत हो जाती है। सबसे पहले, महत्वाकांक्षा एक ऐसा सांस्कृतिक और राजनीतिक रूप से जटिल शब्द है, जो कभी हमारी कमियों को और कभी हमारी ताकत को उजागर करता है - जो इस बात पर निर्भर करता है कि जिस पर ये लेबल लगाया जा रहा है, वह कौन है। उदाहरण के लिए, महत्वाकांक्षी महिलाओं को अक्सर खारिज कर दिया जाता है, जबकि महत्वाकांक्षी पुरुषों को प्रेरित और ताकतवर समझा जाता है।

यह बात इस पर भी असर डालती है कि हम महत्वाकांक्षी कैसे बनते हैं। महिलाओं से कहा जाता है कि आवाज़ उठाओ लेकिन जब हम सत्ता के सामने सच्चाई रखते हैं, तो हमारी बातों को झूठा बताया जाता है। रंगभेद झेलनेवालों से कहा जाता है कि अपनी जगह बनाओ लेकिन जब हम अपने अनुभवों की सच्चाई साझा करते हैं, तो उसे असुविधाजनक बताया जाता है। दिव्यांग लोगों से कहा जाता है कि अवसरों हासिल करने के लिए आगे बढ़ो लेकिन हमारी ज़रूरतें और

जरूरी सहूलियतें नज़रअंदाज कर दी जाती हैं, जिससे हम या तो कमज़ोर दिखते हैं या ज़रूरत से ज्यादा मेहनत करते हैं – जो हमारी स्थिति को और बिगाड़ देता है। हमसे अक्सर एक ही साँस में कहा जाता है – हो भी जाओ और ना भी हो।

मुझे अक्सर २०१८ के यूएस ओपन महिला सिंगल्स फाइनल की याद आती है, जिसमें सेरेना विलियम्स, नवोदित खिलाड़ी नाओमी ओसाका के खिलाफ खेल रही थीं। इस प्रसिद्ध मैच में, दूसरे सेट के दौरान कोच पैट्रिक मूरतोग्लू ने सेरेना को एक हाथ का इशारा किया।

अंपायर ने उस इशारे को मैच के बीच में दी गई कोचिंग के रूप में देखा और उन पर चीटिंग का आरोप लगाया। जब सेरेना ने इसका विरोध किया, तो उन्हें पेनाल्टी मिली और अंततः उन्होंने मैच गंवा दिया।

अपने करियर के दौरान सेरेना विलियम्स को कई बार उनकी महत्वाकांक्षा, सच्चाई, रंग और जेंडर के लिए लगातार निशाना बनाया गया। उन्होंने खुद कहा था, "मैं जीतने के लिए कभी चीटिंग नहीं करती। इससे बेहतर मैं हारना पसंद करूँगी।" टेनिस की दिग्गज खिलाड़ी बिली जीन किंग ने उनका समर्थन करते हुए कहा, "जब कोई महिला भावुक होती है, तो उसे 'हिस्टेरिकल' कहा जाता है और दंडित किया जाता है। लेकिन जब कोई पुरुष ऐसा करता है, तो उसे 'स्पष्टवादी' माना जाता है और कोई सजा नहीं होती। इस दोहरे मापदंड को उजागर करने के लिए सेरेना विलियम्स को मेरा धन्यवाद।" अंपायर, जिसकी सोच पितृसत्ता से प्रभावित थी, ने उनकी योग्यता पर सवाल उठाए और खेल को उनके खिलाफ मोड़ दिया। ठीक ऐसी ही स्थिति मेरे कई क्लाइंट्स के साथ भी बनती है।

शायद आपने भी ऐसी कोई स्थिति झेली हो।

शायद सालों की मेहनत के बाद आखिरकार आपको प्रमोशन देकर सीईओ बना दिया गया हो लेकिन इसके साथ ही आपके जीवन में ऐसी थकावट और निराशा भी आई हो, जो पहले कभी महसूस नहीं हुई हो।

शायद आपने अपने अकादमिक करियर में कई ऊँचाइयों को छुआ हो लेकिन हो सकता है कि एक दिन आपको उन्हीं विचारों के लिए नीचे गिरा दिया गया हो, जिनके लिए कभी आपकी सराहना हुई थी।

या शायद आपने अपना बिज़नेस इसलिए शुरू किया हो क्योंकि आपको लगा

था कि मुझे बस यही करना चाहिए लेकिन २.४ फीसदी वीसी फंडिंग हासिल करना आपके लिए किसी बुरे सपने से कम न रहा हो - और अब आगे बढ़ना लगभग असंभव लग रहा हो।

महत्वाकांक्षा जटिल होती है - खासकर उनके लिए जिन्हें ऐतिहासिक रूप से हमेशा हाशिए (उपेक्षाकृत) पर रखा गया है।

पहचान और महत्वाकांक्षा

बहुत से उपेक्षित लोगों के लिए, महत्वाकांक्षा से जुड़ा यह संघर्ष उनकी पहचान और सांस्कृतिक विश्वासों के बीच के टकराव में छिपा होता है - इन विश्वासों में यह तय माना जाता है कि कौन महत्वाकांक्षी हो सकता है और कौन नहीं। अगर आप एक महिला हैं, रंगभेद का सामना करनेवाले व्यक्ति हैं, समलैंगिक हैं, दिव्यांग हैं या किसी भी तरह से हाशिए पर रखे गए समुदाय से आते हैं, तो नस्लवाद, स्त्री-द्वेष, वर्गवाद, समलैंगिकता के प्रति घृणा, ट्रांसफोबिया, मोटे लोगों के प्रति घृणा या ज़ेनोफोबिया जैसे कई पूर्वाग्रहों के कारण आपके लिए आगे बढ़ना आसान नहीं होता। महत्वाकांक्षी होने की कोशिश में हमें ऐसे विरोधाभासी विकल्पों और माँगों का सामना करना पड़ता है जो हमारे मन, शरीर और भविष्य के रास्तों को प्रभावित करते हैं। हम मानने लगते हैं कि अगर हम और मेहनत करें और समझदार बनें या बस ''परफेक्ट'' हो जाएँ, तो हम इस दुनिया के साामने खुद को साबित कर सकते हैं। लेकिन यह दुनिया बहुत जल्द हमें ये दिखा देती है कि ऐसा सिर्फ कुछ खास लोगों के लिए ही संभव है। हमें सिखाया गया है कि ताकत और सफलता का चेहरा एक ही होता है: गोरा, हेटरोसेक्शुअल (विषमलैंगिक), सक्षम शरीरवाला पुरुष। (यहाँ ये बताना भी जरूरी है कि सारे व्हाइट पुरुष एक जैसे नहीं होते। इनके जितने गलत उदाहरण मैंने देखे हैं, उतने ही मुझे ऐसे व्हाइट पुरुष भी मिले, जो इन मुद्दों पर हमारा साथ देने के लिए प्रतिबद्ध थे।) सच तो यह है कि दुनिया उन्हीं के द्वारा और उनके लिए बनी है। उन्हें बार-बार सत्ता की कुर्सी पर बैठाना ही उन प्रणालीगत बाधाओं की जड़ है, जिन्हें हम और आप झेलते हैं।

इसलिए अपनी मंजिल तक पहुँचने के लिए हम में से कई लोग खुद को सामाजिक रूप से स्वीकार्य छवि में ढालते हैं। हम अपना पूरा जीवन 'कोड-स्विचिंग' करते हुए बिताते हैं ताकि सत्ता में बैठे लोग हमारी मौजूदगी में सहज महसूस करें। हमें सिखाया जाता है कि हमारी कीमत उस सहजता से तय होती है, जो वे हमारे

साथ महसूस करते हैं। इस तरह लगातार खुद को बदलना हमें भावनात्मक, शारीरिक और आत्मिक रूप से थका देता है और हम इसके बोझ तले दबकर टूट जाते हैं। अगर हम सतर्क न रहें तो यह व्यवहार पीढ़ी दर पीढ़ी चलता रहता है। हम बार-बार इन हालातों का सामना इसलिए करते हैं क्योंकि बहुत कम लोग हमें यह बताते हैं कि हमें अपने वर्कप्लेस में अपने असली स्वरूप और अनूठे योगदान को महत्त्व देना चाहिए।

मैं इन हालातों के बारे में सामान्य से ज़्यादा जानती हूँ। मैं एक इराकी-वेल्श महिला हूँ, जिसे मुस्लिम परिवेश में पाला गया और जिसने ९/११ के बाद के नस्लीय और इस्लामोफोबिक माहौल में काम करना शुरू किया - जहाँ अपनी भूरी त्वचा में सहज महसूस करना सुरक्षित नहीं लगता था। ऐसे में मेरा सफल होना, पहचान बनाना और सामाजिक व पेशेवर मान्यता हासिल करना, कतई आसान नहीं था। लेकिन इसकी जड़ों तक जाने के लिए मुझे अपने उस परिवार के बारे में बताना पड़ेगा, जिसने मुझे पाल-पोसकर बड़ा किया।

हमारी महत्वाकांक्षा की जड़ें

जैसा कि बहुत से लोगों के साथ होता है, मैं भी एक ऐसे पारिवारिक ढाँचे में पली-बढ़ी जो मानसिक और शारीरिक बीमारियों से भरा हुआ था। मेरे पिता का नाम मोहम्मद था। वे काले और घुंघराले बालों वाले व्यक्ति थे और उनकी बोली उससे भी ज़्यादा गहरी थी। वे बगदाद में पैदा हुए और वहीं बड़े हुए। तब वहाँ उथल-पुथल का दौर था और सत्ता परिवर्तन चल रहा था। हमारा परिवार नई सरकार की तानाशाही प्रवृत्तियों के खिलाफ आवाज उठाता था - इतना कि मेरे पिता सहित कई लोग जेल भेजे गए और प्रताड़ित किए गए। अब वे उस दौर के बारे में बहुत कम बोलते हैं लेकिन मैं जानती हूँ कि उनके जख्म कितने गहरे हैं।

१९८० में अपने मेडिकल प्रशिक्षण के बीच वे पलायन करके यूके आ गए, जहाँ बाद में उनकी मुलाकात मेरी माँ से हुई। सरवाइवर्स गिल्ट, पीटीएसडी और अन्य मानसिक समस्याओं के चलते अपने परिवार को पालना उनके लिए आसान नहीं था। यूके के मेडिकल सिस्टम में शुरुआती संघर्षों के बाद उन्हें लगने लगा कि इसके मुकाबले अमेरिका में सब कुछ कहीं बेहतर होगा। इस तरह हम उन प्रवासी परिवारों में से एक बन गए, जो अमेरिकन ड्रीम का हिस्सा बनने की दिशा में भाग रहे थे।

यह ९० के दशक की शुरुआत थी और अमेरिका, इराक से युद्ध कर रहा था। यह सब मेरे पिता और उनकी महत्वाकांक्षा को किस तरह से प्रभावित कर रहा था, शायद मैं कभी नहीं जान पाऊँगी। हम एक जगह से दूसरी जगह जाते रहे क्योंकि वे अपने पेशे में जगह बनाने की जद्दोजहद में लगे रहे। वे उन बिरले लोगों में से थे, जो गहरे रंग के थे लेकिन जिन्होंने विदेश में अपनी मेडिकल पढ़ाई पूरी की थी और जिनके नाम को टीएसए वर्षों तक संदिग्ध मानती रही – ऐसे में उनके लिए नौकरी ढूँढ़ना एक कठिन चुनौती थी। एक सरवाइवर के तौर पर उन पर कुछ बड़ा कर दिखाने का दबाव था और इसलिए वे लगातार एक प्रसिद्ध सर्जन बनने की कोशिश में लगे रहे – भले ही कुछ भी सही न चल रहा हो। उनकी महत्वाकांक्षा से जुड़ा कष्ट और हर जगह सबसे बुद्धिमान व्यक्ति दिखने की उनकी बेचैनी ने (जहाँ उन्हें केवल उनकी पहचान के आधार पर खारिज कर दिया जाता था) ही मुझे अपने काम और आत्म-मूल्य के साथ अपने संबंधों को गहनता से समझने को प्रेरित किया।

बचपन में हममें से कई लोगों ने अपने परिवार में काम और महत्वाकांक्षा के विकृत संबंधों का अनुभव किया होगा और वही प्रवृत्तियाँ हमारे अंदर आज भी जिंदा हैं। शायद आपकी माँ एक प्रवासी महिला थीं और गुज़ारे के लिए हद से ज्यादा काम करती थीं और अब आप भी – आर्थिक रूप से सुरक्षित होने के बावजूद – उसी रफ्तार से काम करते हैं। या शायद आपने देखा होगा कि आपके परिवार के पुरुषों ने आर्थिक हैसियत के बूते ही शक्ति अर्जित की। इसीलिए अब आप भी ऐसा ही करते हैं। बचपन में हमने जो भी देखा और अनुभव किया, उसी से हमने यह सीख लिया कि महत्वाकांक्षा कैसी होनी चाहिए।

हमारे शुरुआती गहरे घाव – जब हमें चोट पहुँची या ठुकराया गया – वह भी हमारी महत्वाकांक्षा को विकृत करते हैं। जब मेरा परिवार अमेरिका आया, तो शुरुआत में सब कुछ बिलकुल आदर्श लग रहा था। मुझे याद है कि मैं अपार्टमेंट की सीमेंटवाली जमीन पर अपनी ट्राइसाइकिल से इधर-उधर दौड़ती थी, गर्मी की दोपहरों में वनीला आइसक्रीम खाती थी और झूलों पर अपनी बहन ज़ाहरा के साथ खेलती थी। मुझे इस बात की कोई भनक तक नहीं थी कि इस वक्त जीवन सुखद है या नहीं। लेकिन कुछ साल बाद सब कुछ बदल गया। ज़ाहरा, जो तब आठ साल की थी, उसे टाइप-१ डायबिटीज़ हो गई। इतनी कम उम्र में उसके इस बीमारी से ग्रसित होने से हमारा पूरा परिवार हिला सा गया। घर की अस्थिरता को महसूस करते हुए मैंने अनजाने में ही यह तय किया कि मैं किसी पर बोझ नहीं बनूँगी। तब मैंने

''ग्लास चाइल्ड'' का रोल निभाना शुरू किया – ये शब्द ऐसे बच्चों के लिए प्रयोग किया जाता है, जिनके भाई-बहन को कोई गंभीर बीमारी हो।

ग्लास चिल्ड्रन को अक्सर अनदेखा किया जाता है और उन पर यह दबाव होता है कि वे बिना समस्या के हमेशा परफेक्ट बने रहें ताकि परिवार की व्यवस्था और न बिगड़े। जब मेरे माता-पिता से मुझे वह ध्यान और सहयोग नहीं मिला, जिसकी मुझे जरूरत थी, तो मैंने खुद को पूरी तरह आत्मनिर्भर और सहयोगी प्रवृत्ति का बना लिया। तब इस अनुभव के लिए हमारे पास कोई शब्द नहीं था और अगर होता भी, तो शायद कोई फर्क नहीं पड़ता: मैं पूरी तरह से एक परफेक्ट ग्लास चाइल्ड बन गई थी। ये प्रारंभिक अनुभव मुझे एक ऐसी हाइपर-इंडिपेंडेंट परफेक्शनिस्ट में ढालते गए, जो अपने अरबी नाम और ''विदेशी'' दिखने के कारण पहले ही दुनिया की पूर्वधारणाओं का शिकार थी।

क्या अब आप समझ पा रहे हैं कि महत्वाकांक्षा से मेरा संबंध बचपन से ही डांवाडोल क्यों था? शायद आपकी कहानी भी कुछ ऐसी ही हो। मैं एक कष्टदायी अनुभव के चलते महत्वाकांक्षी बन गई थी और दूसरों की बनाई परिभाषाओं के आधार पर जी रही थी। हममें से ज्यादातर लोगों की यही कहानी होती है। हम सभी के मन में ऐसे मनोवैज्ञानिक घाव होते हैं, जो अलग-अलग प्रकार के दुःख, संघर्ष और ट्रॉमा से पैदा होते हैं। इसी वजह से हम सबकी महत्वाकांक्षा का स्वरूप भी अलग-अलग होता है। शायद आपके माता-पिता बचपन में हमेशा आपके साथ नहीं थे और इसलिए अब आप दूसरों का ध्यान पाने के लिए इतना बेताब रहते हैं कि जब तक टीवी पर नज़र न जाएँ, तब तक अधूरा महसूस करते हैं। या शायद आप हमेशा एक अकादमिक रूप से कमज़ोर रहे हैं इसलिए अब ढेर सारी डिग्रियाँ हासिल करके अपनी अहमियत साबित करना चाहते हैं। या शायद मेरी तरह, आपके परिवार में भी कुछ लोग मानसिक और शारीरिक बीमारियों से जूझ रहे थे और आपको इतना आत्मनिर्भर बनना पड़ा कि आप खुद को लगभग अदृश्य महसूस करने लगे और फिर केवल अपनी उपलब्धियों के सहारे ध्यान पाने की कोशिश करने लगे। हम सभी की कोई न कोई कहानी है – और जब तक हम उस कहानी के कष्ट से सुलह नहीं कर लेते, तब तक हम इससे मुक्त नहीं हो सकते और यह हमें गलत दिशा में धकेलता रहेगा।

लेकिन असल बात ये है कि चाहे मेरे पिता की महत्वाकांक्षा से जुड़ी जटिलताएँ हों या मेरा ग्लास चाइल्ड होना या कई सांस्कृतिक दबाव आखिरकार

कष्ट मुझे ही हो रहा था इसलिए उससे बाहर निकलने की जिम्मेदारी भी मेरी ही थी।

मैं यह किताब क्यों लिख रही हूँ

अपनी सेहत पर आए संकट के बाद मैंने उस बिज़नेस को छोड़ दिया, जिसे मैंने सालों तक रात-दिन मेहनत करके खड़ा किया था। यह एक मार्केटिंग एजेंसी थी। इसके बाद मैं पूरी तरह से वेलनेस इंडस्ट्री में सक्रिय हो गई। इसी दौरानी मैंने अपनी जिंदगी को दोबारा पटरी पर लाने की उम्मीद में एक कोचिंग प्रोग्राम भी जॉइन किया। यह मुझे बहुत अच्छा लगा इसलिए मुझे लगा कि मुझे ऐसी और भी चीज़ें करनी चाहिए। फिर मैंने एक-एक करके न्यूट्रिशन, माइंडफुलनेस, मूवमेंट और कोचिंग जैसे कई सर्टिफिकेट प्रोग्राम्स जॉइन किए। वेदांत दर्शन, जिसे मैंने ध्यान साधना के दौरान सीखा था, वह कहता है: ''जिसकी ओर आकर्षित हो, उसकी ओर बढ़ो।'' मुझे लगता है, इसका असली अर्थ है - अपनी अंतरात्मा की आवाज़ सुनो। इन विषयों को सीखना मेरी अंतरात्मा का सम्मान करने जैसा था। मुझे पता नहीं था कि इन विद्याओं को सीखकर मैं क्या करूँगी लेकिन मेरा अंतर्ज्ञान मुझे इनकी ओर खींच रहा था।

हालाँकि वेलनेस मार्केटिंग में मेरी भूमिका मेरे पिछले बिज़नेस से कहीं बेहतर थी। फिर भी मुझे अपने काम और अपनी पहचान के बीच एक गहरा अलगाव सा महसूस होता था। मैंने वह सब हासिल किया, जो मैं चाहती थी - नाम, प्रतिष्ठा, पद। लेकिन फिर भी ऐसा लगता था, जैसे मैं मंच पर कोई ऐसा किरदार निभा रही हूँ, जो मेरे लिए बना ही नहीं था - और शायद आप भी अभी ऐसा ही महसूस कर रहे हैं। तब मैंने सोचा, ''ये जो भी है, मैं यही तो चाहती थी, तो फिर अब मुझे ये इतना खराब क्यों लग रहा है?'' मेरे भीतर का एक हिस्सा अब भी कष्टभरी महत्वाकांक्षा में उलझा हुआ था और वही कर रहा था, जो दुनिया चाहती थी कि मैं करूँ।

एक और गलत भूमिका से बाहर निकलने के बाद, मैंने वही किया जो मैं हमेशा करती हूँ: आँखों में आँसू लिए मैं अपने ध्यान-कुशन पर बैठ गई और फिर हफ्तों तक प्रार्थना करती रही। मैं हमेशा से आध्यात्मिक रही हूँ। मेरा पालन-पोषण एक धार्मिक परिवार में हुआ था, जहाँ हमें हमेशा ईश्वर या एक उच्च शक्ति से मार्गदर्शन लेने को कहा जाता था। आज भी, जब मुझे जीवन में आगे का रास्ता साफ नज़र नहीं आता, तो मैं सलाह के लिए अपने पूर्वजों और मार्गदर्शकों की ओर देखती हूँ। यह पल एक अस्तित्वगत संकट जैसा था - और मुझे लगता है कि आप इस कष्ट को समझते हैं।

फिर एक दिन गहरे ध्यान में, मेरे दादा – या जैसे हम अरबी में कहते हैं, जिदु – मेरे सामने आए और बोले, ''खुद से सिखो।'' मेरे परिवार के बुजुर्गों का मुझे संदेश देना कोई असामान्य बात नहीं थी। दो सामूहिक संस्कृतियोंवाली पृष्ठभूमि से आने के कारण, मेरे दादा-दादी मेरे जीवन का महत्वपूर्ण हिस्सा थे। जब हम बेघर थे, उन्होंने हमें अपने घर में जगह दी। जब मेरे माता-पिता आर्थिक संकट में थे, तो उन्होंने मदद की और मुझे व मेरी बहनों को हमेशा बेशर्त प्रेम किया। मुझे लगता है कि मेरे स्वर्गवासी दादा-दादी का हाथ हमेशा मेरे सिर पर रहा है।

हालाँकि इस बार मैं इस संदेश से थोड़ी डर गई और मैंने इसकी वैधता (सच्चाई) पर सवाल उठाया। ''क्या वो वाकई मेरे दादा थे? या मेरे मन ने यह सब खुद ही गढ़ लिया क्योंकि मैं अपने सवालों के जवाब पाने को बेताब थी?'' लेकिन जब मैंने यह अपनी एक टीचर, रा गॉडेस को बताया, तो उन्होंने कुछ इस तरह सिर हिलाया, मानो उनके पूर्वज रोज़ आकर उन्हें ऐसे संदेश देते हों।

मुझे जिदु के शब्द अपने भीतर और गहराई तक जाने का निमंत्रण जैसे लगे। और मैंने उनका संदेश दिल से लगा लिया। मेरा कॅरियर अस्थिर था। मैं अपने इस टूटे और बिखरे हुए व्यक्तित्व के साथ उस सफलता के पीछे और नहीं भाग सकती, जिसकी परिभाषा समाज ने तय की है। इसके चलते मेरे शरीर और आत्मा पर नकारात्मक प्रभाव पड़ रहा था। और अब वैसा ही नकारात्मक प्रभाव मेरे कॅरियर पर भी पड़ने लगा था। इससे बुरा और क्या हो सकता था?

तो अंतत: मैंने अपने काम और अपने जीवन को एक ऐसी नई दिशा दी, जहाँ मुझे न सिर्फ पूरा सम्मान मिले – बल्कि मेरी प्रेरणा और इच्छाओं के साथ-साथ मेरे विश्राम और मानसिक संतुलन जैसी जरूरतों का भी ध्यान रखा जाए। मैंने अपने बिजनेस के अनुभव को अपने वेलनेस टूल्स, माइंडसेट ट्रेनिंग, एनर्जी हीलिंग और कोचिंग के साथ मिलाकर एक ऐसा पाठ्यक्रम तैयार किया, जिसमें मन, शरीर, आत्मा और करियर – सभी के बीच सही संतुलन हो। मुझे एहसास है कि जब हम इन सभी हिस्सों को एक साथ लाते हैं, तभी सचमुच फल-फूल सकते हैं।

इस प्रक्रिया को तैयार करने के बाद मैंने –

- उपलब्धियों और उनसे जुड़े नकारात्मक पहलुओं को लेकर अपनी सोच पर गौर करना शुरू किया।
- अपनी शारीरिक और मानसिक सेहत के साथ अपने संबंधों पर नए सिरे से गौर

करना शुरू किया और ये देखना शुरू किया कि मैं अपनी उत्पादक क्षमता का एक-एक कतरा क्यों निचोड़ रही हूँ और इसका मकसद क्या है।

- अपने गहरे घावों और उनसे पैदा हुए नकली मुखौटों को समझना और ये देखना शुरू किया कि ये मेरे जीवन में कितना कष्ट पैदा कर रहे हैं।
- उन दमनकारी व्यवस्थाओं के बारे में खुद को शिक्षित करना शुरू किया, जो ऐतिहासिक रूप से हाशिए पर डाले गए लोगों को पीछे रोककर रखती हैं।
- अपने आप (और अपने मार्गदर्शकों) के साथ ईमानदारी से यह पूछना शुरू किया कि मैं इस दुनिया में क्या करने आई हूँ और वह कैसे करना है।

अपनी इस लंबी यात्रा में मैंने अपने सपनों तक पहुँचने का एक करुणामय रास्ता खोज निकाला, जिसे मैं अब तक हज़ारों क्लाइंट्स को सिखा चुकी है। अब मैं उस रास्ते को इस किताब में आपके लिए प्रस्तुत कर रही हूँ।

आगे भाग-१ में, हम उस कष्टदायी संबंध के पीछे की ताकतों की पड़ताल करेंगे, जो हमारी महत्वाकांक्षा से जुड़ी हैं - चाहे वे हमारे निजी कष्ट हों, सोच के ढाँचे हों या वे सामाजिक संरचनाएँ, जो हमारे अनुभवों को आकार देती हैं। साथ ही हम यह समझने की कोशिश भी करेंगे कि इन सबका हम पर क्या असर होता है। फिर भाग-२ में, हम जानेंगे कि उद्देश्य-प्रेरित महत्वाकांक्षा पर केंद्रित जीवन कैसे गढ़ा जाए। यानी जीवन में ऐसी कोशिशें कैसे की जाएँ, जो आपकी गहन सच्चाई का सम्मान करती हो। हम आपके मन की सबसे गहन पुकार को स्पष्ट करेंगे, आपकी जन्मजात क्षमताओं को पहचानेंगे और उनका सम्मान करेंगे और साथ ही यह भी जानेंगे कि एक संतोषजनक जीवन कैसे गढ़ा जाए। मेरी आशा है कि इस किताब के अंत तक आप खुद को इस योग्य महसूस करने लगेंगे कि खुद को, अपने समुदाय को और इस धरती को पोषित करते हुए अपने हर सपने को पूरा करेंगे।

महत्वाकांक्षा के जाल से आज़ाद होने का यह सबसे अच्छा समय है

सेल्फ-हेल्प से जुड़ी ज़्यादातर लोकप्रिय बातों से अलग, मेरा मानना है कि महत्वाकांक्षा के साथ एक स्वस्थ रिश्ता बनाने का तरीका ये नहीं है कि हम और ज़्यादा मेहनत करें या केवल व्यक्तिगत स्तर पर बदलाव लाएँ। हसल कल्चर, गर्लबॉस के दौर और महामारी जैसी चीज़ों ने दिखा दिया कि यह सोच किसी काम की नहीं है। असली सफलता और ज़्यादा मेहनत करने से नहीं आएगी बल्कि तब आएगी, जब हम अपने साथ पूरी तरह सच्चाई बरतें, हर चीज़ में सहजता लाएँ और

यह काम सामूहिक रूप से करें। असली बदलाव तभी होगा जब हम खुद पर और अपने समुदाय पर समान रूप से काम करेंगे।

सालों तक अपना बिज़नेस खड़ा करते हुए मैं ऐतिहासिक रूप से हाशिए पर डाले गए लोगों की कोच बन गई – जिनमें प्रमुख महिला नेता, रंगभेद से प्रभावित लोग, समलैंगिक व दिव्यांग दूरदर्शी शामिल थे। और मुझे अपना काम बहुत पसंद था। मैं साफ-साफ देख सकती थी कि कैसे ये अनदेखे नेता अब सम्मान पा रहे हैं। इससे मेरे अंदर आशा का संचार हुआ और ये इस बात का प्रमाण था कि बदलाव गुगकिन है। जीवन में बहुत कम ही चीज़ें ऐसी हैं, जो इतना संतोष देती हैं।

फिर आया साल २०२० महामारी से ठीक पहले मैं पूरे देश में घूम-घूमकर भाषण दे रही थी, ट्रेनिंग करवा रही थी और नेताओं को कोचिंग दे रही थी और अचानक, सब कुछ रुक गया।

और फिर आया २५ मई २०२० का वह दिन जब जॉर्ज लॉयड की हत्या हुई। मार्च में ब्रियोना टेलर और फरवरी में अहमद आर्बरी की हत्याओं के बाद यह तीसरी हिंसक घटना थी, जिसने पूरी दुनिया में विरोध और आंदोलन भड़का दिए। उसी समय, मैं भयभीत होकर देख रही थी कि कोविड-१९ के चलते जान गँवानेवाले ब्लैक अमेरिकियों की मृत्यु दर कितनी तेजी से बढ़ रही है। मेरे ब्लैक क्लाइंट्स को कुछ कहने की ज़रूरत नहीं थी; हर रोज की ताज़ा खबरों रो ये सब कुछ स्पष्ट था। लॉयड, आर्बरी और टेलर की हत्याएँ और ब्लैक अमेरिकियों की मौत के आँकड़े, इरा राच्चाई को और गहरा कर रहे थे, जिससे हमारे जैसे बहुत से लोग पहले से ही वाकिफ थे: आज भी अमेरिका में अश्वेत लोगों के जीवन की कोई कीमत नहीं है। हम फिर से देख रहे थे कि नस्ल के हिसाब से इंसान की हैसियत तय करनेवाली सोच अब भी जिंदा है।

नस्ल के हिसाब से इंसान की हैसियत तय करनेवाली सोच कार्यस्थल में भी बढ़ रही थी। उसी साल गर्मी का मौसम आते-आते हमने देखा कि पेशेवर नीतियों और नस्लीय भेदभाव के लिए कई प्रसिद्ध महिला व्यापारिक नेताओं की आलोचना हो रही थी। इनमें शामिल थीं रीफॉरमेशन की संस्थापक और सीईओ येल अफलालो, जिन पर नस्लवाद के आरोप लगे; मैन रीपलर की संस्थापक लियान्द्रा मेडीन कोहेन, जिन पर ''नकली तरीकों से नस्लवाद छिपाने'' का आरोप लगा और मिलेनियल लगेज ब्रांड अवे की को-फाउंडर व को-सीईओ स्टेफ कोरी, जो कर्मचारियों से दुर्व्यवहार करती थीं और ब्लैक लाइव्स मैटर या प्राइड जैसे आंदोलनों

पर सोशल मीडिया पर चुप्पी साधे रखती थीं। ऐसा लग रहा था कि इन महिलाओं को ''कैंसल'' किया जा रहा था। अपनी महत्वाकांक्षा की दौड़ में, उन्होंने – शायद अनजाने में ही – हानिकारक और पक्षपाती व्यवहार किया था और अब, नस्लीय जागरूकता के इस युग में, उन्हें जवाबदेह ठहराया जा रहा था।

उस समय, मैं इंस्पायर जस्टिस नामक संगठन की कोचिंग डिविज़न का नेतृत्व कर रही थी, जो मेरी कंपनी की सहयोगी संस्था थी। यहाँ मैंने इनमें से कई बिजनेस सेलेब्रिटीज को कोच किया और पाया कि जवाबदेही तय करने की इस प्रक्रिया में मेरी प्रमुख जिम्मेदारी थी, उन्हें यह समझाने में मदद करना कि उन्होंने किस तरह दूसरों को नुकसान पहुँचाया, इस स्थिति को कैसे सुधारा जाए और भविष्य में बेहतर ढंग से काम करके ऐसी गलती दोहराने से कैसे बचा जाए। इस प्रक्रिया में जो सबसे महत्वपूर्ण सबक सामने आया – जो मेरी अपनी कहानी से भी जुड़ा था – वह ये था: जब हमारे जीवन में मूल में कष्ट छिपा होता है और उससे बचने के लिए हम हर कीमत पर महत्वाकांक्षा के पीछे भागते हैं, तो अपने आसपास के हर व्यक्ति को, यहाँ तक कि खुद को भी गहरा नुकसान पहुँचाते हैं।

गलतियाँ हम सभी से होती हैं – यहाँ तक कि हम जैसे लोग भी, जो किसी नेक मकसद के लिए काम कर रहे हैं और किसी हाशिए में पड़े समूह से आते हैं क्योंकि हम भी आखिरकार इंसान ही हैं। फिर भी, हम सभी को ये हक है कि हमें सुधार करने और नए सिरे से सीखने का मौका मिले। यही वह अंतिम सबक था, जिसने मेरे सारे सबकों को एक सूत्र में बाँध दिया।

महत्वाकांक्षा के साथ असंतुलित रिश्ते के चलते हम में से कई लोग लड़खड़ाते हुए इस ऐतिहासिक क्षण तक पहुँचे हैं लेकिन पिछले एक दशक के न्याय आंदोलनों – चाहे वह अरब स्प्रिंग हो, मी टू मूवमेंट हो, सामाजिक न्याय के लिए हुए विद्रोह हों, पर्यावरण के प्रति सक्रियता हो या वर्तमान में हो रही कार्यस्थल-क्रांति, ये सब हमें हमारी भ्रांतियों से बाहर ला रहे हैं। बस, यह सब उतनी तेज़ी से नहीं हो पा रहा, जितना होना चाहिए। हम जानते हैं कि हमें शक्ति की दिशा को बदलने की जरूरत है और साथ ही नेतृत्व के तरीकों को भी। हम एक वैश्विक ''रुको और सोचो'' के दौर में हैं, जहाँ हमसे यह कहा जा रहा है कि हम अपने नेतृत्व के तौर-तरीकों की दोबारा समीक्षा करें – क्योंकि अब यह तरीका कारगर नहीं रहा और शायद कभी नहीं था।

मैं जानती हूँ कि आप अपने विकास के साथ इस तनावपूर्ण रिश्ते से थक चुके हैं। आप चाहते हैं कि कोई बेहतर रास्ता हो – और मेरा मानना है कि वह बेहतर रास्ता है। महत्वाकांक्षा का मतलब सफलता के बदले अपनी अस्मिता का सौदा करना नहीं होता। हमारा विज़न ये नहीं होना चाहिए कि हम दूसरों का शोषण करके अपनी इच्छाओं की पूर्ति करें। अगर हमें यह स्वीकार करना पड़े कि हमें हमारे सपनों की कीमत अपने शारीरिक स्वास्थ्य के रूप में चुकानी होगी, तो फिर इसका अर्थ यही कि ऐसा काम और ऐसा जीवन हमारे लिए नहीं है।

अगर आप एक महिला हैं, जो कॉर्पोरेट फेमिनिज़्म के भ्रम में फँसी हैं, अगर आप एक प्रवासी हैं जो अमेरिकन ड्रीम की खामियों से जूझ रहे हैं या फिर अगर आप किसी भी हाशिए पर पड़े व्यक्ति हैं, जो अपने विज़न के साथ इस व्यवस्था को पार करना चाह रहा है – तो पूरी संभावना है कि आप महत्वाकांक्षा के जाल में फँस ही जाएँगे। हम आगे बढ़ना चाहते हैं, अगले स्तर पर जाना चाहते हैं और वह जीवन पाना चाहते हैं, जिसकी हम चाह रखते हैं लेकिन अक्सर इसकी कीमत बहुत ज़्यादा होती है। लेकिन इस सच्चाई का एहसास हमें सिर्फ तभी होता है, जब हम वह कीमत चुका चुके होते हैं। लेकिन अब इसकी कीमत इतनी ज़्यादा नहीं होनी चाहिए।

जब आप महत्वाकांक्षा के साथ संतुलित संबंध स्थापित करने के लिए यहाँ बताए गए कदम उठाएँगे, तो शुरू-शुरू में ऐसा लगेगा जैसे आप पीछे की ओर जा रहे हैं लेकिन मेरा मानना है कि यह फिर से सामंजस्य बनाने और दोबारा समन्वय स्थापित करने का समय है। हमें तरक्की के लिए एक नए ढाँचे की ज़रूरत है। अपनी इस किताब के जरिए मैं यही बात आप सबके सामने रख रही हूँ।

कल्पना कीजिए कि आप अपने जीवन के उद्देश्य को लेकर और इस बात को लेकर पूरी तरह स्पष्ट हैं कि आप उसे परिपूर्ण ढंग से कैसे पूरा करेंगे।

कल्पना कीजिए कि आप हर वक्त होनेवाली भाग-दौड़, जोड़-तोड़ और थकान से हमेशा के लिए आज़ाद हो जाएँ।

कल्पना कीजिए कि आपको फिर कभी किसी ऐसी जगह काम करने न जाना पड़े, जो आपके फलने-फूलने के लिए नहीं बनी है।

कल्पना कीजिए कि आपको अपने शरीर और मन को असहनीय गति से काम करने के लिए मजबूर न करना पड़े।

कल्पना कीजिए कि आपकी महत्वाकांक्षा कष्ट से नहीं बल्कि उद्देश्य से जन्म ले।

इस किताब के ज़रिए मेरी यही आशा है कि मैं आपको उन तौर-तरीके से परिचित करा सकूँ, जो तरक्की को टिकाऊ तरीके से अपनाने में आपकी मदद करेंगे, ताकि आप लंबे समय तक अपना योगदान दे सकें, न कि सिर्फ एक सीमित समय-अवधि के लिए। मैंने यह किताब आपके लिए और उन सभी लोगों के लिए लिखी है, जो पारंपरिक नेतृत्व के साचे को तोड़ना चाहते हैं। साथ ही ये किताब उनके लिए भी है, जो ''यह करना चाहिए'' और ''यह ज़रूरी है'' जैसी बातों को मानकर देख चुके हैं और समझ चुके हैं कि वहाँ कोई खुशी नहीं है। यह हर उस संवेदनशील इंसान के लिए है, जो पहले से 'ज्यादा करुणा, समानता और सम्मान के साथ नेतृत्व करना चाहता है। यह उन सभी सहयोगियों के लिए भी है, जो साफ देख पा रहे हैं कि गड़बड़ कहाँ और इसे ठीक करके बदलाव लाना चाहते हैं।

जब हम खुद पर काम कर लेंगे, सिर्फ तभी दूसरों के लिए अच्छे नेता बन सकते हैं। जब हम अपनी महत्वाकांक्षा के साथ अपना संबंध सुधार लेंगे और इस जाल से आज़ाद हो जाएँगे सिर्फ तभी हम मुक्त जीवन जीने में दूसरों की मदद कर सकते हैं। आइए एक-दूसरे के साथ मिलकर यह विजय हासिल करें - क्योंकि अब इसका समय आ चुका है।

भाग १

महत्वाकांक्षा के साथ आपका संबंध क्यों बिगड़ गया है?

अध्याय १

पीड़ादायक महत्वाकांक्षा बनाम सार्थक महत्वाकांक्षा

महत्वाकांक्षा एक शक्तिशाली शक्ति है। महत्वाकांक्षा की ताकत आशाओं और इच्छाओं को हकीकत में बदल देती है। यह आपको सही मार्ग पर लाकर एक खुशहाल जीवन की दिशा में ले जाती है। वास्तविक महत्वाकांक्षा कहती है, 'मैं कुछ ऐसा चाहती हूँ, जिससे दूसरों की सेवा हो, न कि ऐसा सेवा, जो दूसरों की कीमत पर हो।'

- जिम रॉन, द पावर ऑफ एम्बिशन

२०२० में सामाजिक न्याय की लहर के दौरान मैंने जिन महिलाओं के साथ काम किया, उनमें से ज़्यादातर ने खुद को और दूसरों को अनजाने में नुकसान पहुँचाया क्योंकि वे अपने भावनात्मक आघातों से जूझते हुए नेतृत्व कर रही थीं और अन्यायपूर्ण परिस्थितियों का सामना कर रही थीं। मैं ख़ुद भी वैसी ही रही हूँ। शायद आप भी रहे हों। शीर्ष पर पहुंचने के लिए महिलाओं के लिए बहुत कम जगह होती है और रंगभेद व अन्य सामाजिक जटिलताओं का सामना करनेवाली महिलाओं के लिए तो और भी कम। हमें सिखाया जाता है कि हमें सर्वश्रेष्ठ बनने के लिए अपनी ही बहनों से प्रतियोगिता करनी होगी क्योंकि दुनिया कहती है कि यहाँ जो भी उपलब्ध है, वह सबके लिए पर्याप्त नहीं है। फिर हमसे उम्मीद की जाती है कि हम असहनीय गति से आगे बढ़ें, जिसके चलते हम अपने ज़रूरी मूल्यों की बलि दे बैठते हैं। और जब हम यह सब ''कमी'' या ''दर्द'' की भावना से कर रहे होते हैं, तो हम अपरिहार्य गिरावट से नहीं बच सकते।

हममें से कई लोग सोचते हैं कि अगर हमें महत्वपूर्ण बने रहना है और खुद को मूल्यवान महसूस करना है, तो हमें सबसे तेज़, सबसे अच्छा और सबसे प्रसिद्ध बनना होगा। लेकिन यह सोच एक जाल की तरह है, जिसमें हम अनजाने में ही फँस जाते हैं। हम सोचते हैं कि हम किसी चोटी तक पहुँचने की रेस में दौड़ रहे हैं, जबकि वास्तव में ऐसी कोई साझा चोटी है ही नहीं। सबके अपने कर्म और अपने परिणाम

हैं। दरअसल, हममें से ज़्यादातर लोग अपने लक्ष्यों का पीछा पीड़ा की भावना से करते हैं, यही आज की मुख्य सोच है। लेकिन कल्पना कीजिए, अगर हम अपने सपनों का पीछा उद्देश्य की भावना से करें तो क्या-क्या संभव हो सकता है।

मेरी एक क्लाइंट ईव, दुनिया की सबसे बड़ी बायोटेक कंपनियों में से एक में बड़ी अधिकारी है। वह एक पुरस्कार विजेता कॉलेज फुटबॉल खिलाड़ी रही है और उसने वही प्रतिस्पर्धी प्रवृत्ति अपने करियर में भी अपनाई। उसे हर कीमत पर सफलता पाने की आदत थी, फिर चाहे वह खुद की कीमत पर हो या टीम की। और यह तरीका कारगर भी रहा। उसने उद्योग जगत के कई सम्मान जीते और बहुत पैसे कमाए लेकिन उसे लगता था कि लोग उसे पसंद नहीं करते। वह मेरे पास तब आई, जब मानव संसाधन विभाग ने उसे चेतावनी दी कि उनकी नेतृत्व शैली और टीम के साथ उनका व्यवहार अनुचित है। कुछ सहकर्मी उसे ''ड्रैगन लेडी'' कहकर बुलाते थे। (ईव एशियाई हैं, तो इसमें नस्लभेद का मुद्दा तो छेड़ना ही मत।)

जब मैंने पहली बार ईव से मुलाकात की, तो मैंने पूछा कि वह इस मुकाम तक कैसे पहुचीं। जवाब में ईव ने अपने आँसू रोकते हुए बताया कि उसका बचपन फॉस्टर केयर में बीता, जहाँ उसे अलग-अलग परिवारों के साथ रहने भेजा जाता था। ऐसे में उसने खुद सुरक्षित महसूस करने का एक ही तरीका सीखा, दूसरों से ज़्यादा मेहनत करना। वह ऑफिस में सबसे पहले पहुँचती और सबसे आखिर में निकलतीं। खुद से और अपनी टीम से भी हर संभव काम निकालने की कोशिश करती। नतीजतन, उसकी टीम सीधे मानव संसाधन विभाग पहुँच गई, इस शिकायत के साथ कि उन पर कितना अनुचित दबाव डाला जा रहा है। साथ ही, ईव की सख्त बातचीत की शैली ने टीम को यह महसूस कराया कि वे कोई सम्मानजनक लोग नहीं बल्कि केवल साधारण कामगार हैं।

हमारे काउंसलिंग सत्रों में धीरे-धीरे ये बात स्पष्ट हो गई कि ईव की सफलता की लालसा, बचपन में मिली उपेक्षा के गहरे आघात से उपजी थी। वह मानती थी कि अगर वह रात-दिन मेहनत करें, हर पुरस्कार जीते और सबसे सफल बनें, तो बदले में उसे प्यार मिलेगा। और अगर वह लगातार उत्कृष्ट प्रदर्शन करती रही, तो कोई उसे छोड़कर नहीं जाएगा। विडंबना यह थी कि जिस तरीके से वह ये सब हासिल करना चाहती थी, वह तरीका ही लोगों को उससे दूर कर रहा था। जब हमने मिलकर उसकी इस भावनात्मक आघात को टटोलना शुरू किया, तो ऐसा लगा जैसे ईव ने पहली बार अपने जीवन को एक नए दृष्टिकोण से देखा।

पीड़ादायक महत्वाकांक्षा के नुकसान

हममें से अधिकतर लोग महत्वाकांक्षा का सबसे विस्तृत रूप ही जानते हैं: किसी भी कीमत पर सफलता पाने की तीव्र इच्छा। हमें लगता है, ''अगर मुझे जीतना है, तो किसी और को हराना ही होगा।'' लेकिन यह महत्वाकांक्षा का असली रूप नहीं है। महत्वाकांक्षा एक स्वाभाविक और तटस्थ भावना है। यह बेहतर जीवन की चाह है। यह विकसित होने, खिलने और समृद्ध होने की इच्छा है। जैसे घास उगना चाहती है, पेड़ सूरज की दिशा की ओर झुकना चाहते हैं, वैसे ही हम सब भी आगे बढ़ना चाहते हैं। जीवों का मूल स्वभाव है और अधिक पाने की प्रेरणा। लेकिन इंसानों के पास यह चुनाव होता है कि वे उस प्रेरणा को किस दिशा में ले जाएँ। समस्या तब होती है जब यह प्रयास हमारे या दूसरों के स्वास्थ्य, संबंधों, मानसिक शांति या आत्मसम्मान की कीमत पर होता है। यही है महत्वाकांक्षा का सबसे पीड़ादायक रूप।

पीड़ादायक महत्वाकांक्षा यानी हर हाल में आगे बढ़ने की इच्छा, फिर चाहे उसके लिए हमें खुद को या हमारे आसपास के लोगों को कोई भी कीमत चुकानी पड़े। पीड़ादायक महत्वाकांक्षा की कुछ मुख्य विशेषताएँ होती हैं:

आप उन व्यवस्थाओं से अनजान हैं, जो हमारी महत्वाकांक्षा को आकार देती हैं: आप यह नहीं समझते कि किन सामाजिक ढाँचों ने आपको और दूसरों को गढ़ा है। आप मानते हैं कि सभी के पास समान अवसर हैं।

आपकी सोच सीमित है:

- आपको असफलता का डर है। आप पूर्णतावादी हैं और खुद की व दूसरों की गलतियों को माफ नहीं करते।
- आप हर चीज़ को सिर्फ सही-गलत के नज़रिये से देखते हैं।
- आप अपनी सीमित मान्यताओं के अनुसार जीते हैं और निर्णय लेते हैं।
- आपकी सोच कमी की भावना से संचालित है।
- आप दूसरों से मान्यता पाने की ज़रूरत से प्रेरित हैं।

आप हर कीमत पर जीतना चाहते हैं: आप मान-सम्मान पाने या पसंद किए जाने के लिए सफल होना चाहते हैं। आपकी सफलता की इच्छा आपकी हीन भावना से

जन्मी है। आप ''क्या करना चाहिए'' के आधार पर फैसले लेते हैं।

आप शक्ति और संसाधनों को अपने लिए जमा करते हैं: आप केवल खुद पर ध्यान देते हैं और व्यक्तिगत चमक को प्राथमिकता देते हैं। आपको लगता है कि संसाधन और मान्यता सीमित हैं इसलिए आप उन्हें अपने लिए समेटते हैं।

आप खुद को किसी उपकरण की तरह इस्तेमाल करते हैं: आप अपने शरीर और दिमाग का अत्यधिक उपयोग करते हैं। आप खुद और दूसरों को अमानवीय बना देते हैं। आप अपना ही बलिदान देते रहते हैं।

आप झूठी सकारात्मकता दिखाते हैं: आप हमेशा खुश दिखना चाहते हैं और कठिन भावनाओं से बचते या उन्हें नकारते हैं।

आपके भीतर एक कृत्रिम तात्कालिकता है: आप खुद को साबित करने के लिए एक असहनीय गति से आगे बढ़ते हैं और अपने डर के कारण खुद में और दूसरों में घबराहट भरते हैं।

हममें से अधिकतर लोग सोचते हैं कि अगर हम ये सब कर रहे हैं, तो हम महत्वाकांक्षी हैं। लेकिन वास्तव में हमारा ये व्यवहार पीड़ादायक महत्वाकांक्षा को प्रदर्शित करता है।

अपने मूल आघातों को पहचानना

हमेशा अतृप्त रहनेवाली हमारी इस महत्वाकांक्षा के पीछे क्या है? अधिकतर मामलों में, यह प्रेम, मूल्य और आत्मसम्मान की गहरी चाह से उपजती है। हालाँकि अक्सर हमारे अपने हमारी इस भावना के बीच के गहरी खाई होती है। यह गहरी खाई एक खालीपन है और यही हमारा मूल आघात है, जो पीड़ादायक महत्वाकांक्षा को जन्म देता है। सरल शब्दों में, मूल आघात हमारे अचेतन का वह हिस्सा होता है, जो बचपन के किसी कष्टदायक अनुभव से बना होता है। ये अनुभव हमें खुद के बारे में कुछ स्थायी मान्यताएँ दे देते हैं, जैसे ''मुझे प्यार पाने के लिए मेहनत करनी पड़ेगी'' और फिर हमारे विचार और हमारे कार्य, इन्हीं मान्यताओं के आधार पर तय होते हैं और हम अपने जीवन में लगातार इसी नकारात्मक चक्र को दोहराते रहते हैं।

मेरे करियर के शुरुआती वर्षों में, मैं इतनी थकी हुई रहती थी कि मेरी सफलता की चाह मेरी ऊर्जा को चूस रही थी। मैं सोचती, ''क्या मैं अपनी इस चाहत को थोड़ा कम कर सकती हूँ? क्या मैं जहाँ हूँ, वहीं खुश रह सकती हूँ?'' लेकिन इसका

उत्तर हमेशा ''नहीं'' होता था। क्योंकि जब हमारे जीवन में कोई गहरी भूख होती है, तो वह अक्सर एक छिपे हुए आघात से आती है। यह आघात इतना गहरा होता है कि कोई भी सफलता, पैसा, भोजन, शराब या महँगे सामान उस खालीपन को भर नहीं सकते। अगर हम इसे नहीं समझते, तो यह भूख हमें हमेशा एक विशेष भूमिका में बाँधे रखती है और हम बाहरी दुनिया से वह पाने की कोशिश में अटके रहते हैं, जो हमें भीतर से चाहिए।

ईव का त्याग दिए जाने का आघात इतना बड़ा था और सफलता की चाह इतनी गहरी थी कि उसने अपने जीवन में खुद ही कई पीड़ादायक परिस्थितियाँ पैदा कर लीं – बुरी नौकरियों से लेकर संघर्षपूर्ण रिश्तों तक। महत्वपूर्ण, मूल्यवान और लोग मुझे प्रेम करते हैं, ऐसा महसूस करना उसके लिए इतना इतना ज़रूरी था कि वह हमेशा ऐसी भूमिकाओं की ओर आकर्षित होती, जहाँ उसे खुद को साबित करना पड़े। उसके बचपन में उसने सीखा कि पद और पुरस्कार एक तरह की सुरक्षा और नियंत्रण देते हैं इसलिए वे हमेशा उन्हें ही तलाशती रही।

लिस बॉरबो की किताब 'हील योर वून्ड्स एंड फाइंड योर ट्रू' सेल्फ के अनुसार, हमारे जीवन में पाँच मूल आघात होते हैं: ठुकराया जाना, त्याग दिया जाना, अपमानित महसूस करना, विश्वासघात होना और अन्याय होना। आइए उन्हें समझते हैं।

१. **ठुकराया जानाः** बचपन में आपने अनुभव किया कि आपको नज़रअंदाज़ किया जाता है और आपको स्वीकार नहीं किया जाता। शायद आपके माता-पिता व्यस्त रहते थे और आपको खुद ही अपने आपको संभालना पड़ता था। शायद आपको महसूस हुआ होगा कि आपकी जरूरतें मायने नहीं रखतीं और आपके व उनके बीच सच्चा संबंध नहीं है।

२. **त्याग दिया जानाः** बचपन में आपको ऐसा महसूस होता था, जैसे सभी ने आपको छोड़ दिया है और एक वयस्क के रूप में आप उपेक्षित होने से डरते हैं। यह आघात उनके अंदर होता है, जिन्होंने बचपन में गहरा अकेलापन महसूस किया हो। शायद आपके अभिभावक काम में व्यस्त रहते थे, बहुत ज़्यादा यात्राएँ करते थे या शायद उनका तलाक हो गया था। परिणाम स्वरूप आपको लगता था कि आपको त्याग दिया गया है और अब आपका डर है कि एक बार फिर आपके साथ कुछ वैसा ही हो सकता है।

३. **अपमानित महसूस करना:** शायद आपको लगता था कि आपके माता–पिता को आप पर शर्म आती है। आपको लगता था, जैसे खुशहाल और सुरक्षित महसूस करना आपके लिए असंभव है। आपके मन में अपमानित किए जाने का गहरा डर है। शायद आपके माता–पिता आपके वजन या किसी अन्य शारीरिक पहलू से शर्मिंदा थे। शायद वे लगातार आपको 'सुधारने' की कोशिश में रहते थे, जिससे आपको और ज़्यादा शर्म व पीड़ा महसूस होती थी। जैसे–जैसे आप बड़े हुए, आपको ये डर सताने लगा कि अगर लोग आप पर गौर करेंगे और या आपको जानेंगे, तो शायद आपको फिर से शर्मिंदा होना पड़ेगा।

४. **विश्वासघात:** आप अपने माता–पिता से हताश थे और आपको लगता था कि उन्होंने आपका भरोसा तोड़ा। शायद आपको महसूस होता है कि वे आपकी उम्मीदों पर खरे नहीं उतरे। शायद उन्होंने अक्सर आपसे वादे तो किए लेकिन उन्हें पूरा नहीं कर सके, जिससे आपको यह महसूस हुआ कि आप उन पर भरोसा नहीं कर सकते। हो सकता है कि उन्होंने आपके जन्मदिन या अन्य महत्वपूर्ण अवसरों को नज़रअंदाज़ किया हो या आपके बजाय अपने काम और दूसरों को ज़्यादा महत्त्व दिया हो।

५. **अन्याय:** आपको लगता है कि बचपन में आपकी मौलिक पहचान को दबाया गया था। हो सकता है कि अपने अनोखे व्यक्तित्व के कारण आपको माता–पिता से नकारात्मक प्रतिक्रिया मिली हो। बोरबॉउ ने न्याय को "किसी भी व्यक्ति के अधिकारों और योग्यता की सराहना, स्वीकृति और सम्मान" के रूप में परिभाषित किया है; इस प्रकार, जब हम अपनी सच्ची पहचान के लिए सराहे नहीं जाते, तो हमें लगता है कि हमें सम्मान नहीं मिल रहा है या हम जिस योग्य है, हमें वह नहीं मिल रहा है। शायद आपके माता–पिता ने आपके जोशीले और ऊर्जावान स्वभाव का मज़ाक उड़ाया हो और आज भी आपको ऐसा लगता है कि लोग आपको समझ नहीं पाते और यह आपको बहुत अन्यायपूर्ण लगता है।

इन आघातों के बारे में यह सब पढ़ते हुए शायद आपको लगा होगा कि आपको भी इनमें से एक या दो आघात लग चुके हैं और ऐसा बहुत लोगों के साथ होता है। सच तो ये है कि हममें से कई लोगों के जीवन को, इनमें एक या दो नहीं बल्कि पाँचों आघात किसी न किसी स्तर पर प्रभावित कर रहे होते हैं। कुछ आघात एक–दूसरे से जुड़े भी हो सकते हैं, जैसे अगर आपने खुद को त्यागा हुआ महसूस किया हो, तो हो सकता है कि आप ठुकराए जाने की पीड़ा भी महसूस करें। अब तक मुझे अपने जीवन में एक भी व्यक्ति ऐसा नहीं मिला, जिसके मन में ऐसा कोई

मूल आघात न हो। इसलिए अगर मूल आघातों की इस सूची को पहली बार पढ़कर आपको कुछ भी महसूस नहीं हुआ, तो कुछ देर बाद इस पर फिर से विचार करें और समय मिलने पर इसे दोबारा पढ़कर देखें।

एक आम पैटर्न जो मैंने देखा है कि जिन लोगों में ''गौर किए जाने'' की चाहत सबसे ज्यादा होती है, जैसे बिना किसी स्पष्ट उद्देश्य के बहुत सारा धन या उपलब्धियाँ हासिल करना, उनके भीतर के आघात सबसे गहरे होते हैं।

अब मैं यह नहीं कह रही कि हमें दौलत या सराहना नहीं चाहिए। आपको इस जीवन में हर वो चीज़ मिलनी चाहिए, जो आप चाहते हैं! वास्तव में हमें और ज़्यादा समृद्ध, ऐतिहासिक रूप से हाशिए (उपेक्षित) पर रहे लोगों की ज़रूरत है, जो बदलाव ला सकें। मैं केवल यह कह रही हूँ कि हमें अपनी प्रेरणा का स्रोत पहचानना चाहिए: क्या हम अपने उद्देश्य और आत्मा की सच्ची आवाज़ से प्रेरित हैं या फिर बस अपने आघातों को भरने की कोशिश कर रहे हैं।

मुखौटा उतारना

हर मूल आघात के साथ एक ''मुखौटा'' जुड़ा होता है, एक विशेष प्रकार की प्रतिक्रिया, जो उस शुरुआती आघात के अनुभव के परिणामस्वरूप आकार लेती है। बचपन में किसी मोड़ पर हम शर्म, अपराधबोध, भय और निर्णय का अनुभव करना सीखते हैं और तब हमें अपने असली रूप में होना सुरक्षित नहीं लगता। अचानक हमें यह आभास होता है कि कुछ गुण पसंद किए जाते हैं और कुछ को नापसंद किया जाता है। लीज़ बॉरबो के अनुसार, हम ''एक नए व्यक्तित्व की रचना करते हैं ताकि हम वैसे बन सकें जैसे दूसरे हमें देखना चाहते हैं।'' जो एक साधारण आदत के रूप में शुरू होता है, वह धीरे-धीरे हमारी पूरी पहचान बन जाता है और हम हर दिन उसी मुखौटे के साथ जीने लगते हैं। यह ज़रूरी नहीं कि हमारे माता-पिता जानबूझकर नुकसान पहुँचानेवाले थे (हालाँकि कई लोगों के लिए ऐसा था भी)। यह एक बहुत मानवीय प्रक्रिया है, एक जीवन यात्रा का हिस्सा। इस जीवन यात्रा का उद्देश्य इन मुखौटों और सुरक्षा की परतों को धीरे-धीरे उतारना है और इतना सुरक्षित महसूस करना कि हम अपने असली रूप में लौट सकें, अपने भीतर घर लौट सकें।

आइए अब उन मुखौटों पर नज़र डालते हैं, जो प्रत्येक मूल आघात से जुड़े होते हैं:

हम इन मुखौटों को ज़िंदगीभर पहन सकते हैं लेकिन ये हमारे इरादों के रास्ते

आघात	मुखौटा
ठुकराया जाना आप बचपन में खुद को ठुकराया हुआ और खारिज किया गया महसूस करते थे।	**पलायन** आप असहज अनुभवों और लोगों से दूर भागने की प्रवृत्ति रखते हैं। आप अवॉइडेंट (बचने या टालने) वाली प्रवृत्ति रखते हैं।
त्याग दिया जाना आप बचपन में खुद को छोड़ा हुआ महसूस करते थे और अब वयस्क होने के बाद आपको उपेक्षित किए जाने का डर लगा रहता है, यहाँ तक कि आपको खुद अपनी उपेक्षा करने का डर भी होता है। संभव है कि आप गहन अकेलेपन की भावना के साथ बड़े हुए हों।	**निर्भरता** आप भावनात्मक रूप से अपने जीवनसाथी और करीबी लोगों पर निर्भर हैं और आपको लगता है कि आप अकेले खुद को नहीं संभाल सकते।
अपमानित महसूस करना आपको ऐसा महसूस होता था कि आपके माता-पिता आपसे शर्मिंदा हैं। आपको हमेशा ऐसा लगता था कि खुशहाल और सुरक्षित महसूस करना आपके लिए असंभव है।	**आत्मपीड़ा** आप खुद से ज़्यादा दूसरो की जरूरतों को प्राथमिकता देते हैं; आप सबकी खूब मदद करते हैं। आपको आनंद महसूस करने में अपराधबोध होता है। हो सकता है कि आप स्वयं को कष्ट देते हों और बलिदानी प्रवृत्ति के हों।
विश्वासघात आप अपने माता-पिता से हताश महसूस करते थे और आपको लगता था कि उन्होंने आपका विश्वास तोड़ा है। आपको लगता है कि वे आपकी अपेक्षाओं पर खरे नहीं उतर सके।	**नियंत्रण** आपको हर चीज़ अपने नियंत्रण में रखने की जरूरत महसूस होती है। दूसरों पर भरोसा करना आपके लिए काफी मुश्किल होता है और खुद ही सब कुछ करना आसान लगता है।

आघात	मुखौटा
अन्याय बचपन में आपको लगता था, जैसे आपकी मौलिक पहचान को दबाया जा रहा है। संभवत: आपको अपने अनोखे व्यक्तित्व के लिए माता-पिता से नकारात्मक प्रतिक्रिया मिली हो। आपको लगता था कि आपके सच्चे पहलुओं को पसंद नहीं किया जाता और आपको वह नहीं मिलता जिसके आप हकदार हैं।	**कठोर** आपको एक परफेक्ट दुनिया में जीने की जरूरत महसूस होती है, जहाँ पीड़ा या असहजता के लिए कोई जगह नहीं है। आप अपनी संवेदनशीलता को दबाने के लिए कठोर परिश्रम करते हैं और खुद से अत्यधिक अपेक्षाएँ रखते हैं।

में रोड़ा बन सकते हैं। अगर हम चाहें, तो अपने इन मुखौटों को उतार सकते हैं लेकिन इसके लिए हमें अपने मूल आघातों से उबरने के लिए सही कदम उठाने होंगे। अलाना को भी ये बात तब समझ आई, जब उसने मेरे साथ इस पर काम करना शुरू किया।

अलाना मेरी एक पुरानी क्लाइंट है और शिकागो में रहती है। वह एक प्रेमपूर्ण स्वभाववाली, उदार, सफल, लोकप्रिय और दो प्यारे बच्चों की माँ है। वह एक खुशहाल शादीशुदा जीवन जी रही है। लेकिन जब हम पहली बार साथ मिले थे, तब वह भीतर से बेहद चिंतित थी। हमारी परामर्श कॉल में उसने अपने पुराने ऑफिस की बातें साझा कीं, जहाँ उसे रिक्रूटमेंट इवेंट्स में कंपनी की सबसे सफल महिला के तौर पर पेश किया जाता था। जब वह मुझसे मिली थी, तब तक वह उस नौकरी को छोड़ चुकी थी और अब एक नई नौकरी करनेवाली थी लेकिन वह ''पुरानी गलतियाँ दोहराना नहीं चाहती थी।'' पहले की तरह लोगों को खुश करने की आदत, अपनी सीमाओं को अनदेखा करना और दूसरों पर निर्भर होना, इन सबने उसे मानसिक रूप से बुरी तरह थका दिया था, निराश कर दिया था और एक तरह के अस्तित्वगत संकट में डाल दिया था। अलाना अब ज़्यादा सार्थक काम करने की प्रबल इच्छा रखती थी ताकि वह भावनात्मक जुड़ाव महसूस कर सके।

क्लाइंट्स के साथ काम की शुरुआत में मैं जो पहला अभ्यास करवाती हूँ, उसे द माइलस्टोन्स अभ्यास कहा जाता है। मैं उन्हें कहती हूँ कि वे अपने जीवन की कहानी दस से पंद्रह अनुभवों के आधार पर सुनाएँ, जिनमें शामिल हों शिखर

(उत्कृष्ट पल), गर्त (सबसे कठिन क्षण) और निर्णायक मोड़ (बड़े बदलावों के क्षण)। (अगर आपके पास ३० मिनट हों, तो आप भी इसे आज़मा सकते हैं।) इस कहानी को कहने की प्रक्रिया से मुझे यह समझ में आता है कि वे खुद को और अपनी कहानी को कैसे देखते हैं और उनके मुख्य आघात क्या हैं। जब अलाना ने अपने जश्न के पलों और पीड़ादायक अनुभवों को भावुक होकर साझा किया, तो उसके मूल आघात स्पष्ट हो गए- त्याग दिया जाना, अपमानित महसूस करना और विश्वासघात, जो आंशिक रूप से उसके माता-पिता के तलाक से जुड़े थे। बचपन में जब उसकी कस्टडी तय होनी थी, तो अलाना के अनुसार उसके पिता ने ''कस्टडी पाने की कोई कोशिश किए बिना ही उसे छोड़ दिया।'' जिससे उसके मन में यह बात बैठ गई, वह ''इस योग्य नहीं है'' और जब तक वह बहुत मेहनत नहीं करती और सबको खुश नहीं करती, तब तक उसे हमेशा त्याग दिया जाएगा। उसी पल अलाना ने अपने मन में यह निर्णय ले लिया कि वह अपनी काबिलियत का इस्तेमाल करके सबसे बेहतर बनेगी। क्योंकि अगर वह सबसे तेज़ और सबसे होशियार होगी, तो उसे कोई नज़रअंदाज़ नहीं कर पाएगा। लोगों को उसे चुनना ही होगा। और फिर, अगले पैंतीस वर्षों तक, अलाना ने नियंत्रण और आत्मपीड़ा के मुखौटे पहनकर अपनी सेहत और खुशी की कुर्बानी दी - ताकि वह यह साबित कर सके कि वह सबसे अच्छी है और इसलिए वह प्रेम के योग्य है, मूल्यवान है।

विडंबना यह है कि जब हम दूसरों के द्वारा चुने जाने के लिए खुद को बदलते हैं, तब हम स्वयं को ही त्याग देते हैं। अलाना को यह अहसास तब तक नहीं हुआ, जब तक वह अपने करियर के सर्वोच्च शिखर पर नहीं पहुँच गई। उसके बाद ही उसे समझ आया कि यह सब उसे न तो खुशी दे रहा था और न ही उसे वास्तव में ''योग्य'' महसूस करा रहा था। न तो कोई पुरस्कार, न सराहना के शब्द, न बोनस, और न ही ऊँचे पदनाम, उसके इस मूल आघात को ठीक नहीं कर सकता था। इसके लिए ज़रूरी था कि वह अपने मूल आघात से उबरे और वह तभी हो सकता था, जब वह अपने अंदर के बच्चे को समझने की सच्ची कोशिश करे।

अभ्यास : अपने मूल भावनात्मक आघातों की पहचान करें

- दस बिंदुओं में अपनी जीवन–गाथा को क्रमबद्ध रूप में लिखें। पहचानें कि कौन से बिंदु शिखर (उच्च बिंदु), गर्त (निम्न बिंदु) और निर्णायक क्षण (बड़े बदलाव के क्षण) हैं।
- अपनी इस कहानी में आप क्या विशेष बातें देख रहे हैं?
- क्या आपको अपने मूल आघातों के कोई संकेत मिलते हैं? पिछले पन्नों में दी गई सूची से कौन से मूल आघात और उनसे उपजे मुखौटे सबसे अधिक आपके अनुभव से मेल खाते हैं? क्या आप इन्हें अपने जीवन में सक्रिय रूप से होता देख सकते हैं?
- पिछले कुछ वर्षों के अपने पाँच कठिन अनुभवों को लिखें। क्या आपको इनमें कोई दोहराव नज़र आता है? क्या इनमें आपके आघातों और मुखौटों के बीच कोई संबंध दिखता है?
- अपनी मूल आघातों को ठीक करने के लिए रोज़ाना ध्यान करने हेतु aminaaltai.com/bookresources पर जाएँ और ध्यान अभ्यास डाउनलोड करें। अगले तीस दिनों तक यह ध्यान करें और हर ध्यान के बाद अपने अनुभव को लिखें।

पीड़ादायक महत्वाकांक्षा के प्रभाव

जब पीड़ादायक महत्वाकांक्षा को अनदेखा छोड़ दिया जाता है और उसे रोका नहीं जाता, तो यह न सिर्फ हमें बल्कि दूसरों को भी नुकसान पहुँचा सकती है, खासतौर पर जब आप बड़े पद पर बैठे हों। क्या कभी आप पर यह आरोप लगा है कि आप टीम में ठीक से काम नहीं करते? क्या आपका परफेक्शनिज़्म आपको और आपके आसपास के लोगों को हद से ज़्यादा थका देता है? क्या आपने जीवन में सफलता पाने की चाह में अपने करीबी लोगों को पीछे छोड़ दिया है?

हममें से कई लोग, जैसे मेरी क्लाइंट निकोल, शुरुआत में यह नहीं समझ पाते कि उनकी महत्वाकांक्षा दूसरों को कैसे प्रभावित कर रही है, जब तक कि उन्हें इसकी कीमत अपनी प्रतिष्ठा और रिश्तों से न चुकानी पड़े। निकोल एक बेहतरीन प्रोफेशनल स्पीकर थीं, जो देशभर में जाकर लोगों को प्रेरणादायक भाषण देती थीं।

एक समलैंगिक नारीवादी और एलजीबीटीक्यूआईए+ समुदाय की बड़ी समर्थक के रूप में वह अक्सर उन विषयों पर बात करती थीं, जिन्हें समाज में अनदेखा किया जाता है। लेकिन एक दिन उन पर दिव्यांग सहकर्मियों के प्रति 'एबलिज़्म' और माइक्रोअग्रेशन का आरोप लगा और उन्हें उनके पद से हटा दिया गया।

जब हमने साथ काम करना शुरू किया, तो निकोल एक गहरे अपराधबोध से घिरी हुई थीं, जिसे समझना भी मुश्किल था। वह खुद को एक नेक इरादोंवाली और सामाजिक न्याय की पक्षधर महिला के तौर पर देखती थीं, जो हाशिए (उपक्षित) पर पड़े लोगों के हक़ में आवाज़ उठाती थीं, खासकर अपने कार्यस्थल पर। फिर वे कैसे वही सब दोहरा रही थीं, जिसके खिलाफ वे आवाज़ उठाती थीं? और वह भी उन लोगों के लिए, जिनकी वह दिल से परवाह करती थीं?

हमने आत्म-जागरूकता का एक अभ्यास किया। मैंने निकोल से कहा कि पिछले कुछ वर्षों में हुए अपने तीन से पाँच कठिन अनुभवों की सूची बनाएँ। जैसे-जैसे हमने इन अनुभवों पर बात की, उनके आघात और कुछ पैटर्न उभरने लगे। बचपन में उन्होंने जो विश्वासघात झेला था, उसके चलते उनका नियंत्रण का मुखौटा बहुत मजबूत हो गया था, जो उनके काम में साफ दिख रहा था। उन्हें हर परियोजना पर पूरा नियंत्रण चाहिए होता था और वे खुद को गहन शारीरिक थकावट की सीमा तक ले जाती थीं। इसी कारण, वह दूसरों की शारीरिक और मानसिक स्थिति के लिए करुणा नहीं दिखा पाती थीं। उनमें ''खुद ही संभालो'' जैसी सोच थी, बिना यह समझे कि ज़्यादा काम करना कई बार बीमारी या अक्षमता को और बढ़ा देता है। वह उन्हीं सहकर्मियों के साथ काम करना पसंद करती थीं, जो महत्वाकांक्षा के प्रति उसी पीड़ादायक दृष्टिकोण को साझा करते थे। परिणामस्वरूप, वह अक्सर दिव्यांग सहकर्मियों को परियोजनाओं से बाहर रखती थीं और उनके योगदान को ''प्यारा'' कहकर महत्वहीनता का एहसास कराती थीं। इस प्रकार, उनकी महत्वाकांक्षा की पीड़ा उन्हें अनजाने में एबलिस्ट बना रही थी।

हमने साथ मिलकर 'इरादों' और 'प्रभाव' में अंतर को समझना शुरू किया। हमने एक सूची बनाई कि वह कैसे नेतृत्व करना चाहती थीं और उसका वास्तविक प्रभाव क्या था। कुछ मामलों में दोनों मेल खाते थे, जैसे एलजीबीटीक्यूआईए+ समुदाय के लिए उन्होंने एक सपोर्टिव एम्प्लॉई रिसोर्स ग्रुप बनाया था। लेकिन कुछ जगहों पर, उनके इरादों का प्रभाव उनके साथियों के लिए हानिकारक साबित हुआ। जैसे, वह सभी से समान रूप से व्यवहार करना चाहती थीं लेकिन चूँकि उन्होंने

अपने अनकॉन्शस बायस पर कोई काम नहीं किया था इसलिए वह यह नहीं समझ पाईं कि हर किसी की ज़रूरतें और काम करने के तरीके अलग होते हैं।

आखिरकार, निकोल ने इस प्रक्रिया को पूरा किया, अपने द्वारा पहुँचाई गई क्षति को ठीक किया और जब उन्होंने एक नया उपक्रम शुरू किया, तो पूरी तरह नए तरीके से नेतृत्व करना सीखा। अब वह पीड़ा से नहीं बल्कि उद्देश्य से संचालित थीं। उन्होंने अपनी शारीरिक ज़रूरतों को सम्मान दिया, अपने मूल भावनात्मक आघातों को ठीक किया और माइक्रोमैनेज करने की आदत को छोड़ दिया। अब वह एक सार्थक महत्वाकांक्षा की मिसाल बन गई थीं।

सार्थक महत्वाकांक्षा को अपनाना

तो पीड़ादायक महत्वाकांक्षा से सार्थक महत्वाकांक्षा की ओर बढ़ना कैसा लगता है? इसके लिए हमें अपने मूल आघातों का सामना करना होता है और ''कुछ पाने की इच्छा'' की दिशा को बदलना होता है। जब हम सार्थक महत्वाकांक्षा से काम करते हैं, तो हमारी तरक्की किसी पुराने आघात से नहीं बल्कि हमारे अंदर छिपे उद्देश्य से संचालित होती है। फिर हम अपनी पीड़ा की भरपाई के लिए जीवन नहीं जीते बल्कि अपने संपूर्ण अस्तित्व से जीवन को अपनाते हैं।

कई मायनों में, सार्थक महत्वाकांक्षा की ओर बढ़ना अपने आपसे पहली बार मिलने जैसा हो सकता है। हममें से कई लोग अनजाने में अपनी पूरी जिंदगी अपने भावनात्मक आघातों के इर्द-गिर्द बना लेते हैं – और अक्सर इन्हीं के लिए सराहे भी जाते हैं। जब तक हमें शारीरिक, मानसिक या आध्यात्मिक झटका न लगे, हम अक्सर इन्हीं के पीछे छिपे रहते हैं। अगर मेरी तबीयत न बिगड़ी होती, तो शायद मैं भी अपनी ''मैं योग्य नहीं हूँ'' वाली सोच के चलते हद से ज़्यादा काम करती रहती। यह ''झटका'' ही हमारे लिए ब्रह्मांड का बुलावा होता है। यह कहने का एक तरीका, ''रुक जाओ। यह तरीका अब काम नहीं कर रहा, शायद कभी नहीं किया।'' यही वह क्षण होता है जब हम अपना मुखौटा उतार सकते हैं और सुरक्षा की परतों को हटाकर अपने अंदर के बच्चे को ठीक कर सकते हैं। अब हम अपने असली, संपूर्ण स्व से अपना जीवन बना सकते हैं, किसी टूटे आघात से नहीं।

एक कोच के रूप में मैंने मौजूदा दौर की कुछ सबसे प्रेरणादायक महिलाओं के साथ काम किया है और यह स्पष्ट रूप से दिखता है कि जब नेता सार्थक महत्वाकांक्षा से आगे बढ़ते हैं, तो उनका प्रभाव कितना सशक्त होता है। सार्थक

महत्वाकांक्षा सच्ची और निर्मल होती है। जब वह इसी स्रोत से पनपती है, तो एक उपचारकारी शक्ति बन जाती है।

आईए देखते हैं कि सार्थक महत्वाकांक्षा कैसी होती है:

आप उन व्यवस्थाओं पर सवाल उठाते हैं, जो हमारी महत्वाकांक्षा को आकार देती हैं: अब आप इन व्यवस्थाओं और विचारधाराओं से अनभिज्ञ नहीं रहते। आप समझते हैं कि हर किसी की शुरुआत एक जैसी नहीं होती।

आपके पास एक व्यापक सोच होती है:

- आप समझते हैं कि जीवन के हर अवसर में विकास की संभावना होती है और पूर्णता एक मिथक है।
- आप अपनी सीमित मान्यताओं पर सवाल उठाते हैं।
- आप संवेदनशीलता और करुणा के साथ नेतृत्व करते हैं।
- आप समृद्धि की भावना में केंद्रित रहते हैं।
- आप अपने भीतर की पुष्टि पर निर्भर रहते हुए स्वयं को मान्यता देते हैं।

आप उद्देश्य से प्रेरित होते हैं: केवल जीतने की होड़ में न रहकर, आप अपने उद्देश्य से जुड़ने, सकारात्मक प्रभाव डालने, सकारात्मक बदलाव लाने और संपूर्णता से विकसित होने की इच्छा रखते हैं। आपके फैसले मेल-मिलाप पर आधारित होते हैं।

आप सहयोग और अपने उपहारों का उपयोग दुनिया की सेवा के लिए करते हैं: आप अपने उपहारों को प्रतिस्पर्धा की बजाय सामाजिक भलाई के लिए उपयोग करते हैं। आप विविधता, समानता और समुदाय को महत्त्व देते हैं।

आप अपनी ज़रूरतों को महत्त्व देते हैं: आप अपने शरीर और मन के साथ एक स्नेहमयी साझेदारी में रहते हैं। आप अपनी और अपने समुदाय की देखभाल को प्राथमिकता देते हैं। आप खुद को केवल एक साधन की तरह नहीं देखते।

आप संतोष का अभ्यास करते हैं: आप सभी भावनाओं और अनुभवों का स्वागत करते हैं और मानसिक संतुलन पर ध्यान केंद्रित करते हैं, झूठी सकारात्मकता को नकारते हैं।

आप सामंजस्यपूर्ण कदम उठाते हैं:

- आप विश्वास की गति से आगे बढ़ते हैं। आप समय–सीमाओं और निर्भरताओं के प्रति सजग रहते हैं लेकिन महान कार्य के लिए आवश्यक प्रक्रियाओं और लोगों का सम्मान करते हैं।
- आप डर और जल्दबाजी की बजाय मानसिक सुरक्षा को प्राथमिकता देते हैं।

आइए अब देखें कि सार्थक और पीड़ादायक महत्वाकांक्षा में क्या फर्क है। ध्यान रखें कि यह ''सब कुछ या कुछ भी नहीं''वाली स्थिति नहीं है। तनाव के समय या उन लोगों के बीच होने पर जो इन्हीं गुणों को जी रहे हों, हम कभी–कभी पीड़ादायक महत्वाकांक्षा में फँस सकते हैं। लेकिन हम हमेशा उसी में नहीं जी सकते।

सार्थक महत्वाकांक्षा : महत्वाकांक्षा के साथ एक सजग संबंध	**पीड़ादायक महत्वाकांक्षा : महत्वाकांक्षा के साथ एक अचेतन संबंध**
उन प्रणालियों पर सवाल उठाना, जो हमें आकार देती हैं	उन प्रणालियों से अनजान रहना, जो हमें आकार देती हैं
एक व्यापक सोच	एक संकीर्ण सोच
उद्देश्य से प्रेरित	किसी भी कीमत पर जीत हासिल करने की चाह से प्रेरित
सहयोग पर केंद्रित और अपनी प्रतिभाओं का उपयोग दुनिया की मदद के लिए करना	व्यक्तिवाद और शक्ति हासिल करने पर केंद्रित
अपनी ज़रूरतों का सम्मान करना	अपना और दूसरों का उपयोग सिर्फ एक साधन की तरह करना
संतोष पर आधारित	विषैली सकारात्मकता
आप सामंजस्यपूर्ण कदम उठाते हैं	स्वयं पर थोपी गई तात्कालिकता

इस चार्ट को देखकर और यह सोचकर कि आप कहीं पीड़ादायक महत्वाकांक्षा की स्थिति से तो काम नहीं कर रहे हैं, यह आपको थोड़ा असहज लग सकता है। क्या मैं सच में एक उलझा हुआ इंसान हूँ, जो सब कुछ गलत कर रहा है? लेकिन अगर आप पीड़ादायक महत्वाकांक्षा के साथ जीते रहे हैं, तो इसके लिए कभी भी शर्म महसूस करने की ज़रूरत नहीं है क्योंकि हम सभी ने कभी न कभी यह अनुभव जरूर किया है। शायद आपके जीवन में एक ऐसा समय भी रहा होगा, जब पीड़ादायक महत्वाकांक्षा की ये विशेषताएँ आपके लिए उपयोगी साबित हुई हों। अच्छी बात यह है कि इंसान बेहद अनुकूलनशील होते हैं और सिर्फ थोड़े से सजग दैनिक अभ्यास से इन व्यवहारों को बदलना सीख सकते हैं। मेरा उद्देश्य आपको एक नए, अधिक सहायक नज़रिए की ओर आमंत्रित करना है और यह समझने में आपकी मदद करना है कि आप अपने जीवन और नेतृत्व में किसी पीड़ा से नहीं बल्कि संपूर्णता की भावना से आगे बढ़ रहे हैं।

अभ्यास: पीड़ादायक बनाम सार्थक महत्वाकांक्षा की पहचान करें

- पीड़ादायक महत्वाकांक्षा की कौन-कौन सी विशेषताएँ आप अपने भीतर पाते हैं?
- अपने जीवन के किन क्षेत्रों में आप खुद को अधिक पीड़ादायक महत्वाकांक्षा के साथ जीते हुए पाते हैं? (जैसे: काम, दोस्ती या खेल)
- क्या कोई विशेष परिस्थितियाँ हैं, जो आपको पीड़ादायक महत्वाकांक्षा की ओर धकेल देती हैं? (जैसे: तनाव, समय की कमी, आत्म-संदेह की भावना)
- सार्थक महत्वाकांक्षा की कौन-कौन सी विशेषताएँ आप अपने भीतर पाते हैं?
- कौन सी परिस्थितियाँ आपको उस स्थान से कार्य करने में मदद करती हैं? (जैसे: मानसिक रूप से सुरक्षित माहौल, सहानुभूतिपूर्ण लोग, आत्म-देखभाल)
- इस भाग को पढ़कर या इस पर विचार कर आपने अपने बारे में क्या सीखा या क्या विशेष बात नोट की?

जिंदगी में कुछ चीज़ें उतनी उलझनभरी नहीं होतीं, जितनी यह कि जब आप बेहद मेहनत करके वहाँ तक पहुँचते हैं, जहाँ आप जाना चाहते थे और फिर भी वहाँ पहुँचकर ऐसा महसूस होता है, मानो आप और गहरे अंधकार में गिर गए हों।

मैं जानती हूँ कि अब आप कठिनाइयों से थक चुके हैं। मैं जानती हूँ कि आप इस बात से परेशान हैं कि इस दुनिया ने हमेशा आपके चुनावों को और आपको समर्थन नहीं दिया और इसने आपके भीतर महत्वाकांक्षा के साथ एक पीड़ादायक रिश्ता बना दिया है। मैं जानती हूँ कि आप खुद ही अपनी राह में बार-बार अड़चन बनते-बनते थक चुके हैं। मैं जानती हूँ कि आप लगातार दौड़ते रहने, जबरदस्ती करते रहने और जद्दोजहद में लगे रहने से थक चुके हैं। मैं ये सब देख सकती हूँ और महसूस कर सकती हूँ क्योंकि मैं खुद भी आपके जैसी ही हूँ और मैं ये बात अच्छी तरह जानती हूँ। जब बात आती है महत्वाकांक्षा के साथ अपने संबंधों को सुधारने की और एक ऐसी जिंदगी जीने की, जैसी हम सच में चाहते हैं, तो हमें उन्हीं चीज़ों, जैसे हमारी सोच या हमारे आघात - को एक ईंधन, ऊर्जा और बदलाव का द्वार बनाना होता है। जैसा कि मेरे एक आध्यात्मिक शिक्षक ने एक बार कहा था, ''हमें विरोधाभास का इस्तेमाल अपनी दृष्टि को और स्पष्ट करने के लिए करना चाहिए।''

हममें से जो हाशिये पर रहनेवाली पहचान के साथ जीते हैं, जिन्हें सफलता और सपनों के नाम पर ऐसी दुनिया में झूठे वादे बेचे गए हैं, जो हमारे फलने-फूलने के लिए बनी ही नहीं थी: उनमें मैं आपको देख सकती हूँ। हम सब आगे बढ़ना चाहते हैं, समृद्ध होना चाहते हैं और अपने सबसे बेलगाम सपनों को साकार करना चाहते हैं लेकिन जिस दुनिया में हम रहते हैं, वहाँ इसकी कीमत अक्सर बहुत ज़्यादा होती है और हममें से बहुत से लोग इसे तब तक समझ नहीं पाते जब तक बहुत देर न हो जाए। ''सफल जीवन'' की एंट्री की कीमत अब इतनी ज़्यादा नहीं होनी चाहिए। अब हमारी जिम्मेदारी है कि हम अपनी महत्वाकांक्षा के साथ अपने संबंधों को फिर से परखें, जो दुनिया हमने बनाई है, उसका मूल्यांकन फिर से करें और जो लोग हमारे बाद आएँगे, उन्हें आगे बढ़ने का एक नया रास्ता दिखाएँ।

अध्याय का सारांश

- हममें से हर एक ने बचपन में कुछ मूल भावनात्मक आघात सहे होते हैं। इन शुरुआती चोटों को छिपाने के लिए हम कोई न कोई मुखौटा पहन लेते हैं। यही आघात अक्सर हमारी तरक्की करने की इच्छा को ईंधन देते हैं।

- महत्वाकांक्षा एक स्वाभाविक और तटस्थ भावना है। अपने सबसे सरल रूप में यह एक बेहतर जीवन की चाहत है। जब महत्वाकांक्षा हमारे आघातों से संचालित होती है, तो यह पीड़ादायक महत्वाकांक्षा बन जाती है। लेकिन जब यह हमारे उद्देश्य से जुड़ी होती है, तो सार्थक महत्वाकांक्षा का रूप ले लेती है।

- समाज में कुछ अनकहे नियम हैं, जो तय करते हैं कि इस दुनिया में कौन महत्वाकांक्षी हो सकता है और आमतौर पर यह विशेषाधिकार सिर्फ सिस-जेंडर, विषमलैंगिक और सक्षम श्वेत पुरुषों को ही मिलता है।

अध्याय २

हमारे विकास में बाधा डालनेवाली मानसिकताएँ

''अपने झूठे स्वरूप को टोकना कभी भी असभ्यता नहीं होती।''

- जेफ़ ब्राउन, असेंडिंग विद बोथ फीट ऑन द ग्राउंड

स्विस मनोविश्लेषक कार्ल जुंग ने एक बार कहा था, ''जब किसी आंतरिक स्थिति को सचेत (conscious) नहीं बनाया जाता तो वह बाहर घटती है, जैसे कि वह भाग्य हो।'' मैं अक्सर सोचती हूँ कि यह बात हमारी महत्वाकांक्षा के साथ कैसे घटित होती है। हमारे मन की गहराई में मौजूद मूल चोटों से तरह-तरह की कहानियाँ और विश्वास बनते हैं। इनमें से कुछ हमें अपने सपनों को हासिल करने में मदद करते हैं लेकिन अधिकांश मौकों पर ये हमारे आड़े ही आते हैं। यह एक प्रकार का मानसिक ''ऑपरेटिंग सिस्टम'' है, जो हमारी सोच और निर्णयों को प्रभावित करता रहता है और वह भी अक्सर अनजाने में। और क्योंकि हम इसे लेकर जागरूक नहीं होते, ये विश्वास हमारे जीवन को एक ऐसी दिशा में ले जाते हैं, जिसे हम अक्सर महज संयोग या भाग्य मान लेते हैं।

मेरे मित्र और सहयोगी खिलाल एक डॉक्टर और प्रसिद्ध सामाजिक कार्यकर्ता हैं। वे आठ साल की उम्र में मलेशिया से अमेरिका आ गए थे। मेरी तरह ही, उनके पिता भी डॉक्टर थे और उनके परिवार में केवल तीन पेशों को योग्य माना जाता था कानून, चिकित्सा और इंजीनियरिंग। इसलिए एक 'अच्छे बच्चे' की तरह खिलाल ने मेडिकल स्कूल जॉइन कर लिया। अपने असली सपनों और सच्चे स्वभाव को दबाकर उन्होंने रेज़ीडेंसी पूरी की ताकि अपने माता-पिता को गर्व महसूस करा सकें। लेकिन एक बेहद अंधकारमय दिन, जब वे मैनहट्टन के अपने अपार्टमेंट की खिड़की पर खड़े होकर नीचे ठंडे सीमेंट को देख रहे थे और उनकी आँखों से आँसू बह रहे थे, उन्होंने गंभीरता से अपने जीवन को समाप्त करने का विचार किया। उसी क्षण उन्हें एहसास हुआ कि अब तक उनके सारे फैसले बिना सोचे-समझे लिए हुए और केवल दूसरों को खुश करने के लिए थे। वे अपने लिए नहीं बल्कि सबके के लिए

जी रहे थे। अब उस असहनीय पीड़ा को और झेलना उनके बस में नहीं था।

सौभाग्यवश, ईश्वर की कृपा से अनुकंपा के भाव ने उनकी मदद की और वे खुद को उस स्थिति से बाहर ले आए। लेकिन वे भीतर से हमेशा के लिए बदल चुके थे। उन्होंने यह संकल्प लिया कि अब वे अपने जीवन की उन सभी परतों को देखेंगे, जहाँ वे अपने प्रति सच्चे नहीं रहे और इस तरह अपने जीवन की एक नई कहानी रचेंगे।

यह एक पीड़ादायक उदाहरण है लेकिन बहुत ज़रूरी भी। मेरे ज़्यादातर क्लाइंट्स – और शायद हममें से कई – अपने करियर और निजी ज़िंदगी के नतीजों को लेकर एक हल्की लेकिन लगातार बनी रहनेवाली बेचैनी, झुंझलाहट या निराशा महसूस करते हैं। लेकिन कई बार यह असंतोष इतना गहरा हो जाता है कि वे टूटने की कगार तक पहुँच जाते हैं। क्योंकि जो मान्यताएँ हमने अपने करियर और ज़िंदगी के साथ जोड़ रखी हैं, जैसे कि ''ऐसा होना चाहिए'' और ''वैसा नहीं होना चाहिए,'' वे कई बार हमारे सामने ''किस्मत'' का रूप ले लेती हैं। अगर हम मान लें कि महत्वाकांक्षा का अर्थ है, हर कीमत पर आगे बढ़ना, तो हम वही करेंगे जो आगे निकलने के लिए ज़रूरी लगेगा। फिर चाहे उसमें खुद को नुकसान पहुँचाना ही क्यों न शामिल हो। इसके साथ ही हम आगे बढ़ने के लिए दूसरों से मिलनेवाले खराब व्यवहार को सहन करेंगे और हम जितने के हकदार हैं, उससे भी कमतर को स्वीकार कर लेंगे।

मशहूर लाइफ़ कोच टोनी गैस्किन्स की कही एक बात मेरे ज़हन में हमेशा रहती है : ''आप स्वयं ही लोगों को यह संकेत दे देते हैं कि वे आपके साथ कैसा व्यवहार कर सकते हैं, इस आधार पर कि आप क्या सह लेते हैं, क्या रोकते हैं और किन बातों को मज़बूती देते हैं।'' मेरे ज़्यादातर क्लाइंट्स के साथ यही होता है। उनकी मुश्किलें इसलिए और बढ़ जाती हैं क्योंकि वे लोगों को यह संकेत नहीं दे पाते कि उनके साथ कैसा व्यवहार किया जाना चाहिए। वे यह सोचकर कम तनख्वाह स्वीकार कर लेते हैं कि वे इससे ज़्यादा माँगने लायक नहीं हैं, भले ही वे ओवर-क्वालिफ़ाइड हों और अपने सहयोगियों से कहीं ज़्यादा काम कर रहे हों। वे ज़रूरत से कम मदद मिलने को भी चुपचाप झेल लेते हैं क्योंकि उन्हें लगता है कि अगर उन्होंने मदद माँगी तो वे कमज़ोर या अयोग्य साबित हो जाएँगे। वे मानसिक और भावनात्मक शोषण भी सह लेते है, सिर्फ इसलिए क्योंकि उन्हें डर था कि अगर उन्होंने विरोध किया तो उसका नतीजा और भी नुकसानदेह हो सकता है। और हममें से अधिकतर

लोग यह सब इसलिए सहते हैं क्योंकि हमें डर होता है और हमने मान लिया है कि महत्वाकांक्षी जीवन जीने की "एंट्री फीस" यही है। लेकिन इसका खामियाज़ा आखिर में हम ही उठाते हैं। हम अपने जीवन का सबसे ज्यादा समय जहाँ पर बिताते हैं, क्या वहाँ पर काम करते हुए हमें अच्छा लगना चाहिए या फिर उस जगह को बर्दाश्त करते रहना बेहतर होगा?

कुछ खास मान्यताओं का बोझ ढोते रहना, हमें महत्वाकांक्षा के साथ एक स्वस्थ संबंध बनाने से रोकता है। दूसरी ओर, अगर हम यह मान लें कि महत्वाकांक्षा का अर्थ है, दूसरों की सेवा करते हुए विकास करना तो हम अपने विचारों, कार्यों और अनुभवों को कहीं ज़्यादा उद्देश्यपूर्ण ढंग से निर्देशित कर सकते हैं। यही कारण है कि जब हम अपने जीवन के सबसे महत्वपूर्ण कार्यों की बात करते हैं, तो सबसे पहले हमें उस अवचेतन (unconscious) प्रोग्रामिंग को स्पष्ट रूप से समझना होगा, जो अब तक हमें चुपचाप चला रही है।

अवचेतन – इस संदर्भ में सबसे प्रमुख शब्द यही है।

मानसिकता चक्र: हमारे विश्वास हमारी हकीकत को कैसे बदलते हैं

सबसे पहला कदम यह समझना है कि यह प्रोग्रामिंग काम कैसे करती है: हमारे विश्वास हमारे विचारों को प्रभावित करते हैं, हमारे विचार हमारे कार्यों का मार्गदर्शन करते हैं, हमारे कार्य हमारे अनुभवों को जन्म देते हैं और हमारे अनुभव दोबारा उन्हीं विश्वासों को मज़बूत करते हैं। यही क्रम मानसिकता चक्र कहलाता है, जिसकी प्रेरणा अमेरिकी मनोरोग विशेषज्ञ डॉ. आरोन टी. बेक के "कोर बिलीफ" यानी मूल विश्वासों पर किए गए कार्य से ली गई है। यह हर्ा गॉडेस की पुस्तक द कॉलिंग में प्रस्तुत उनके कार्य पर आधारित है।

उदाहरण के लिए, अगर मैं यह मान लूँ कि मेरे जैसे लोग कभी सफल नहीं हो सकते, तो मेरी यह सोच इस तरह के विचारों के रूप में सामने आएगी: "कोशिश करने का क्या फ़ायदा? मेरे जैसे लोग तो कभी आगे नहीं बढ़ते।" फिर ये विचार मेरे व्यवहार में भी दिखेंगे या शायद व्यवहार की कमी में, जैसे अगर मुझे यकीन नहीं कि मैं नौकरी पा सकती हूँ, तो मैं उसके लिए आवेदन ही नहीं करूँगी। और क्योंकि मैंने आवेदन ही नहीं किया, तो नौकरी नहीं मिलेगी। इस सबका नतीजा यह होगा कि मैं उसी पुराने करियर में फँसी रह जाऊँगी और फिर इसे अपनी बदकिस्मती मानकर बैठ जाऊँगी। इस तरह हम बार-बार एक ही चक्र में उलझे रहते हैं, एक

ऐसा लूप, जिसमें हमारी सोच ही हमें बार-बार उसी जगह वापस ले जाती है। अब आप समझ सकते हैं कि हमारे विश्वास कितने महत्वपूर्ण हैं।

जिस मामले में हम अक्सर उलझ जाते हैं, वह यह है कि हमारे अधिकतर विश्वास दरअसल किसी और की सोच से आए होते हैं, जिन्हें हमने अनजाने में अपना लिया होता है। जैसे, हमारे पारिवारिक पालन-पोषण से, सांस्कृतिक प्रभावों से, किसी पुरानी चोट (ट्रॉमा) से या समाज में मौजूद किसी रूढ़िवादिता से (इस पर हम थोड़ी देर में और बात करेंगे)। अफसोस की बात यह है कि ज़्यादातर ये विश्वास सीमित और नकारात्मक होते हैं - इसकी वजह है हमारे दिमाग की एक प्रवृत्ति, जिसे ''निगेटिविटी बायस'' कहा जाता है। सरल शब्दों में कहें, तो इसका अर्थ हुआ - हमारे मस्तिष्क में नकारात्मक जानकारी का सकारात्मक की तुलना में ज़्यादा गहराई से बैठ जाना। दरअसल, नॅशनल साइंस फाउंडेशन के अनुसार, हमारे मन में लगभग ९५ प्रतिशत विचार दोहराए जाते हैं और उनमें से करीब ८० प्रतिशत विचार नकारात्मक होते हैं।

उदाहरण के तौर पर, मान लीजिए कि मैंने यह सीमित सोच अपना ली है कि रंगभेद का सामना करनेवाली महिलाएँ नेतृत्व के पदों पर ज़्यादा समर्थन नहीं पा सकतीं (यह एक पुराना विश्वास है, जो मैंने कॉरपोरेट अमेरिका में सीखा था) और फिर मुझे ऐसा अनुभव होता है, जहाँ किसी ने संसाधनों और फंडिंग में बड़ी कमी लाकर मेरी उस सोच को और मज़बूत कर दिया। अब चाहे सैकड़ों लोग मेरा साथ दे रहे हों, फिर भी मेरी सोच उस एक कमी पर ही अटक जाएगी और मुझे यकीन ही नहीं होगा कि मुझे असल में वह समर्थन मिल रहा है, जिसकी मुझे ज़रूरत है। यही विश्वास बतौर एक लीडर मेरे फलने-फूलने में रुकावट बन सकता है। जब हमें लगता है कि हमारी ''ज़्यादा चाहने'' की इच्छा को नकारात्मकता के साथ टकराना पड़ता है, तो हमारे भीतर यह जिद पैदा हो जाती है कि हमें खुद को साबित करना है। और यह जिद सबसे विनाशकारी प्रवृत्तियों में से एक है।

हमारे कई विश्वास (चाहे वे सांस्कृतिक हों या पारिवारिक), एक और चीज़ को मज़बूत करते हैं, जिसे ''अपर लिमिट्स'' कहा जाता है। यह शब्द गे हेंड्रिक्स ने अपनी पुस्तक द बिग लीप में इस्तेमाल किया है, जिसमें उन्होंने बताया है कि हम कैसे सीमित विश्वासों और कहानियों के आधार पर अपने लिए मनमानी ऊपरी सीमाएँ बना लेते हैं। ये आमतौर पर चार तरीकों में से किसी एक रूप में सामने आती हैं:

- ''मूल रूप से दोषी महसूस करना'' जैसे हमारे भीतर कुछ गलत है इसलिए हम जो चाहते हैं, उसे हासिल नहीं कर सकते क्योंकि हमारे भीतर कोई कमी है।
- ''धोखा और त्याग'' जैसे अगर हम अपने आपको बड़ा मानें या ऊँचाई तक पहुँचें, तो हम अपने प्रियजनों के साथ धोखा कर रहे हैं या उन्हें किसी तरह पीछे छोड़ रहे हैं।
- ''यह मानना कि ज़्यादा सफलता का मतलब है ज़्यादा बोझ'' या तो हम दूसरों के लिए बोझ बन जाएँगे या सफलता के साथ हमें खुद ही ज़्यादा बोझ उठाना पड़ेगा।
- ''दूसरों को पीछे छोड़ने का अपराधबोध'' अगर हम बहुत आगे बढ़ जाएँगे तो हम किसी और को पीछे छोड़ देंगे और उन्हें छोटा महसूस करवा देंगे।

इस नकारात्मक और सीमित सोच से अपने विश्वासों को बदलना हमारी हकीकत को, हमारे अनुभव को और महत्वाकांक्षा के साथ हमारे संबंध को पूरी तरह से बदल सकता है। लेकिन शुरुआत में यह बेहद मुश्किल लग सकता है क्योंकि हमारा दिमाग नकारात्मक कहानियों पर फोकस करने के लिए प्रशिक्षित हो चुका है। इसलिए, हर एक नकारात्मक विश्वास की भरपाई करने के लिए हमें तीन से पाँच सकारात्मक विश्वासों की ज़रूरत होती है ताकि संतुलन महसूस हो सके। उदाहरण के लिए, अगर सीमित विश्वास यह है – ''मैं इस नौकरी के योग्य नहीं हूँ, मुझे कभी नहीं चुना जाएगा,'' तो इसका नया और सकारात्मक रूप कुछ इस तरह हो सकता है:

- मैं दस और उम्मीदवारों को पछाड़कर आखिरी राउंड तक पहुँची हूँ।
- मैं पहले भी यह काम कर चुकी हूँ और अपने क्षेत्र में योगदान के लिए पुरस्कार पा चुकी हूँ।
- दो रिक्रूटर्स ने मुझसे संपर्क किया और कहा कि यह करियर मेरे लिए बिलकुल उपयुक्त है।

हालाँकि, अपनी सोच के इस नकारात्मक झुकाव को बदलना टॉक्सिक पॉजिटिविटी यानी हानिकारक सकारात्मकता के बारे में नहीं है यानी कि यह मानना कि चाहे स्थिति कितनी भी गंभीर या कठिन क्यों न हो, आपको हमेशा सकारात्मक

बने रहना चाहिए। यह बदलाव इस बात को आमंत्रित करने के लिए है कि हमारा दिमाग किसी भी स्थिति को उसकी पूर्णता में देखे। यह सच्चाई को स्वीकारते हुए, सकारात्मक चीज़ों को ढूँढ़ने की कोशिश है, खासकर तब, जब नकारात्मक भी उतना ही सच हो। यह इस सोच की बढ़ने से संबंधित है कि ये ''दोनों बातें एक साथ सच हो सकती हैं।''

आघातकारी अनुभव हमारे विश्वासों को आकार देते हैं

अगर आपके जीवन में कोई आघातकारी अनुभव (ट्रॉमा) रहे हैं, तो यह मुमकिन है कि आपके लिए मानसिकता चक्र प्रभावी रूप से काम न करे। आघातकारी अनुभव हमारे मस्तिष्क के कई हिस्सों को प्रभावित करते हैं, जैसे प्रीफ्रंटल कॉर्टेक्स, एमिगडाला और लिम्बिक सिस्टम, जिससे पीड़ित व्यक्ति लगातार एक प्रतिक्रिया प्रधान स्थिति में जीता है। ऐसी अवस्था में बिना किसी चिकित्सक या विशेष उपचार के आगे बढ़ पाना बेहद कठिन हो सकता है। मस्तिष्क और शरीर पर इसका गहरा प्रभाव हमारे काम करने और जीने के तरीके को बुरी तरह प्रभावित कर सकता है। मेरी एक क्लाइंट स्टेला का बचपन ग्रामीण फ्रांस में बहुत अस्थिरता के बीच बीता। कई बार उन्हें अचानक अपना घर छोड़ना पड़ा क्योंकि उनके माता-पिता किराया नहीं चुका पाते थे और अंत में उन्हें अपनी दादी के साथ रहना पड़ा। ऐसे में स्कूल उनके लिए एक सुरक्षित स्थान बन गया, ऐसा इकलौता स्थान जहाँ कुछ स्थिरता थी, जहाँ उन्हें अपने प्रयासों का परिणाम मिलता था। इसलिए उन्होंने अपना सिर झुकाकर पूरी मेहनत से पढ़ाई की, यह सोचकर कि एक दिन वे अपने संघर्षपूर्ण पारिवारिक जीवन से बाहर आ सकेंगी।

और उन्होंने ऐसा कर दिखाया। स्टेला ने लंदन स्कूल ऑफ इकोनॉमिक्स में दाखिला लिया, इनवेस्टमेंट बैंकर बनीं और फिर कभी पीछे मुड़कर नहीं देखा, कम से कम तब तक, जब तक पेशेवर काम-काज से जुड़ी ''किस्मत'' उनका पीछा नहीं करने लगी। वे अत्यंत प्रतिभाशाली और समर्पित थीं इसलिए बहुत तेज़ी से चोटी पर पहुँच गईं। उनकी कंपनी ने उन्हें अपनी सबसे सफल महिला कर्मचारी के रूप में सम्मानित किया। लेकिन इससे स्टेला को खुशी महसूस नहीं हुई। उन्हें लगता था कि वे अपने कार्यक्षेत्र में खुद को कभी व्यक्त नहीं कर पातीं। हालाँकि उनका हास्य बोध तीखा था और वे गूढ़ विषयों से बेहद लगाव रखती थीं लेकिन फिर भी उन्हें लगता था कि वे यह सब किसी से साझा नहीं कर सकतीं। उन्हें ऐसा लगता था कि दूसरों के द्वारा स्वीकार किए जाने के लिए उन्हें एक तयशुदा ढंग से पेश आना

पड़ेगा – और वह तरीका उनकी असली पहचान से मेल नहीं खाता था।

लेकिन क्योंकि वे दोबारा कभी अपना घर न खोने का संकल्प ले चुकी थीं, स्टेला ने उस भूमिका में बने रहने के लिए हर संभव प्रयास किया। जो कहानी उन्होंने अपने मन में बिठा ली थी, जो आघातकारी अनुभव से उपजी थी, वह यह थी कि अगर वे ''अच्छी लड़की और मेहनती कर्मचारी'' के अलावा कुछ भी बनीं, तो उन्हें निकाल दिया जाएगा। इसलिए उन्होंने दूसरों को खुश करनेवाला व्यवहार करना शुरू कर दिया, सिर्फ इस डर से कि कहीं उन्हें हटा न दिया जाए, भले ही इसकी कीमत उनकी खुद की पहचान हो। अंत में ऐसी स्थिति आ गई, जब उनके लिए इस नकली छवि को निभाना असहनीय हो गया और स्टेला ने तय किया कि अब वह इस तरह नहीं जिएँगी – और अंततः उन्होंने अपनी नौकरी छोड़ दी।

मुझे ये स्वीकार करना होगा कि हमारे सर्वाइवल पैटर्न्स (बचाव की आदतें) से बाहर आना कितना कठिन होता है। हम ये व्यवहार इसलिए नहीं दोहराते क्योंकि हमारे अंदर कोई कमी है या इसलिए कि हम समझदार नहीं हैं। सच तो यह है कि हमने ये रणनीतियाँ इसलिए अपनाईं क्योंकि किसी समय ये हमारे लिए सहायक थीं। बचपन में शायद इनसे हम अपने अभिभावकों के गुस्से या किसी अन्य प्रकार के नुकसान से बच जाते थे। लेकिन जैसे–जैसे हम वयस्क होते हैं, ये रणनीतियाँ अक्सर हमारी मदद करने की बजाय हमारे जीवन में बाधा बनने लगती हैं।

जब बात आती है, अनजाने में किए गए व्यवहार से एक अधिक संतुलित और सच्चे जीवन की ओर बढ़ने की तो हममें से कई यह मानते ही नहीं कि हमें कुछ बेहतर मिल सकता है या इससे बेहतर कोई और विकल्प भी मौजूद है। यही कारण है कि अपने काम और जीवन में जो सपना हम देखना चाहते हैं, उसे जीने के लिए ऐसे विश्वासों को गढ़ना, जो सहयोगी हों और संभावनाओं पर केंद्रित हों, सबसे ज़रूरी है। अच्छी बात यह है कि वर्तमान क्षण की जागरूकता, माइंडफुलनेस और सोच को नए तरीके से देखनेवाले टूल्स की मदद से हम इन अड़चनों भरे नकारात्मक विश्वासों को बदल सकते हैं। क्योंकि अगर हम ऐसा नहीं करते, तो ये सोच हमारी मूल चोटों को और गहरा करती है और हमारी वास्तविकता को विकृत कर देती है।

अभ्यास: नए विश्वास बनाना

१. जब बात आपके करियर की, पैसों से आपके संबंधों की और अपने सपनों को हासिल करने की हो, तो आप अपने बारे में कौन सी कहानियाँ दोहराते हैं? उन कहानियों की एक सूची बनाइए और पूरी ईमानदारी से लिखिए, जितना संभव हो उतना विस्तार से। फिर देखिए कि इनमें से कौन-से विश्वास आपको सीमित करनेवाले हैं।

२. अब अपनी आँखें बंद करें और कुछ पल तक अपनी साँस पर ध्यान केंद्रित करें। उस पहले अनुभव की कल्पना करें जब आपने इस तरह महसूस किया था या जब किसी ने आपको ऐसा महसूस करवाया था। यह विश्वास पहली बार कहाँ से आया? (उदाहरण के लिए, शायद तीसरी कक्षा में आपने किसी सवाल का जवाब देने के लिए हाथ उठाया और सबने आप पर हँसना शुरू कर दिया। आपको शर्मिंदगी हुई। उस क्षण आपने अपने भीतर यह मान लिया कि आप योग्य नहीं हैं और कोशिश करने का कोई मतलब नहीं है।)

३. अब ऐसे हर सीमित विश्वास के सामने खुद से यह सवाल पूछिए, ''क्या यह सच है?''

४. अगर जवाब ''हाँ'' है, तो उसे तोड़ने के लिए तीन ऐसे उदाहरण ढूँढ़िए, जो उसका उल्टा साबित करते हों। हाँ, यह आसान नहीं होगा क्योंकि हमारा दिमाग अक्सर पुराने अनुभवों के आधार पर ही दुनिया को देखता है। इसलिए हमें छोटे स्तर से शुरू करते हुए अपने भीतर गहराई तक उतरकर ऐसे सबूत ढूँढ़ने पड़ते हैं, जो ये साबित करें कि यह पुराना विश्वास असल में झूठा है। कभी-कभी सबसे छोटा उदाहरण भी हमारे सोचने का तरीका बदल सकता है। इन नए विश्वासों को रोज़ पढ़ें, जब तक वे आपके लिए स्वाभाविक न बन जाएँ।

अपने शैडो को उजाले में लाना

अपनी सीमित मान्यताओं की पहचान करने का एक कारगर तरीका है, अपने शैडो पर ध्यान देना। क्या आपने कभी महसूस किया है कि कुछ लोग, शब्द या अनुभव आपको भीतर तक चुभते हैं या असहज कर देते हैं? क्या आपको कभी डर

लगा है कि अगर किसी को आपके बारे में कुछ ऐसा पता चल गया, जिसे आप छुपाना चाहते हैं, तो वे आपको ठुकरा देंगे? क्या आप यह सोचकर परेशान रहते हैं कि लोग आपको नासमझ, अयोग्य या असफल समझेंगे? या क्या जब आप किसी और को स्पष्ट बोलते या अपनी सीमाएँ तय करते देखते हैं, तो आपको भीतर से असुरक्षा महसूस होती है और यह आपके कामकाज में रुकावट बन जाता है? हो सकता है कि इसी वजह से आप कामकाज पर और जिंदगी के अन्य हिस्सों में एक नकाब पहनकर जीते हैं ताकि आप सुरक्षित, पसंद किए जाने योग्य और स्वीकार्य बने रहें।

''शैडो'' का विचार सबसे पहले कार्ल युंग ने ही पेश किया था यानी हमारे व्यक्तित्व का वह ''अंधेरा हिस्सा'' जिसे हम छुपाकर रखते हैं ताकि समाज, परिवार और समुदाय के बीच स्वीकार्य बने रहें। लेखिका डेबी फोर्ड, जिन्होंने द डार्क साइड ऑफ़ लाइट चेज़र्स लिखी है, कहती हैं कि शैडो ''हमारे वे सभी हिस्से हैं, जिन्हें हमने या तो छुपा दिया है या नकार दिया है।'' हमारा शैडो अलग-अलग रूपों में सामने आता है, जैसे स्वार्थ, अयोग्यता या आत्म-महत्व। हम ये डर बना रहता है कि कोई इन बातों को पहचान न ले इसलिए हम उन्हें अपने अंदर पूरी ताकत से दफन कर देते हैं। अपने शैडो पर ध्यान देने से हम अपने अवचेतन विश्वासों की पहचान कर सकते हैं।

अपने शैडो को पहचानने का एक तरीका है - देखिए कि आप दूसरों में किस चीज़ की आलोचना करते हैं क्योंकि ज़्यादातर मामलों में वही बातें हम अपने अंदर भी जज करते हैं। उदाहरण के लिए, मेरी क्लाइंट आंद्रेआ एक बेहद प्रतिभाशाली मार्केटिंग एक्ज़ीक्यूटिव थीं लेकिन उन्हें कभी अपने बारे में ''काफी अच्छा'' महसूस नहीं होता था। उन्हें हमेशा सबसे बेहतर बनने की चाह थी लेकिन वे कभी यह बात ज़ोर देकर कह नहीं पाती थीं क्योंकि उन्हें लगता था कि इससे वे ''घमंडी'' और ''प्रतिस्पर्धी'' लगेंगी। उन्होंने अपनी कंपनी के लिए अवॉर्ड जीतनेवाले शानदार नतीजे दिए थे लेकिन वे अपनी सफलता पर चुप्पी साधे रहीं, यह मानते हुए कि सिर्फ मेहनत ही उन्हें पहचान दिलाएगी। लेकिन जब उनकी बजाय एक ऐसे व्यक्ति को प्रमोशन दे दिया गया, जो उनसे कम अनुभवी था लेकिन ज़्यादा मुखर था तो आंद्रेआ गुस्से और चिढ़ से भर गईं। उन्होंने उस व्यक्ति को लेकर कहा कि वह एक ''आत्म-मुग्ध'' इंसान है। वह बार-बार सबके सामने अपनी उपलब्धियाँ गिनाता था और यह बात आंद्रेआ को बहुत खटकती थी। जब मैंने उनके मुँह से ऐसी कई

कहानियाँ सुनीं, तो मुझे आभास हुआ कि यहाँ एक गहरा शैडो सक्रिय है और वह था ''अपनी तारीफ करने'' से डर।

अब सवाल यह है कि हमारे शैडो आते कहाँ से हैं? इसके कई स्रोत हो सकते हैं लेकिन सबसे आम कारण होते हैं, वे असुरक्षाएँ जो हमारे परिवार, समुदाय या संस्कृति ने बार-बार हमें सिखाईं हैं। मैं खुद एक ऐसे परिवार से आती हूँ, जहाँ पीढ़ियों से ''मेहनत'' को ही सबसे बड़ा मूल्य माना गया है। मेरे परनाना और परनानी को अपना जीवन चलाने के लिए कोयले की खदानों में बेहद कठिन परिश्रम करना पड़ा था - जिसकी वजह से उन्हें किसी न किसी चोट या बीमारी का सामना करना पड़ा। मेरी प्रेरणादायी नानी, जिनसे मैं बेहद प्यार करती थी, ८६ वर्ष की उम्र तक अपने बिज़नेस में सक्रिय रहीं, उम्र के आखिरी पड़ाव पर आकर उन्हें डिमेंशिया की बीमारी हो गई लेकिन फिर भी वे रोज़ ऑफिस जाती थीं और अंत में मेरी माँ को उन्हें जबरन रोकना पड़ा। मेरे परिवार में ''आलस्य'' इतना वर्जित था कि लोग कीमोथेरेपी, भारी दु:ख, गर्भपात, तलाक, यहाँ तक कि मानसिक रोग के दौरान भी काम करते रहते थे। अगर मैं किसी दिन थककर घर लौटती, तो मुझे सराहा जाता था। लेकिन अगर मैं घर पर रहती या ज़्यादा मेहनत नहीं करती, तो मुझे ''स्वार्थी'' या ''आलसी'' कहा जाता था। मैंने जल्दी ही यह सीख लिया कि आलसी होना दुनिया की सबसे बुरी चीज़ है और इसी के खिलाफ खुद को साबित करने के लिए मैंने दोगुनी मेहनत शुरू कर दी। और यहीं से ''आलस्य'' मेरा शैडो बन गया, जिसकी वजह से मेहनत के प्रति मेरा झुकाव हद से ज़्यादा हो गया। यह शब्द जैसे मेरे ऊपर काबू पा चुका था लेकिन मैं इसे लेकर जागरूक ही नहीं थी। अगर किसी ने मुझसे चौदह साल की उम्र में पूछा होता कि मैं इतनी मेहनत क्यों कर रही हूँ, तो शायद मैं जवाब देती: ''क्योंकि मैं सफल होना चाहती हूँ।'' लेकिन मुझे यह अंदाज़ा नहीं था कि मेरे हर प्रयास के केंद्र में एक घायल शैडो बैठा है, जो मेरे भीतर ''बड़ा बनने'' और ''आगे बढ़ने'' की चाह को ईंधन दे रहा है।

दुर्भाग्यवश अधिकांश लोगों के मामले में उनका शैडो यह भी दर्शाता हैं कि दुनिया हमें और हमारी काबिलियत को कैसे देखती है और कई बार ये कष्टदायी रूढ़ियों को भी प्रतिबिंबित करते हैं। मेरी क्लाइंट नताशा को ही लीजिए। वह एक बेहद बुद्धिमान और अत्यधिक शिक्षित ब्लैक महिला हैं जो कानून के क्षेत्र में काम करती हैं। लेकिन उनका शैडो है ''अज्ञानी होना।'' यह सुनना थोड़ा अजीब लग सकता है, खासकर तब, जब सामनेवाला व्यक्ति स्पष्ट रूप से बेहद समझदार हो

और उसके पास ढेरों योग्यताएँ हों। जब हमने उनके शैडो को गहराई से समझा, तो नताशा ने महसूस किया कि उनकी अंदरूनी हीन भावनाएँ अमेरिका के गृह युद्ध से पहले से चली आ रही एंटी-ब्लैक रूढ़ियों में जड़ें जमाए हुए थीं। आश्चर्य नहीं कि नताशा ने यह शैडो अपनाया और इसीलिए उन्होंने खुद को ज़रूरत से ज़्यादा ''बुद्धिमान'' साबित करने में झोंक दिया।

हममें से बहुत से लोग उम्र, नस्ल, लिंग, शरीर के आकार, आप्रवासन की स्थिति, शारीरिक या मानसिक क्षमताओं, यौन रुझान, धार्मिक विश्वास और अन्य कई बातों के आधार पर रूढ़िवादी धारणाओं का सामना करते हैं। हम पर ''गुस्सैल ब्लैक महिला'' जैसी रूढ़ियाँ थोप दी जाती हैं। या यह कि एशियाई कर्मचारी ''ज़्यादा शांत और संयमित'' होते हैं। या फिर यह कि जो कर्मचारी भारी शरीरवाले हैं वे ''कम प्रेरित'' होते हैं। या यह कि बुज़ुर्ग कर्मचारी ''तकनीक से कटे हुए'' हैं। या यह कि मिलेनियल्स ''अधिकारवादी'' होते हैं। बहुत से महत्वाकांक्षी और हाशिए पर मौजूद लोग यह विश्वास लेकर चलते हैं कि हमारे कुछ हिस्से गलत हैं और फिर हम इन हिस्सों की काट में जाकर कुछ दूसरी बातों का ज़रूरत से ज़्यादा दिखावा करने लगते हैं। लेकिन ऐसा करते हुए हम खुद को नकलीपन और डर में फँसा लेते हैं। यही सारे अनुभव एक शैडो को जन्म देते हैं और यह तय करने लगते हैं कि हम अपने कामकाज के मामले में खुद को कितनी प्रामाणिकता से प्रस्तुत कर सकते हैं।

सच्चाई यह है कि हम सभी में मानवीय भावनाओं और स्वभावों की पूरी श्रृंखला मौजूद होती है। कभी हम गुस्से में आकर प्रतिक्रिया देंगे, कभी ऐसा भी होगा कि हम चाहकर भी अपनी बात नहीं रख पाएँगे और कभी हमारी कोई हरकत किसी को बुरी लग सकती है। दिक्कत तब होती है जब हमारा शैडो हम पर हावी हो जाता है। मैंने ''आलसी'' शब्द से इतनी नफ़रत कर ली थी कि मैंने ऐसा व्यवहार अपना लिया, जिससे मैं कभी भी उस नज़र से न देखी जाऊँ। मैंने इसके लिए दूसरों को भी जज करना शुरू कर दिया था, जैसा कि मैंने आंद्रेआ को भी समझाया था कि हम दूसरों में जो बातें जज करते हैं, वही हम अपने अंदर भी जज करते हैं। यह जजमेंट का चक्र समाज में भी फैल सकता है और उसके गंभीर नतीजे हो सकते हैं। सोसायटी ऑफ एनालिटिकल साइकोलॉजी के अनुसार, शैडो ''अल्पसंख्यक समूहों या देशों के बीच पूर्वाग्रह को बढ़ावा देता है और यह किसी साधारण झगड़े से लेकर बड़े युद्ध तक का कारण बन सकता है।'' जब लोग अपने अनदेखे या अस्वीकार किए गए शैडो को दूसरों पर थोपते हैं, खासकर उन पर, जो अलग समूह से हैं तो

इससे झूठे और नकारात्मक विश्वास और पक्षपात पनपते हैं। और समय के साथ, ये थोपे गए नकारात्मक भाव एक बड़े संघर्ष का रूप ले सकते हैं।

शैडो को दबाने की समस्या यही है: जब हम अपने शैडो को स्वीकार नहीं करते या उसे अपने अस्तित्व में शामिल नहीं करते, तो हम ऐसे व्यवहारों को दोहराते रहते हैं, जो हमारे विकास में बाधा बनते हैं और संबंधों को बिगाड़ते हैं। और साथ ही, यह हमें महत्वाकांक्षा के उस कष्टदायी रूप की ओर धकेलता है, जिसमें मानसिकता सीमित हो जाती है, प्रतिस्पर्धा हावी हो जाती है और सीमित विश्वासों की पकड़ मज़बूत हो जाती है। जब हम यह स्वीकार नहीं करते कि हम वास्तव में कौन हैं, तो हर दिन खुद को किसी और के रूप में पेश करना और एक नकाब पहनकर जीना हमें भीतर से थका देता है और फिर किसी न किसी रूप में यह सब एक ज्वालामुखी की तरह फट पड़ता है। मेरे लिए वह विस्फोट मेरी पहली स्वास्थ्य समस्या थी। आपके लिए यह अचानक नौकरी छोड़ना हो सकता है, किसी मैनेजर की प्रतिक्रिया में घबराहट के दौरे पड़ना या आत्म-विनाशकारी व्यवहार जैसे शराब में डूब जाना। इस तरह का ''प्रदर्शन करके जीना'' थका देनेवाला होता है। लेकिन जब हम अपने शैडो को स्वीकार कर उसे खुद में एकीकृत करते हैं, केवल तभी हम सच्चे, पूर्ण और प्रामाणिक बनकर फल-फूल सकते हैं।

द डार्क साइड ऑफ लाइट चेज़र्स में फोर्ड लिखती हैं, ''जब हम किसी भावना या आवेग को दबाते हैं, तो हम उसके विपरीत पक्ष को भी दबा देते हैं। अगर हम अपने डर को नकारते हैं, तो अपने साहस को भी कम कर देते हैं। अगर हम अपने लोभ को नकारते हैं, तो अपनी उदारता को भी घटा देते हैं।'' दूसरे शब्दों में कहा जाए, तो ''जो हिस्सा हमारा नहीं होता, वही हमें अपने कब्जे में ले लेता है।'' जब हम यह समझ जाते हैं कि हमारी हर भावना, चाहे वह आलस्य हो या स्वार्थ किसी न किसी रूप में हमारी सेवा ही कर रही है, तब हम अपने किसी भी हिस्से को ''गलत'' या ''सही'' कहना बंद कर देते हैं। हम उन्हें अपने अस्तित्व में शामिल कर लेते हैं। और जैसा कि फोर्ड कहती हैं, जब हम अपने शैडो को खुद में एकीकृत कर लेते हैं, तभी हम वास्तव में पूर्ण हो पाते हैं:

> हम इस भ्रम में जीते हैं कि कोई चीज़ अगर दिव्य हो, तो उसका परफेक्ट होना ज़रूरी है। हमारा ऐसा सोचना गलत हैं। असल में, सच्चाई ठीक इसके उलट है। दिव्यता का अर्थ परफेक्ट होना नहीं बल्कि होल यानी संपूर्ण होना है और संपूर्ण होना यानी सब कुछ होना।

अपने शैडो को एकीकृत करने का अर्थ है, अपने ''अंधेरे'' पक्षों को खारिज करने या उन पर शर्मिंदा होने की बजाय उन्हें अपनाना। जब मैं इस एकीकरण की प्रक्रिया में अपने क्लाइंट्स की मदद करती हूँ, तो सबसे ज़रूरी होता है, शैडो के दूसरे पक्ष को देखना, यह समझना कि वह पूरी तरह बुरा नहीं है। इसकी शुरुआत एक छोटे से अभ्यास से हो सकती है, जैसे किसी शब्द की उत्पत्ति खोजना। उदाहरण के लिए, जब मैंने अपने ''आलसी'' शैडो को एकीकृत करने पर काम करना शुरू किया, तो मैंने इस शब्द की उत्पत्ति के बारे में पता लगाया। आलस्य, जिसे अंग्रेजी में लेजी कहते हैं, जर्मन शब्द लासिश से आया है, जिसका अर्थ होता है ''धीमा'' या ''शांत।'' ये जानकर मुझे लगा: धीमा और शांत रहने में आखिर बुरा क्या है? इंसान को लगातार गति में रहने के लिए नहीं बनाया गया है। वास्तव में, ज़्यादातर इंसानों को हर रात धीमा होना और विश्राम करना आवश्यक है। इसी स्थिरता में हमारा शरीर अपनी मरम्मत करता है और हानिकारक विषाक्त तत्वों से छुटकारा पाता है। आराम करना जीवन का एक ज़रूरी हिस्सा है और हमारी उद्देश्यपूर्ण महत्वाकांक्षा का भी। इन्हीं ठहराव के पलों में हम व्यापक तस्वीर और अपने ''क्यों'' को गहराई से देख पाते हैं।

जब मैंने अपनी क्लाइंट आंद्रेआ के साथ, जिनका जिक्र मैंने पहले किया था, काम शुरू किया तो हमने एक अभ्यास किया, जिसे डेबी फोर्ड के काम से प्रेरणा लेकर तैयार किया गया था ताकि हम उनके शैडो को पहचान सकें और उसे अपनाना शुरू करें। इस प्रक्रिया में सबसे पहले मैं विशेषणों की एक सूची साझा करती हूँ और क्लाइंट्स से कहती हूँ कि वे उन शब्दों को नोट करें, जो उन्हें सबसे अधिक चुभते या असहज लगते हैं। फिर हम इन शब्दों को कुछ सामान्य थीम्स में संक्षेपित करते हैं।

जब आंद्रेआ ने यह अभ्यास किया, तो सामने आया कि उनके परिवार में ''विनम्र होना'' सराहा जाता था, जबकि खुद की उपलब्धियों को सार्वजनिक रूप से मनाना ''घटिया'' और ''घमंडी'' माना जाता था। इसलिए बचपन से ही आंद्रेआ के भीतर यह सोच बैठ गई कि अपने हुनर और योगदान को छोटा दिखाना ही सबसे श्रेष्ठ व्यवहार है। उन्होंने सिर झुकाकर खूब मेहनत की लेकिन कभी अपनी सफलता का उत्सव नहीं मनाया। और यह तरीका उनके लिए लंबे समय तक कारगर भी रहा लेकिन फिर एक समय ऐसा आया, जब यह तरीका बुरे परिणाम देने लगा। (यह बात कई महिलाओं पर लागू होती है। हमें बताया जाता है कि ज़्यादा ''आत्मविश्वास''

दिखाना गलत है और यह सोच हमारे शैडो को और मज़बूत कर देती है, जिसका नतीजा होता है प्रमोशन का छूटना, वेतनवृद्धि का टलना वगैरह)। जब आंद्रेआ को प्रमोशन नहीं मिला और वे बिना सराहना के काम करते-करते थक गईं, तब जाकर वे कुछ नया अपनाने के लिए तैयार हो सकीं।

आइए अब एक अभ्यास करें, जो मैंने द डार्क साइड ऑफ लाइट चेज़र्स में फोर्ड के काम के आधार पर तैयार किया है, इससे आप भी अपने शैडो की पहचान कर, उसे अपनाने की प्रक्रिया शुरू कर सकेंगे।

अभ्यास: अपने शैडो को पहचानें और अपनाएँ

१. वह कौन-सी एक बात है, जिसके उजागर हो जाने से आपको सबसे ज़्यादा डर लगता है?

२. वे पाँच बातें क्या हैं, जिनके लिए आप दूसरों को सबसे ज़्यादा जज करते हैं? क्या कोई पैटर्न दिख रहा है?

३. उन तीन लोगों की सूची बनाइए, जिनका व्यवहार आपको सबसे ज़्यादा असहज करता है। उनके अंदर कौन-से गुण हैं, जो आपके लिए ट्रिगर बनते हैं?

४. क्या आप देख पा रहे हैं कि दूसरों और खुद के प्रति आपके जजमेंट में कोई समानता है? आपने कब और कहाँ सीखा कि ये गुण ''गलत'' या ''वर्जित'' हैं?

५. आपका शैडो आपकी महत्वाकांक्षा या काम में किस तरह बाधा बन रहा है? क्या इसी वजह से आपको प्रमोशन नहीं मिला? या टीम के साथ आपके संबंध मुश्किल हो गए?

६. इस शैडो को और गहराई से समझने और अपनाने के लिए, मैंने आपके लिए एक ध्यान (मेडिटेशन) तैयार किया है। उसे सुनने के लिए aminaaltai.com/bookresources पर विजिट करें।

ऑफिस में सह–निर्भरता को छोड़ना

महत्वाकांक्षा के साथ स्वस्थ संबंधों के रास्ते में जो सोच सबसे बड़ी बाधा बनती है, वह है सह–निर्भरता (कोडिपेंडेंसी) और उससे जुड़ी विचार–प्रवृत्ति।

मेलोडी बीटी, जिन्होंने कोडिपेंडेंट नो मोर लिखी है, के अनुसार एक कोडिपेंडेंट या सह–निर्भर व्यक्ति वह होता है ''जिसे किसी दूसरे व्यक्ति के व्यवहार ने प्रभावित किया हो और जो उस व्यक्ति के व्यवहार को नियंत्रित करने के विचार में डूबा हो।'' सह–निर्भरता के पैटर्न्स में शामिल हैं, आत्म–बलिदान करना, दूसरों की ज़रूरतों पर केंद्रित रहना, अपनी भावनाओं को दबाना और दूसरों की समस्याओं को ठीक करने की कोशिश करना, ये सभी चीज़ें हमें अपनी असली क्षमताओं से काट देती हैं और हमें लगातार खुद को मिटाते रहने के चक्र में फँसा देती हैं।

सह–निर्भरता की सबसे पेचीदा बात यह है कि यह अक्सर अच्छा भी महसूस कराती है। दूसरों की मदद करना अच्छा लगता है! हम दूसरों के लिए ज़रूरी है, यह महसूस करना सुखद लगता है! लेकिन जब हम इसमें ज़रूरत से ज़्यादा अटक जाते हैं, तो हम खुद को खो देते हैं और यही कष्टदायी महत्वाकांक्षा की पहचान है। जब मैं एजेंसी में काम करती थी, तब मैं अक्सर अपने कर्मचारियों और क्लाइंट्स के लिए अपनी ज़रूरतों की कुर्बानी देती थी। मैं क्लाइंट की अव्यवहारिक डेडलाइन पूरी करने के लिए पूरी–पूरी रात जागती। उनके काम का दायरा बढ़ने पर भी उनसे ज़्यादा पैसे नहीं लेती। मैं उन्हें वो भी दे देती थी, जो मेरे पास था ही नहीं। इसका नतीजा यह हुआ कि मैं थकी, चिढ़ी और काम से बुरी तरह थक गई लेकिन तब तक मुझे इस पैटर्न में अपनी भूमिका समझ नहीं आई थी।

इसके बजाय मैं अपने बिजनेस पार्टनर के अस्थिर व्यवहार को ठीक करने में डूबी हुई थी। वह एक लापरवाह लेकिन प्रतिभाशाली विज़नरी था और मैं एक ठोस, ''अच्छी लड़की'' वाली केयरटेकर। मैंने सोचा कि अगर मैं उसे बदल पाऊँ, तो सब कुछ बेहतर हो जाएगा। लेकिन हम दोनों एक सह–निर्भरतावाले चक्र में फँस गए, वह चीज़ें बिगाड़ता, मैं उन्हें सुधारती और यह चक्र यूँ ही चलता रहता बिना किसी असली बदलाव के।

ज़रूरी नहीं कि आप हर रात जागकर काम कर रहे हों लेकिन अगर आपकी आत्म–मूल्य की भावना सिर्फ आपके काम से ही आ रही है, तो हो सकता है कि यह एक सह–निर्भरतावाला संबंध बन गया हो। यह कुछ इस तरह की मान्यताओं

के रूप में सामने आ सकता है:

- ‘‘मुझे ना कहने का अधिकार नहीं है’’ शायद आप हर बात के लिए ‘‘हाँ’’ कहते हैं क्योंकि आपको लगता है कि दूसरों की भावनाओं के लिए आप जिम्मेदार हैं। आप गुस्से या निराशा जैसी असहज भावनाओं को शांत करने के लिए कुछ भी करने को तैयार हो जाते हैं। जब हम स्पष्ट सीमाएँ तय नहीं करते, तो हम थक जाते हैं, चिढ़चिढ़े हो जाते हैं और भीतर से टूटने लगते हैं।

- ‘‘मुझे नियंत्रण में रहना है’’ शायद आपको यह ज़रूरत महसूस होती है कि आप दूसरों को संभालें, उनके लिए सब कुछ ठीक कर दें या परिणामों को नियंत्रित करें। यह भावना अक्सर तब आती है जब हमें अपने अंदर सशक्तता की कमी महसूस होती है और तब हम अपने सबसे करीबी लोगों को नियंत्रित करने लगते हैं।

- ‘‘मुझे खुद को योग्य महसूस करने के लिए बाहरी स्वीकृति चाहिए’’ क्या आपको लगता है कि जब तक लोग आपकी तारीफ न करें, तब तक आप काबिल नहीं हैं? क्या आप टकराव से बचने और सबको खुश रखने के लिए ‘‘लोगों का प्रिय बनने’’ वाली प्रवृत्ति अपनाते हैं? इसका एक रूप यह भी हो सकता है कि आपको हमेशा सही साबित होना ज़रूरी लगता है। जब हम ‘‘सही’’ होते हैं, तो हम यह साबित करते हैं कि हमें यहाँ होना चाहिए और हमारा अस्तित्व ‘‘सही’’ है।

- ‘‘मुझे खुद को प्राथमिकता देने की अनुमति नहीं है’’ बहुत से सह-निर्भर लोगों के लिए आत्म-बलिदान जीवन का तरीका बन जाता है। क्या आपके लिए यह महसूस करना कि लोग आपको चाहते हैं, ‘‘प्रेम’’ जैसा ही अनुभव देता है, इतना कि आप उसी में संतोष कर लेते हैं? लेकिन लंबे समय तक ऐसा व्यवहार करने से हमारी आत्म-पहचान बुरी तरह क्षीण हो सकती है।

- ‘‘मुझे किसी भी हाल में परफेक्ट होना है’’ बहुत से सह-निर्भर कर्मचारी अपनी कीमत को ‘‘परफेक्ट’’ परिणामों से जोड़ते हैं। क्या आप तब तक काम दुनिया के सामने नहीं रखते जब तक वह परफेक्ट न हो? क्या आप विचारों को तब तक रोके रखते हैं जब तक ‘‘सही समय’’ न आ जाए (जो कभी आता ही नहीं)? इस तरह की परफेक्शन की खोज से कई समस्याएँ पैदा हो सकती हैं,

जैसे अत्यधिक आत्म-आलोचना, दूसरों का लगातार मूल्यांकन करना, कठोर सोच - जो हर चीज़ को सही और गलत के नज़रिए से देखती है, काम की अति करना, नए अनुभवों से डर, असफलता का भय, एक ही बात पर बार-बार सोचते रहना और चिंता या अवसाद जैसी भावनाएँ।

इन सभी व्यवहारों की जड़ में एक भावना छिपी होती है - शर्म। वह शर्म कि हम पर्याप्त अच्छे नहीं हैं, पर्याप्त समझदार नहीं हैं, पर्याप्त पढ़े-लिखे नहीं हैं, पर्याप्त तेज़ नहीं हैं या ---- नहीं हैं (यहाँ आप वह शब्द रखें जो आपके अनुभव से मेल खाता हो)। शोधकर्ता, लेखिका और सामाजिक कार्यकर्ता ब्रिने ब्राउन ने शर्म की एक सटीक परिभाषा दी है, ''वह गर्म-सी भावना जो हमें भीतर से छोटा, दोषपूर्ण महसूस कराती है और हमें कभी यह नहीं मानने देती कि हम जो भी है, काफी हैं।''

लेकिन हमारे भीतर कुछ भी ''गलत'' नहीं है बल्कि हमारे भीतर सब कुछ ''ठीक'' है। हमें सिर्फ इन पैटर्न्स पर नज़र रखनी है ताकि हम नियंत्रण, दूसरों की देखभाल और ऐसे अन्य व्यवहार जो हमें नीचे खींचते हैं, उन्हें छोड़ सकें और उनके स्थान पर अपने काम को अपने उद्देश्य से जोड़ सकें। अगर हम ऐसा नहीं करते तो हम अनजाने में खुद ही अपनी सफलता को बाधित कर सकते हैं।

अभ्यास: ऑफिस में सह-निर्भरता को छोड़ना और सीमाएँ स्थापित करना

१. इस अध्याय में बताए गए सह-निर्भरता जैसे गुणों में से कौन-से गुण आपके साथ मेल खाते हैं (अगर कोई हैं)?

२. आप खुद को किन परिस्थितियों में सह-निर्भर व्यवहार करते हुए पाते हैं? क्या कुछ विशेष संबंध ऐसे हैं, जहाँ ये व्यवहार ज़्यादा दिखाई देते हैं? आपके अनुसार, ऐसा क्यों होता है?

३. जब हम किसी भूमिका या व्यवहार में अटके रहते हैं, तो अक्सर उसकी वजह यह होती है कि उससे हमें कुछ ''मिल'' रहा होता है। आप अपनी उस भूमिका से क्या पा रहे हैं? और आप उसमें क्या बदलाव कर सकते हैं?

४. अपने कामकाज के मामले में आप कहाँ-कहाँ शर्म महसूस करते हैं? आपको कहाँ-कहाँ लगता है कि आप ''कमतर'' हैं या ''पर्याप्त नहीं'' हैं?

५. जो बातें आपको शर्मिंदा करती है, उन्हें लेकर आप अपने मन में कौन-सी कहानियाँ गढ़कर बैठे हुए हैं?

६. अपनी पहचान को अपने काम से अलग करने में मदद के लिए, आपको अपने जीवन में किस तरह की सीमाएँ स्थापित करनी चाहिए? इसमें शारीरिक और भावनात्मक सीमाओं के साथ-साथ और समय-सीमाएँ भी शामिल होंगी।

७. इन सीमाओं को स्थापित करने से आपके लिए क्या कुछ नया संभव हो पाएगा?

अवचेतन आत्म-विनाश : सुरक्षा पाने की कोशिश

कभी-कभी, जब हम अपनी मूल सीमित मान्यताओं और मूल चोटों को पूरी तरह नहीं पहचान पाते, वही चीज़ें जो हमारी महत्वाकांक्षा को चला रही होती हैं तो ये सब मिलकर हमें आत्म-विनाशकारी व्यवहारों की ओर ले जाती हैं। हम खुद को नुकसान पहुँचानेवाले रास्ते अपना लेते हैं क्योंकि अवचेतन स्तर पर हमें लगता है कि जो हम चाहते हैं, वह या तो संभव नहीं है या सुरक्षित नहीं है। गे हेंड्रिक्स, जो एक मनोवैज्ञानिक और द बिग लीप पुस्तक के लेखक हैं, इस स्थिति के लिए एक शानदार उपमा देते हैं:

> हम सभी के भीतर एक ''आंतरिक थर्मोस्टैट सेटिंग'' होती है, जो तय करती है कि हम अपने लिए कितनी ममता, सफलता और रचनात्मकता को अनुभव करने की अनुमति देते हैं। जब हम इस आंतरिक सीमा से ऊपर पहुँचने लगते हैं, तो अक्सर ऐसा कुछ कर बैठते हैं, जो हमें वापस उस पुराने, परिचित क्षेत्र की ओर धकेल देता है, जहाँ हमें सुरक्षा महसूस होती है।
>
> मैं इस प्रक्रिया को अवचेतन आत्म-विनाश की प्रक्रिया कहती हूँ।

हम कई तरीकों से खुद को अवचेतन रूप से बाधित कर सकते हैं:

- कोई कार्य ९९ फीसदी तक पूरा कर लेना लेकिन अंतिम १ फीसदी पर उसे छोड़ देना, फिर ये कहना, ''देखा, यह कारगर नहीं रहा।'' यह व्यवहार बाहर से ऐसा लग सकता है जैसे आप सब कुछ कर रहे हैं लेकिन अंदर से आप फिनिश लाइन से ठीक पहले खुद को रोक रहे होते हैं। आप सोच सकते हैं कि अंतिम १ फीसदी से कोई फर्क नहीं पड़ता लेकिन ऐसा नहीं है, फर्क पड़ता है। ओलंपिक के १०० मीटर दौड़ के धावकों को ही देख लीजिए, अगर वे एक मीटर पहले रुक जाएँ, तो नतीजा पूरी तरह बदल जाएगा।
- जब आपको कोई बात समझ न आए, तो कोई स्पष्टीकरण न माँगकर खुद को उलझन में ही रहने दे। अगर आपके सपनों का रास्ता अस्पष्ट है, तो इसमें आपकी क्या गलती हो सकती है?
- बार-बार भावनात्मक दबाव में आ जाना, खासकर तब, जब आपके जीवन में सीमाएँ स्पष्ट न हों। ऐसा करने से आप उस काम को नहीं कर पाते, जिसके लिए आप सच में पैदा हुए थे।

- खुद को उन कामों में व्यस्त कर लेना, जो आपके असली लक्ष्यों से जुड़े हुए नहीं हैं। आप ऐसे कार्यों में उलझे रहते हैं, जो व्यस्तता का आभास तो देते हैं लेकिन आपको अपनी महत्वाकांक्षा की दिशा में आगे नहीं ले जाते।
- हर चीज़ के बारे में ज़रूरत से ज़्यादा सोचना और फिर कोई कदम न उठाना। अपने रास्ते का बहुत ज़्यादा विश्लेषण करने से ऐसा लग सकता है, जैसे आप रणनीतिक सोच में डूबे हैं लेकिन कई बार यह सिर्फ एक बहाना होता है - जिससे आप अपने ही विचारों की उलझन में फँसे रहते हैं और कभी भी असल काम शुरू नहीं करते।

तो फिर हम आत्म-विनाश के रास्ते पर क्यों चल पड़ते हैं? हम उसी चीज़ को बर्बाद क्यों करने लगते हैं, जिसे हम पाना चाहते हैं? मेरे अनुभव में इसके दो प्रमुख कारण हैं- पहला, हमारे अवचेतन स्तर पर कोई अधूरी ज़रूरत होती है - जैसे सुरक्षा, प्रेम या स्वीकार्यता। दूसरा, हमें अपनी ही महानता से डर लगता है।

अपनी खुद की महानता का डर बहुत व्यापक होता है। हम सकारात्मक, आशावादी और सशक्त महसूस करना चाहते हैं लेकिन साथ ही, जब हम बड़े बनने लगते हैं या दुनिया में ज़्यादा महत्वपूर्ण ''दिखने'' लगते हैं, तो हमारी आलोचना होने और हमें अस्वीकृति मिलने की संभावना बढ़ जाती है। क्योंकि दुनिया अक्सर हमारे विकास को सहजता से नहीं देखती, खासकर जब हम ऐतिहासिक रूप से हाशिए पर (उपेक्षित) रहे समुदायों से आते हों। अगर हमारे पास आत्म-मूल्य का ठोस आधार नहीं है, तो हम खुद को छुपाना शुरू कर देते हैं ताकि सुरक्षित रह सकें। असल में, अवचेतन आत्म-विनाश को सुरक्षा की बहाली (सेटी रेस्टोरेशन) भी कहा जा सकता है क्योंकि हम इसमें तब संलग्न होते हैं, जब हमारा नर्वस सिस्टम उन अनुभवों को थामने के लिए खुद को सुरक्षित महसूस नहीं करता, जिन्हें हम वास्तव में चाहते हैं। ऐसे में हमारा शरीर और दिमाग, दोनों मिलकर हमें उसी पुराने लेकिन ''सुरक्षित'' तरीके की ओर लौटा लाते हैं, जो दरअसल हमारी कष्टदायी महत्वाकांक्षा का ही रूप है।

कुछ ऐसा ही मेरी क्लाइंट मारिया के साथ हुआ - जो एक क्षेत्रीय बैंक की प्रशंसित सीईओ थीं। एक रिट्रीट के दौरान उन्होंने मुझसे साझा किया कि उन्हें करीब-करीब रोज़ ही पैनिक अटैक आ रहे थे। बैंक ने उन्हें उनके शानदार ट्रैक रिकॉर्ड की वजह से नियुक्त किया था और इसलिए भी क्योंकि वे एक मजबूत और विविधतापूर्ण आवाज को मंच देना चाहती थी। लेकिन मारिया बहुत ही गड़बड़ी कर

रही थी। वे आर्टिकल्स और ओप-एड लिखने में देरी कर रही थीं, बोर्ड मीटिंग्स की तैयारी नहीं कर रही थीं, अपनी बातें ठीक से नहीं रख पा रही थीं और धीरे-धीरे यह सब एक गंभीर समस्या का रूप ले रहा था। जबकि साफ था कि मारिया सक्षम थीं और उनके पास फलने-फूलने के लिए सब कुछ था लेकिन फिर ऐसा क्या हो रहा था? दरअसल वे खुद को सुरक्षित रखने की कोशिश कर रही थीं।

जब हमने यह समझा कि असल में हो क्या रहा है, तब हमने मारिया के इस व्यवहार की जड़ को तलाशा। बचपन में मारिया की माँ नार्सिसिस्टिक पर्सनैलिटी डिसऑर्डर से पीड़ित थीं। मारिया को अक्सर अपनी माँ के गुस्से का सामना करना पड़ता था और अगर आपने कभी किसी नार्सिसिस्टिक व्यक्ति का गुस्सा झेला हो तो आप जानते होंगे कि वह कितना डरावना होता है। जब उनकी माँ अपना गुस्सा उन पर निकालती थीं, तो मारिया को लगता था कि ''जैसे वे बस मरनेवाली हैं।''

तो कहीं न कहीं उनके मस्तिष्क में यह धारणा बैठ गई कि उन्हें कभी ज़्यादा बड़ा नहीं बनना है - क्योंकि अगर उन्होंने ऐसा किया, तो लोग उनके पीछे उसी तरह पड़ जाएँगे, जैसे उनकी माँ पड़ी थीं और फिर उन्हें वही ''मरने जैसा'' एहसास होगा। उनके दिमाग ने एक सीधा-सा संबंध बना लिया, ''लोगों की नज़र में आना + बड़ा बनना = मृत्यु।'' इसलिए उसने तब तक सुरक्षित रहने के लिए तोड़फोड़ की, जब तक कि हमारे काम के माध्यम से वह सचेत रूप से यह नहीं देख सकी कि वह क्या कर रही है।

अपने सबसे सच्चे स्वरूप में विस्तार पाने के लिए, हमें इतना सुरक्षित महसूस करना होगा कि हम जोखिम उठा सकें और अपनी शक्ति को स्वीकार कर सकें। लेकिन कई बार, विशेषकर ऐतिहासिक रूप से हाशिए पर रहे लोगों के लिए, इससे डरावना और कुछ नहीं होता। मेरे कई क्लाइंट्स को यह डर होता है कि वे कहीं ज़्यादा ''नज़र में न आने लगें'' उन्हें डर रहता है कि उन्हें विरोध झेलना पड़ेगा। और यह डर असली होता है और अक्सर उन लोगों की तुलना में कहीं ज़्यादा तीखा, जिनकी पहचानें सामाजिक रूप से प्रभुत्वशाली मानी जाती हैं। इसलिए हमारा नर्वस सिस्टम भी ऐसी स्थिति में होना चाहिए, जहाँ वह उस बड़प्पन को सँभाल सके। लेकिन जब विकल्प सिर्फ वही जीवन हो, जो हमारी चाहत या हमारे मूल्यों के अनुरूप नहीं है तब जरूरी हो जाता है कि हम उस डर को समझें, अपने आघातकारी अनुभव यानी ट्रॉमा को पहचाने और अपने नर्वस सिस्टम को इस विस्तार के लिए तैयार करें।

अभ्यास: आप अवचेतन आत्म–विनाश कहाँ कर रहे हैं

१. बीते कुछ वर्षों में, क्या आपके करियर में कोई ऐसा बड़ा मोड़ आया है,जब आपने खुद को नुकसान पहुँचानेवाला व्यवहार किया हो? जैसे अत्यधिक आलोचना, नियंत्रण की ज़रूरत, किसी लत में डूबना या किसी चीज़ से पूरी तरह बचना।

२. उन परिस्थितियों में आपको क्या लगता है कि किस बात ने आपको खुद को ''सुरक्षित'' स्थिति में वापस लाने के लिए प्रेरित किया? उस वक्त आप क्या महसूस कर रहे थे?

३. जब आप ''बड़ा बनने'' और दूसरों की नज़र में आने की कल्पना करते हैं, तो कौन से डर सामने आते हैं? आपके शरीर में कैसा महसूस होता है? क्या किसी विशेष अंग या हिस्से में कोई संवेदना होती है? अगर वह संवेदना बोल पाती, तो वह क्या कहती?

४. आप अपने जीवन के अगले स्तर पर बढ़ते हुए खुद को ज़्यादा सुरक्षित महसूस करने के लिए क्या करना चाहेंगे?

५. अपने नर्वस सिस्टम को सहयोग देने और आंतरिक सुरक्षा महसूस करने के लिए विजिट करें: aminaaltai.com/bookresources

इस अध्याय में जिन भी अनिश्चित विश्वासों का जिक्र किया गया है, वे हमें हमारे असली सपनों और जीवन के उद्देश्य से बहुत दूर ले जा सकते हैं और अगर इन्हें अनदेखा किया जाए, तो ये हमारी महत्वाकांक्षा के साथ बहुत अस्वस्थ संबंध बना सकते हैं। लेकिन साथ ही ये विश्वास अक्सर किसी उद्देश्य की पूर्ति भी करते हैं। इस किताब के अध्याय १ में मैंने अपनी आध्यात्मिक गुरु की एक प्रिय पंक्ति साझा की थी: ''**जब भी हमें जीवन किसी बाधा या रुकावट का सामना करना पड़े, तो हमें उस 'विरोधाभास' का उपयोग अपने दृष्टिकोण को परिष्कृत करने में करना चाहिए।**'' हमारे संदर्भ में, यह ''विरोधाभास'' हर ऐसा विश्वास है, जो वांछनीय नहीं है या हमारे भीतर टकराव पैदा करता है। ''विरोधाभास'' की अच्छी बात यह है कि वह हमें ये दिखा देता है कि हमने कहाँ चूक की, कहाँ खुद के रास्ते में आए या कहाँ दुनिया ने हमें सहयोग नहीं दिया। इन जानकारियों से सुसज्जित होकर हम अपने लक्ष्य पर फिर से केंद्रित हो सकते हैं। सह-निर्भरता, सीमित विश्वास, सीमाओं की कमी और उनके कारण पैदा होनेवाली चुनौतियाँ, ये सब हमारे सपनों और महत्वाकांक्षा को तेज़ व सटीक करने के लिए एक दिशासूचक बन सकते हैं।

बेशक, हम कोई काम एकदम अलग-थलग होकर नहीं करते। हमारी मूल चोटों और विश्वासों के अलावा, सामाजिक और संस्थागत शक्तियाँ भी हैं, जो हमें इस कष्टदायी महत्वाकांक्षा से चिपके रहने को मजबूर करती हैं।

अगले अध्याय में हम इन सुनियोजित संरचनाओं की गहराई में उतरेंगे।

अध्याय सारांश

- हमारी मानसिकता हमें सफलता की ओर ले जा सकती है या हमारे हर सपने की राह में रुकावट भी बन सकती है। अच्छी बात यह है कि हमारे मष्तिष्क में बदलाव लाना संभव है इसलिए हम अपनी सोच को बदल सकते हैं!
- हम सभी में नकारात्मक सोच की प्रवृत्ति होती है इसलिए हमें सकारात्मकता पर विशेष ज़ोर देना होगा ताकि हम कठिनाइयों पर केंद्रित रहने की अपनी आदत सुधार सकें।
- हमारी जिंदगी में कुछ न कुछ ऐसे क्षेत्र होते हैं, जिन्हें हम सिर्फ ''झेलते'' रहते हैं। लेकिन जिंदगी को झेलना बहुत महँगा पड़ता है और कई बार इसकी कीमत होती है, वही चीज़ जो हम सच में चाहते हैं।

- शैडो हमारे अंतर्मन का वह अंधेरा हिस्सा है, जिसका हमने या तो दमन किया है या जिसे नकार दिया है। ये हम सभी में होता है और कई बार ये रूढ़ियों के माध्यम से और मज़बूत होता जाता है।

- सहनिर्भरता सिर्फ रोमांटिक रिश्तों में नहीं होती हम ऑफिस में भी वही प्रवृत्तियाँ दोहरा सकते हैं, जो हमारे आत्म-संतोष में गंभीर बाधा बन सकती हैं।

- अवचेतन आत्म-विनाश तब होता है, जब हम अनजाने में ऐसा व्यवहार करते हैं, जो हमारी सफलता को कमजोर कर देता है। कई बार यह ''सुरक्षा की बहाली'' का ही एक रूप होता है।

अध्याय ३

वे व्यवस्थाएँ और विचारधाराएँ जो हमें जकड़े रखती हैं

''हमें यह सोचकर पाला गया था कि अगर हमने कड़ी मेहनत की तो हम अमेरिकी पूँजीवाद और मेरिटोक्रेसी (योग्यतावाद) की व्यवस्था में रहकर जीत हासिल कर सकते हैं - या कम से कम आराम से जी सकते हैं। लेकिन ऐसा नहीं हुआ और जब हमने अपने पेशेवर दायरे से ऊपर देखा तो महसूस किया कि जब व्यवस्था स्वयं ही खंडित हो, तो उसमें रहकर कोई जीत नहीं सकता।''

- ऐनी हेलेन पीटरसन,
कांट इवन: हाउ मिलेनियल्स बिकेम द बर्नआउट जेनरेशन

पूजा न्यू यॉर्क सिटी में एक्सेसरी डिजाइनर थीं। वे मैनेजर स्तर से ऊपर की इकलौती महिला थीं, जो अन्य रंग-समूहवाले अल्पसंख्यक समुदाय से थीं और वहाँ तक पहुँचने के लिए उन्होंने बहुत संघर्ष किया था। वे अपने काम में माहिर थीं और उसे पसंद भी करती थीं क्योंकि इससे उन्हें रचनात्मक लोगों के साथ काम करने का अवसर मिलता था। लेकिन इस करियर में पंद्रह साल बीतने के बाद अब उन्हें ये सब थकाऊ बोझ जैसा लगने लगा था। पूजा को कभी भी ब्रेक नहीं मिलता। वे हर हफ्ते औसतन ८० घंटे काम करतीं और उन्हें ऐसा लगता कि वे ''सुनहरी जंजीरों'' में बँधी हुई हैं मतलब, बहुत कम ऐसी जगहें थीं, जहाँ उन्हें इतनी अच्छी तनख्वाह और उनकी जीवनशैली के अनुकूल सुविधाएँ मिलतीं। ऊपर से उनके नियोक्ता लगातार उनसे ये वाद करते रहते कि अगर वे इसी रफ्तार से काम करतीं, तो जल्द ही उन्हें क्रिएटिव डायरेक्टर का पद दे दिया जाएगा। इस आशा में उन्होंने वह दौड़ जारी रखी। सबसे ऊपर, एक भारतीय महिला होने के नाते, जो एक ऐसे उद्योग में काम कर रही थीं, जो यूरोपीय सौंदर्य और पेशेवर मानकों को महत्त्व देता है, पूजा को लगता था कि उस वातावरण में खुद को ''पॉलिश्ड'' दिखाने के लिए उन्हें अपने असली स्वरूप का कुछ हिस्सा पीछे छोड़ना पड़ता है।

लेकिन अपने असली स्वरूप को लंबे समय तक दबाकर रखना और लगातार भेदभावपूर्ण पेशेवर मानकों के अनुसार तीव्र गति से काम करना, यह सब अंतत: उन्हें तोड़ने लगा। उन्होंने अपने इस कष्ट को सुन्न करने के लिए शराब का सहारा लेना शुरू कर दिया। इसकी शुरुआत सहकर्मियों के साथ काम के बाद एक-दो ड्रिंक से हुई, फिर धीरे-धीरे ये उनकी आदत बन गई, खासकर तब, जब वे रात में काम कर रही होतीं। आखिरकार वे हफ्ते में तीस ड्रिंक्स तक पहुँच गईं और तब उनके लिए खुद को आईने में पहचान पाना भी मुश्किल हो गया। उनके जीवनसाथी ने उन्हें छोड़ने की धमकी दी और उनसे कहा कि उन्हें इस आदत को छोड़ने के लिए विशेषज्ञों से मदद लेनी चाहिए। पूजा ने उसकी बात मानी। लेकिन फिर एक रात, एल्कॉहल एनॉनमस मीटिंग से घर लौटते वक्त वे एक बार में रुक गईं, पीते-पीते बेहोश हो गईं और फिर आधी रात को किसी तरह घर पहुँचीं।

अगले दिन, शराब के असर में शर्म और ग्लानि से भरी हुई पूजा टूट गईं। उन्होंने अपने जीवनसाथी के सामने स्वीकार किया कि शराब, काम और हद से ज़्यादा उत्पादक बने रहना अब उनके लिए असहनीय हो चुका है। वे इस बात से बुरी तरह थक चुकी थीं कि उन्हें ऑफिस में खुद को परफेक्ट व्यक्ति की तरह पेश करना पड़ता था और अपने श्वेत सहकर्मियों जितना योग्य माने जाने के लिए उन्हें दोगुनी मेहनत करनी पड़ती है। शराब उनके लिए इससे निपटने का एक तरीका बन गई थी। लेकिन अब वे काम के भारी बोझवाली इस संस्कृति को पीछे छोड़ने के लिए तैयार थीं, जिसने उन्हें भावनात्मक और शारीरिक रूप से बर्बाद कर दिया था, अब वे इसके लिए विशेषज्ञों की मदद लेने को तैयार थीं, जिसकी उन्हें वाकई ज़रूरत थी।

जब हमने साथ मिलकर काम करना शुरू किया, तो यह तलाशना शुरू किया कि वह कौन-सी शुरुआती कहानी थीं जिसने पूजा को यह यकीन दिलाया कि उन्हें अधिक मेहनत करनी चाहिए, अपनी असली पहचान को कमजोर करना चाहिए और दूसरों से स्वीकृति माँगनी चाहिए ताकि वे खुद को मूल्यवान सिद्ध कर सकें। इसका जवाब आसान था। पूजा का पालन-पोषण एक निम्न-आयवाले अप्रवासी परिवार में हुआ था, जहाँ उन्हें उनकी मेहनत की आदत के लिए सराहा जाता था। स्कूल में प्राथमिक कक्षा से ही उन्हें ऊँची कक्षाओं में डाल दिया गया था। हर रोज़ स्कूल छोड़ते समय उनकी माँ कहती थीं, ''अगर तुम सबसे मेहनती लड़की बनीं, तो तुम्हें एक अलग जीवन मिलेगा, वो सब कुछ मिलेगा, जो हमारा परिवार अब

तक नहीं पा सका।'' उनके शिक्षक भी उनकी मेहनती प्रवृत्ति की प्रशंसा करते थे, जिससे उन्हें सुरक्षित और स्वीकार्य महसूस होता था। उनके ही शब्दों में, उन्होंने ''मॉडल माइनॉरिटी की रूढ़िवादी छवि अपना ली थी'' यानी आज्ञाकारी, मेहनती और कानून का पालन करनेवाले एएपीआई (एशियन-अमेरिकन और पैसिफिक आयलैंडर) समुदायों की वह छवि, जिसकी सफलता को इन्हीं गुणों से जोड़ा जाता है। सबसे मेहनती इंसान बनना ही उनकी पहचान बन गई थी। पूजा की कहानी से यह साफ होता है कि हमारी महत्वाकांक्षा से जुड़ा कष्ट सिर्फ कोई व्यक्तिगत मुद्दा नहीं है। पूँजीवाद हमें यह यकीन दिलाता है कि हमारा मूल्य हमारे उत्पादन से तय होता है; नस्लवाद, लैंगिक भेदभाव, शारीरिक भिन्नता के प्रति पक्षपात और इस तरह के तमाम ''वाद'' हमें यह झूठ बेचते हैं कि हम ''कमतर'' हैं।

यह सब मिलकर हमें एक ऐसी कष्टदायी महत्वाकांक्षा की ओर धकेलते हैं, और हमें वहीं फँसाकर रख देते हैं। भले ही कुछ लोग यह दावा करें कि सोच बदलने से सब बदल सकता है लेकिन हम सिर्फ मानसिकता बदलकर संस्थागत उत्पीड़न से नहीं निकल सकते। महत्वाकांक्षा के जाल से बाहर आने के लिए हमें सबसे पहले यह जागरूकता हासिल करनी होगी कि वे कौन सी व्यवस्थाएँ और कट्टर विचारधाराएँ हैं, जिन्होंने हमें बाँध रखा है।

हसल-कल्चर की शुरुआत

अगर आपने कभी यह विश्वास किया है कि काम ही जिंदगी है और कि आपकी कीमत सिर्फ नौकरी और बैंक बैलेंस में प्रतिस्पर्धा करके तय होती है तो इसका अर्थ है कि आप हसल कल्चर के शिकार हैं। वास्तव में हसल-कल्चर ही गर्लबॉस (बेहद महत्वाकांक्षी और सफल महिला) और टेकब्रो (सिलिकॉन वैली में कार्यरत मर्दाना व्यक्तित्ववाले पुरुष) युगों की एक मजबूत नींव रहा है। पत्रकार एड्रियन हॉर्टन के शब्दों में ''एक विशुद्ध अमेरिकी, लगभग धार्मिक विश्वास प्रणाली है, जिसमें काम केवल काम नहीं होता बल्कि आपकी पहचान बन जाता है।'' इस संस्कृति ने हममें से कई लोगों के रिश्ते-नाते, शौक और शारीरिक व मानसिक स्वास्थ्य तक छीन लिया है, ठीक वैसे ही जैसे पूजा के साथ हुआ।

दुःख की बात यह है कि हमें हसल करने की ट्रेनिंग कार्यस्थल में प्रवेश से बहुत पहले ही दे दी जाती है। हमारे काम करने के विचार हमारे आसपास के लोगों खासकर परिवार और पालकों के व्यवहार से आकार लेते हैं। साथ ही, स्कूल की व्यवस्था भी इस सोच को मज़बूत करती है, खासतौर पर उन लोगों के लिए जो

पहले से हाशिए पर हैं। स्कूल सिस्टम अक्सर पूर्वग्रह से ग्रस्त होते हैं और कुछ छात्रों को बचपन से ही ऐसी राह पर डाल देते हैं, जिसमें अधिक काम करना ही आदर्श माना जाता है। गिटेड और टैलेंटेड प्रोग्राम्स, जहाँ उपलब्धि को सर्वोपरि रखा जाता है, से लेकर विभिन्न स्कूलों में मौजूद संसाधनों की असमानता तक, हम बचपन से ही अति-प्राप्ति और अधिक मेहनत को महिमामंडित करते हैं, बिना यह सुनिश्चित किए कि सभी के पास समान संसाधन हैं। उदाहरण के लिए, द एजुकेशन ट्रस्ट द्वारा साझा की गई एक रिपोर्ट के अनुसार, जिन स्कूलों में ब्लैक और लैटिनो छात्रों की संख्या ज़्यादा है, वहाँ ऊँची कक्षाओं में उनकी हिस्सेदारी कम होती है। शुरुआत से ही, हम हाशिए पर रहनेवाले समूहों को कम संसाधनों के साथ सक्रिय करते हैं और इस प्रक्रिया में उन्हें यह सिखाया जाता है कि आधी दूरी तय करने के लिए उन्हें दोगुनी मेहनत और दोगुनी प्रतिस्पर्धा करनी होगी।

हसल की शुरुआत हाशिए पर मौजूद समुदायों से हुई थी। बीसवीं सदी के अधिकतर हिस्से में, ''हसल'' शब्द का इस्तेमाल उन कामों के लिए होता था, जो कई अश्वेत परिवारों को अपना गुज़ारा चलाने के लिए करने पड़ते थे। जैसे कि १९६५ की अपनी आत्मकथा में मैल्कम एक्स ने लिखा, ''हरलेम में जिंदा रहने के लिए हर किसी को किसी न किसी तरह की हसल करनी ही पड़ती थी।'' ऐतिहासिक रूप से रेडलाइनिंग, नस्लीय अलगाव, कार्यस्थल पर भेदभाव और पक्षपात के कारण, कई अश्वेत कर्मचारियों को अपने श्वेत सहकर्मियों की तुलना में आधी तरक्की के लिए दोगुना प्रयास करना पड़ा, बहुत से लोग गुज़ारा करने के लिए एक से ज़्यादा नौकरियाँ करते रहे। जे-ज़ी और रिक रॉस जैसे कलाकार अपने गानों में हसल के बारे में रैप करते हैं और अपने गीतों के जरिए अश्वेतों की आजीविका को सामने लाते हैं। एक के बाद एक गीत यह दोहराते हैं कि हसल सिर्फ स्टाइल नहीं है बल्कि एक ऐसा औजार है, जो अश्वेत अमेरिकियों को दबाने के लिए बनाई गई व्यवस्था में जिंदा रहने के लिए ज़रूरी है।

इसके बाद हसल का इस्तेमाल कॉरपोरेट अमेरिका की भाषा में होने लगा। २०१५ में ऊबर के सीईओ ट्रैविस कैलानिक ने ''हसल'' को कंपनी की ब्रांडिंग भाषा में शामिल किया। उनका ऊबर को लेकर एक ही मकसद था-''जीतना'', जो कष्टदायी महत्वाकांक्षा की पहचान है। उन्होंने कंपनी के मूल्यों में एक मूल्य यह परिभाषित किया, ''ऑलवेज़ बी हसलिंग'' यानी ''कम में ज़्यादा करो, ज़्यादा समय तक काम करो, ज़्यादा तेज़ी और चतुराई से करो और सिर्फ दो में से नहीं,

तीनों तरीकों से करो।'' ऊबर ने हसल की सोच को अपनाया और उसे उन्हीं लोगों के खिलाफ इस्तेमाल किया, जो ज़्यादा मेहनत कर रहे थे, मुख्यत: अप्रवासी, बीआईपीओसी और कामकाजी वर्ग के लोग। असल में, ट्रैविस को एक बार कैमरे पर एक ऊबर ड्राइवर को डाँटते और अपनी अनुचित नीतियों का बचाव करते हुए पकड़ा गया। (ध्यान देने की बात है कि हमेशा सक्रिय रहनेवाली इस शोषणकारी संस्कृति की भारी आलोचना के बाद, ऊबर ने २०१७ में अपने मूल्यों को फिर से परिभाषित किया और ''हसल'' शब्द को हटा दिया।)

फिर आया वीवर्क। यह एक को-वर्किंग स्पेस था, जिसे एडम न्यूमैन ने कुछ संदिग्ध व्यापारिक तरीकों और अस्थिर व्यवहार से खड़ा किया। उनका यह दाँव जल्द ही उल्टा पड़ गया, जिससे कंपनी के आईपीओ की हालत बिगड़ गई और उन्हें असहज तरीके से इससे बाहर निकलना पड़ा। लेकिन तब तक वीवर्क ने भी हसल को अपने ब्रांड में शामिल कर लिया था। ''हसल हार्डर'' जैसे नियॉन साइन उनके ऑफिस में लगे होते थे और यह उनकी कई लोकेशंस की पहचान बन चुका था।

कॉरपोरेट संदर्भ में हसल शब्द का यह इस्तेमाल भाषा के मनमाने उपयोग का एक उदाहरण है, जहाँ सत्ता में बैठे लोग उस विचार को ले लेते हैं, जो उनके (और पूँजीवाद के) काम आता है लेकिन उसकी जड़ों को नज़रअंदाज़ कर देते हैं। समस्या यह है कि इसके कारण, पहले से हाशिए पर मौजूद लोगों को और भी अस्थायी और शोषणकारी कामकाजी संबंधों में फँसा दिया जाता है। मेरे साथ काम करनेवाले कई कम प्रतिनिधित्व रखनेवाले लीडर्स को ऐसा लगता है कि वे हसल और थकाऊ मेहनतवाली इस संस्कृति को छोड़ ही नहीं सकते क्योंकि वे पहले से ही घाटे की स्थिति में हैं। वे खुद से पूछते रहते हैं, ''क्या मैं पर्याप्त कर रहा हूँ? क्या मुझे और मेहनत करनी चाहिए?'' और यही सवाल उनके निवेशक और नियोक्ता भी उनसे पूछते हैं, अपनी अवचेतन धारणाओं के कारण।

असल में, हसल पहले और अब भी अमेरिका के कई हाशिए पर मौजूद लोगों की सच्चाई है। जब कोई व्यवस्था आपके लिए बनी ही नहीं होती, तो आपको उसके अंदर खुद के लिए जगह बनानी पड़ती है और जिंदा रहने के लिए ज़्यादा प्रयास करने पड़ते हैं। लेकिन हसल करना कोई टिकाऊ तरीका नहीं है। मुझे लगता है कि हम में से ज़्यादातर लोग अपनी ज़रूरत से ज़्यादा मेहनत करने की आदत छोड़कर खुश होंगे। असली सवाल है, क्या हम ऐसा कर सकते हैं? मुझे लगता है कि हम कर सकते हैं लेकिन इसके लिए पूरे सिस्टम में बदलाव की ज़रूरत है। क्यों? क्योंकि

हसल-कल्चर की सबसे बड़ी समस्या यह है कि वह एक ऐसा माहौल बनाती है, जहाँ ज़्यादा काम को ही आदर्श माना जाता है और इसमें सबसे ज़्यादा नुकसान उन लोगों को होता है, जिनकी स्थिति सुधारने की सबसे ज़्यादा ज़रूरत होती है।

अत्यधिक काम करना एक व्यवस्थागत (और आर्थिक) समस्या है

हर साल दुनियाभर में ७,४५,००० से ज़्यादा लोग अत्यधिक काम के कारण मरते हैं क्योंकि इससे स्ट्रोक और दिल की बीमारी का खतरा बहुत बढ़ जाता है। फिर भी हमारी संस्कृति ने इसे महिमामंडित कर रखा है। जो लोग ज़्यादा काम करते हैं, उन्हें व्यावसायिक संगठन अधिक समर्पित और कुशल मानते हैं। गिग इकॉनॉमी के बढ़ने और स्थायी नौकरियों के कम होने के कारण ज़्यादा काम करना आम हो गया है। महामारी के दौरान, ज़ूम हमारे घरों में आ गया और मैनेजर्स हमारे निजी जीवन में प्रवेश करने लगे, जिससे कामकाज और जीवन के बीच की सीमाएँ और धुँधली हो गईं। जबकि आज हम पारंपरिक वर्कवीक से हटकर अधिक ''लचीले'' तरीकों की ओर बढ़ रहे हैं, २४/७ ''राइज़ एंड ग्राइंड'' संस्कृति की ओर जा रहे हैं, जिसके लिए मिलेनियल्स जाने जाते हैं। लेकिन यह विचार हमें नुकसान पहुँचा रहा है। इन्डीड की एक स्टडी के अनुसार, अमेरिका की ५२ प्रतिशत वर्कफोर्स महामारी के बाद बर्नआउट का अनुभव कर रही है, जबकि महामारी से पहले यह संख्या ४३ प्रतिशत थी। मेटलाइफ की एक स्टडी के अनुसार, मिलेनियल्स सभी पीढ़ियों में सबसे ज़्यादा बर्नआउट महसूस कर रहे हैं, जो ऐनी हेलेन पीटरसन के ''बर्नआउट जनरेशन'' वाले विचार को सही ठहराता है। जेन ज़ी इसके बाद है।

मीडिया अक्सर अत्यधिक काम को एक व्यक्तिगत निर्णय की तरह पेश करता है, जिसे आप बेहतर संगठन, समय प्रबंधन की तरकीबों या एक और हेल्दी ड्रिंक पीकर सुधार सकते हैं। लेकिन ज़्यादा काम करना सिर्फ व्यक्तिगत पसंद नहीं है, यह एक आर्थिक समस्या है। असल में, बढ़ती आर्थिक असमानता भी ज़्यादा काम करने का एक कारण है, यहाँ तक कि उनके लिए भी जो आर्थिक सीढ़ी के ऊपरी पायदान पर हैं। आज के समय में, सबसे ज़्यादा कमानेवाले लोग भी आर्थिक असुरक्षा महसूस करते हैं। यह अस्थिरता, विशेष रूप से अमेरिका में, लोगों को ज़्यादा काम करने के लिए प्रेरित करती है या तो ज़्यादा पैसा पाने की चाह में या आर्थिक कठिनाइयों के डर से। हम आर्थिक सीढ़ी के किसी भी पायदान पर हों, हममें से ज़्यादातर लोग अपने कामकाज में बुरी तरह फँसे हुए हैं।

हममें से कई लोगों ने अपना करियर २००७-२००९ की महामंदी के दौरान

शुरू किया था, जो अमेरिका के इतिहास में सबसे बड़ी आर्थिक गिरावटों में से एक थी। हमें सामाजिक अन्याय, पूँजीवाद, हसल और गर्लबॉस संस्कृति द्वारा अत्यधिक काम करने के महिमामंडन और वैश्विक महामारी से भी गुज़रना पड़ा है। पीटरसन कहती हैं, ''सबसे बड़ी बात है, अनिश्चितता।'' यह मानसिक अस्थिरता हम पर गहरा भावनात्मक असर डालती है, तबाही और हमारे बीच सिर्फ एक बड़े झटके का ही फासला है, फिर चाहे वह झटका नौकरी खोना हो, एक और मंदी हो या बीमार पड़ना हो। हम उन पीढ़ियों के लोग हैं, जो हमेशा इस डर में जीती हैं कि अगला झटका कब आएगा और यही डर हमें एक अस्थायी और अस्थिर महत्वाकांक्षा के साथ बाँधे रखता है, यह भावना मैंने कई पीढ़ियों में देखी है।

अत्यधिक काम और ट्रॉमा (आघातकारी अनुभव) के बीच भी अक्सर एक संबंध होता है। हममें से कुछ ने ऐसी व्यवस्था में जिंदा रहने के लिए ज़्यादा काम करना सीख लिया है, जो सिर्फ कुछ ही लोगों को असल तरक्की करने देती है। दूसरों ने ट्रॉमा के कारण अत्यधिक काम करने की प्रवृत्ति विकसित कर ली है। कई रिसर्च से ये पता चला है कि लत और ट्रॉमा के बीच संबंध होता है और अत्यधिक काम करना भी एक तरह की लत है क्योंकि यह हमें हमारे कष्ट या ''मैं योग्य नहीं हूँ'' जैसी भावना से बचने का रास्ता देता है। अगर हम खुद को बेहद अयोग्य महसूस करते हैं, तो हम खुद को व्यस्त रखते हैं ताकि उस आंतरिक कष्ट से ध्यान हटा सकें। कई मायनों में, यह व्यवस्था ''कमतर महसूस करने'' जैसी भावनाओं का फायदा उठाने के लिए बनाई गई है।

लेकिन मैं नहीं मानती कि हमारा जन्म सिर्फ काम करने के लिए हुआ है। जिंदगी एक अवसर है कि हम अपने असली स्वरूप या अपनी असली पहचान को अभिव्यक्त करें - खुशी, बेचैनी, उत्साह और जिज्ञासा महसूस करें। खेलने, काम करने, बनाने, विश्राम करने और उबरने का समय मिले। बस होने का समय भी। डच प्रेरणादायक वक्ता अलेक्ज़ेंडर डेन हेइजर कहते हैं, ''**आप अक्सर इसलिए नहीं थकते क्योंकि आपने बहुत कुछ किया है बल्कि इसलिए कि आपने बहुत कम वह किया है, जो आपके अंदर रोशनी लाता है।**'' लेकिन कई बार हम दोनों कारणों से थकते हैं क्योंकि हम बहुत कम वो करते हैं, जो हमें प्रेरित करता है और क्योंकि कुछ व्यवस्थाएँ हमें ज़रूरत से ज़्यादा करने को मजबूर करती हैं। हमारे समाज ने काम पर बहुत ज़्यादा ज़ोर दिया है और गति, विश्राम और सेहत की बहाली पर बहुत कम। उद्देश्यपूर्ण महत्वाकांक्षा के अनुरूप जीने के लिए, विश्राम उतना ही ज़रूरी है जितना कि कार्य।

असल में, गति, विश्राम और सेहत की बहाली (रिकवरी) हमारे जीवित रहने के लिए ज़रूरी हैं। क्या आप जानते हैं कि ओलंपिक स्लीप कोच नाम की भी कोई चीज़ होती है? नींद के कोच और डॉक्टर उच्च प्रदर्शनवाले खिलाड़ियों को उनके विश्राम और रिकवरी के समय को बेहतर बनाने में मदद करते हैं, जिसे मज़ाक में ''स्लीप डोपिंग'' भी कहा जाता है। यूएसए ओलंपिक वेटलिफ्टिंग टीम के स्लीप डॉक्टर डॉ. जेफ़री डर्मर इसे बहुत अच्छी तरह परिभाषित करते हैं: ''ओवरट्रेनिंग सिंड्रोम का संबंध ज़्यादा ट्रेनिंग से नहीं बल्कि सेहत की पर्याप्त रिकवरी न होने से है। अगर आप ट्रेनिंग कर थकान से उबर ही नहीं रहे हैं, तो ये ट्रेनिंग ही आपके लिए नुकसानदायक बन सकती है।''

यह हमारी पूरी जिंदगी के लिए एक उपयुक्त रूपक है। अगर हम खुद के लिए, अपने प्रियजनों के लिए या अपने मिशन के लिए सही तरह से उपस्थित रहना चाहते हैं, तो हमें अपनी गति नियंत्रित करनी होगी और विश्राम करना होगा। लेकिन इस समय में ऐसा करना मुश्किल हो सकता है। दुर्भाग्य से, हम एक ऐसे समाज में जी रहे हैं, जो हमेशा चालू रहने के लिए बनाया गया है-खासकर उनके लिए जो ऐतिहासिक रूप से हाशिए पर रहे हैं। साथ ही सोशल मीडिया पर हमें लगातार यह दिखाया जाता है कि उत्पादकता और तरक्की कैसी दिखनी चाहिए। इसलिए आज के समय में जिंदगी जीना एक लंबी दौड़ की तरह है। अगर हम बीच-बीच में रुककर खुद को फिर से ऊर्जा नहीं देंगे, तो हम उसे प्रभावी ढंग से नहीं दौड़ पाएँगे। इन्हीं विश्रामभरे पलों में हम अपनी महत्वाकांक्षा के पीछे के बड़े ''क्यों'' से फिर से जुड़ पाते हैं।

अगर आप यह पढ़ रहे हैं और आपको लग रहा है कि आप थम नहीं सकते क्योंकि आप ऐसा करने की स्थिति में नहीं हैं तो यकीन मानिए, मैं आपकी स्थिति समझ सकती हूँ। मैं बस ये चाहती हूँ कि आप अपने संघर्ष के पीछे का कारण जानें ताकि आप अपने लिए (और व्यवस्था में बदलाव के लिए भी) बड़े स्तर पर आवाज़ उठा सकें।

अभ्यास: क्या मैं बर्नआउट का शिकार हूँ?

१. क्या आप कामकाज के मामले में निराशावादी या हार माननेवाले हो गए हैं? उन चीज़ों को लेकर भी जिनकी पहले आप बहुत परवाह करते थे?

२. क्या अब काम पर जाने में पहले से ज़्यादा ऊर्जा और मेहनत लगती है? क्या अब आपको अपने दिन की शुरुआत करने और ध्यान केंद्रित करने में परेशानी होती है?

३. क्या अब आपको अपने ग्राहकों, टीम के सदस्यों या प्रबंधकों के लिए पहले से कहीं कम धैर्य रहता है, उन लोगों के लिए जिनकी कभी आपको परवाह थी?

४. क्या आप भावनात्मक और शारीरिक रूप से थका हुआ महसूस करते हैं? क्या अब आपके पास उतनी ऊर्जा नहीं बची कि आप वह काम कर सकें, जो ज़रूरी है?

५. क्या अब आपके लिए ध्यान केंद्रित करना पहले से ज़्यादा मुश्किल हो गया है?

६. आप कितनी बार अपने काम और जिम्मेदारियों से अभिभूत महसूस करते हैं? (कम, अक्सर, बहुत अधिक)

७. क्या आप प्रेरित महसूस करते हैं? क्या जिन चीज़ों से आपको पहले प्रेरणा मिलती थी, अब वे कम मायने रखती हैं?

८. क्या अब आप टालमटोल या बचाव के तरीके अपनाने लगे हैं ताकि असहजता न महसूस हो (जैसे शॉपिंग, शराब या ज़रूरत से ज़्यादा खाना)?

९. क्या आपको सिरदर्द, पेट दर्द, नींद या भूख में बदलाव जैसे शारीरिक लक्षण हो रहे हैं?

१०. आप कौन-सी सीमाएँ तय कर सकते हैं ताकि यह अतिरिक्त बोझ कम हो सके?

इस अभ्यास को करने के लिए और बर्नआउट से बाहर निकलने के तरीके जानने के लिए विजिट करें: aminaaltai.com/bookresources

वेतन की असमानता (द पे गैप)

इतिहास में हाशिए पर रहे हम में से बहुत से लोग क्यों खुद को कमतर मानते हैं – और फिर इसी सोच के कारण कामकाज के साथ एक अस्थायी और अस्वस्थ संबंध बना लेते हैं? इसका एक कारण यह है कि कैसे पक्षपाती वित्तीय प्रणालियाँ हमें लगातार अधिक काम करने के चक्र में बाँधे रखती हैं और हमारी महत्वाकांक्षा के साथ जटिलता पैदा करती हैं। ग्लोबल जेंडर गैप रिपोर्ट २०२२ के अनुसार, कार्यस्थलों पर जेंडर गैप पूरी तरह मिटने में अभी १३२ साल और लगेंगे और बीते कुछ वर्षों की वैश्विक अस्थिरता ने इस समयरेखा को और पीछे धकेल दिया है। उत्तर अमेरिका जैसे क्षेत्रों में भी, जहाँ अवसर अपेक्षाकृत ज़्यादा हैं, जेंडर इक्वलिटी (लैंगिक समानता) तक पहुँचने में अभी भी उनसठ साल और लगेंगे। हालाँकि कॉर्पोरेट अमेरिका में ट्रांसजेंडर और नॉन-बाइनरी लोगों के वेतन-समानता पर बहुत कम आँकड़े हैं लेकिन २०१९ की विलियम्स इंस्टीट्यूट की एक रिपोर्ट के अनुसार, ''संयुक्त राज्य अमेरिका में एक-पाँच एलजीबीटीक्यू+ वयस्क (२२ फीसदी) गरीबी में जीते हैं'', जबकि उनके हेट्रोसेक्शुअल और सिसजेंडर समकक्षों में यह संख्या सिर्फ १६ फीसदी है।

(वेतन की असमानता विभिन्न नस्लीय वर्गों में भी मौजूद है।)

हमारे पूरे जीवनकाल में, वेतन का ये अंतर लाखों डॉलर के बराबर हो सकता है। यह अंतर इस बात को तय कर सकता है कि आपके पास कोई बचत है या नहीं, आप किसी स्वास्थ्य संकट को झेल सकते हैं या नहीं, आप गरीबी में जीएँगे या नहीं। ७५ वर्ष से अधिक उम्र की महिलाएँ पुरुषों की तुलना में दो गुना अधिक दर से गरीबी में रहती हैं और भले ही इसके कई कारण हों, वेतन में अंतर इसमें ज़रूर योगदान देता है। पैसा, कई मामलों में स्वतंत्रता है। यह संसाधनों में निवेश करने की क्षमता है। वेतन अंतर इस बात का भी फैसला करता है कि क्या आप चाइल्डकेयर और हाउस-हेल्प के लिए भुगतान कर सकते हैं, जिससे आप कार्यस्थल में ऊपर बढ़ सकें या नहीं। वेतन असमानता, सफलता को बाधित करने और हमारे विकास को उद्देश्यपूर्ण और संतुलित रूप से होने से रोकने का एक और तरीका है, जो कुछ विशेष व्यवस्थाओं द्वारा बनाए रखा जाता है। मेरे कई क्लाइंट्स और मैंने अतिरिक्त काम सिर्फ इसलिए लिया ताकि ज़्यादा पैसा कमा सकें लेकिन इससे काम का बोझ और बर्नआउट अधिक बढ़ गया और कई बार उसका स्वास्थ्य पर भी असर पड़ा।

कभी यह माना जाता था कि महिलाएँ वित्तीय मामलों में उतनी सक्षम नहीं होतीं। आम वित्तीय सलाह महिलाओं को खर्च कम करने और खुद को ''छोटा'' रखने की सीख देती थी, जैसे कि कॉफी या जूते न खरीदें यानी हमें अनावश्यक खर्च करनेवाला बताया जाता था। लेकिन क्या हो अगर हम लोगों को शुरू से ही समान वेतन देना शुरू कर दें?

अभ्यास: यह समझना कि 'हसल' और अत्यधिक काम के साथ आपका क्या संबंध है
१. आप सफलता के बारे में क्या मानते हैं? सफल होने के लिए आपको ---------- करना चाहिए।
२. मेरे माता-पिता, देखभाल करनेवालों और समुदाय ने माना कि हसल ---------- होता है।
३. मेरे शुरुआती कार्य अनुभव, जहाँ मैंने ज़रूरत से ज़्यादा काम किया, वे थे:
४. वे तरीके जिनसे पूँजीवादी व्यवस्था ने मेरे लिए हसल को बनाए रखा:
५. मैं तब ज़्यादा काम करने लगता/लगती हूँ जब:
६. क्या आप कभी आराम करने की ज़रूरत महसूस करने या अनुत्पादक समय बिताने के लिए खुद को दोषी महसूस करते हैं? अगर हाँ, तो क्यों?
७. आपने हसल और अत्यधिक काम के अनुभव के बारे में क्या देखा/महसूस किया?

कुछ मानसिकताएँ असल में सांस्कृतिक और व्यवस्थागत जाल जैसी हैं

हसल-कल्चर, अत्यधिक काम और आर्थिक असमानता के अलावा भी कुछ ऐसी धारणाएँ हैं, जिनसे हममें से कई लोग जूझते हैं, जो असल में एक सांस्कृतिक जाल हैं। आइए इन्हें साथ मिलकर समझें।

इम्पोस्टर सिंड्रोम

जब मैंने कोचिंग शुरू की थी, तब वहाँ कोई ऐसा नहीं दिख रहा था, जो मेरे जैसा हो और मैंने तुरंत महसूस किया कि मैं यहाँ फिट नहीं होती। मुझे लगा मैं पूरी

तरह से नकली हूँ, एक ऐसा अहसास जो हममें से कई लोगों को बहुत अच्छे से पता है।

''इम्पोस्टर सिंड्रोम'' शब्द सबसे पहले १९७८ में दो क्लिनिकल साइकोलॉजिस्ट, डॉ. सुजैन आइम्स और डॉ. पॉलीन रोज़ क्लांस ने गढ़ा था, जिन्होंने इसे शुरू में ''इम्पोस्टर फिनॉमिनन'' कहा था। शुरू में वे अपनी महिला छात्रों का अध्ययन कर रही थीं, जिन्हें अपनी उपलब्धियों और प्रशंसाओं के बावजूद खुद को लेकर संदेह होता था। जब उन्होंने इस अध्ययन को आगे बढ़ाया और १५० बेहद सफल पेशेवर महिलाओं और छात्राओं का इंटरव्यू किया, तो उन्होंने पाया कि इनमें से कई को ऐसे ही अनुभव थे। इसका बहुत कुछ संबंध उस समय कार्यस्थलों में प्रतिनिधित्व की कमी से था, जब कोई महिला किसी पुरुष-प्रधान कमरे में होती थी तो यह मान लेना आसान होता था कि वह वहाँ फिट नहीं होती।

आज, इम्पोस्टर सिंड्रोम तब होता है, जब हमें लगता है कि हम अपने संगठन के मूल समूह जैसे नहीं हैं। शायद आप अपनी जगह के एकमात्र अलग व्यक्ति हैं या इकलौती महिला या न्यूरोडायवर्जेंट व्यक्ति और ऐसा महसूस होता है कि आप प्रमुख समूह से मेल नहीं खाते। जब हमें लगता है कि हम वहाँ फिट नहीं होते, तो हम अपनी क्षमताओं पर सवाल उठाने लगते हैं, भले ही हमने कितनी भी उपलब्धियाँ क्यों न हासिल की हों। शायद आपने भी ऐसा महसूस किया हो? मेरे कई क्लाइंट्स उस कमरे में पहले या इकलौते व्यक्ति होते हैं, जो ऐतिहासिक रूप से हाशिए पर रहे समुदाय से आते हैं। अंदरूनी समूह से अलग महसूस करना उन्हें अपनी काबिलियत और उपयुक्तता पर शक करने पर मजबूर करता है। और ऐसा ज़्यादातर लोगों के साथ होता है, आँकड़ों के अनुसार, हममें से ७० प्रतिशत लोगों को अपने जीवनकाल में इम्पोस्टर सिंड्रोम का अनुभव होता है।

लेकिन इम्पोस्टर सिंड्रोम की समस्या यह है कि यह डर और संदेह जैसी इंसानी भावनाओं को, खासकर महिलाओं के लिए एक मानसिक बीमारी बना देता है। जब आइम्स और क्लांस ने १९७० के दशक में यह शोध किया, तब उन्होंने नस्लवाद, वर्गवाद, होमोफोबिया, ट्रांसफोबिया या ज़ेनोफोबिया के मनोवैज्ञानिक प्रभावों पर विचार नहीं किया था। इम्पोस्टर सिंड्रोम किसी की सोच की समस्या नहीं बल्कि एक व्यवस्थागत मुद्दा है।

हावर्ड बिज़नेस रिव्यू में रुचिका तुल्श्यान और जोडी-ऐन ब्यूरी द्वारा प्रकाशित लेख स्टॉप कॉलिंग वुमेन दे हैव इम्पोस्टर सिंड्रोम इस बात को अच्छी तरह से स्पष्ट

करता है। उसमें कहा गया है:

१. ''इम्पोस्टर सिंड्रोम पूरी जिम्मेदारी व्यक्ति पर डाल देता है और इस बात को नज़रअंदाज़ करता है कि यह कैसे ऐतिहासिक और सांस्कृतिक संदर्भों से जुड़ा हुआ है, खासकर महिलाओं के लिए, फिर चाहे वे श्वेत हों, अश्वेत हों या किसी और रंग-समूहवाली हों।''

२. ''इम्पोस्टर सिंड्रोम हमारी नज़र को महिलाओं को सुधारने की ओर मोड़ देता है, बजाय इसके कि उन कार्यस्थलों में बदलाव लाया जाए, जहाँ वे काम करती हैं।''

३. ''कार्यस्थल आज भी ऐसे हैं, जो समस्याओं को व्यक्तिगत स्तर पर हल करने की कोशिश करते हैं, जबकि वे समस्याएँ असल में भेदभाव और सत्ता के दुरुपयोग से जुड़ी हुई होती हैं।''

जब मैंने कोचिंग शुरू की थी, तब मेरा इम्पोस्टर जैसा महसूस करना आंशिक रूप से मेरी अपनी सोच के कारण था लेकिन यह उस व्यवस्था का परिणाम भी था, जिसमें मैं काम कर रही थी: एक नया करियर शुरू करने का जोखिम उठाना एक प्रकार की विशेषाधिकार प्राप्त स्थिति होती है, जो सभी के लिए उपलब्ध नहीं होती। निचले स्तर पर रहकर एक नई शुरुआत करने के लिए समय, पैसे और संसाधनों की जरूरत पड़ती है, जो हाशिए पर मौजूद लोगों के पास हमेशा उपलब्ध नहीं होते। महिलाओं और विशेषकर अन्य रंग-समूहवाली महिलाओं को अक्सर दूसरा मौका नहीं मिल पाता और कोई भी विफलता, चाहे वह कितनी भी जल्दी हो या विकास के लिए हो, बेहद कठोर नज़रों से परखी जाती है। हालाँकि इस पर बहुत कम आँकड़े और शोध मौजूद हैं लेकिन अनुभवों के आधार पर कोचिंग को मुख्य रूप से श्वेत और महिला-प्रधान क्षेत्र माना जाता है। उस समय, कोचिंग एक नया क्षेत्र था और अन्य रंग-समूहवाली बहुत कम महिलाएँ इसमें आने का जोखिम ले सकती थीं।

वे व्यवस्थाएँ जो भेदभाव और सत्ता के दुरुपयोग पर टिकी हैं, वही हमें अपने आप पर शक करने और अपनी महत्वाकांक्षा के अस्वस्थ रूप में ढलने के लिए मजबूर करती हैं और ''हम यहाँ फिट नहीं होते'' जैसा महसूस करना, हमें खुद को साबित करने के लिए ज़्यादा मेहनत करने को मजबूर कर देता है। इसलिए केवल अपनी कथित कमियों पर ध्यान देना असल में खंडित व्यवस्था से ध्यान भटकाना है। हमें खुद को सुधारने से ज़्यादा उस खंडित हुई दुनिया को बदलने पर ध्यान देना

चाहिए। और अगर हम ऐतिहासिक रूप से हाशिए पर रहे लोगों और महत्वाकांक्षा की बात कर रहे हैं, तो उन व्यवस्थाओं को भी देखना भी ज़रूरी है, जिन्होंने रास्ते में रुकावटें डाली हैं।

मनोवैज्ञानिक सुरक्षा की कमी

एक बार मुझे एक फिनटेक कंपनी में वरिष्ठ महिला अधिकारियों और उनके सीईओ के बीच बातचीत को संचालित करने के लिए कहा गया। कंपनी चाहती थी कि वे ज़्यादा महिलाओं को नेतृत्व में शामिल कर सकें और इसके लिए ये जानना ज़रूरी था कि आखिर वह क्या है, जो उन्हें रोक रहा है।

इस चर्चा में हमने महिलाओं को खुलकर अपने अनुभव साझा करने के लिए आमंत्रित किया। एक के बाद एक महिला ने कार्यस्थल में लिंगभेद, छोटे-छोटे अपमानजनक व्यवहार, घंटों देर तक काम करनेवाली संस्कृति और कंपनी के बाहर की जिंदगी से असंतुलन जैसी बातों को साझा किया, साथ ही बड़े सौदों और क्लाइंट्स से उन्हें अलग किए जाने की भी बात आई। सीईओ ने कुछ व्यक्तिगत अनुभवों को सुना और जब अन्य महिलाएँ सिर हिलाकर सहमति जतातीं, तो वे नोट्स भी लेते। लेकिन हमारी ९० मिनट की बातचीत के बीच में ही सीईओ ने कहा कि उनके मुताबिक कंपनी का नज़रिया एकदम अलग है और उन्हें इनमें से कुछ भी होते हुए कभी नहीं दिखा। एक ही वाक्य में उन्होंने कमरे में मौजूद सभी महिलाओं के अनुभवों को नकार दिया और उनकी मनोवैज्ञानिक सुरक्षा को ठेस पहुँचाई। इसके बाद किसी ने कुछ नहीं कहा।

''मनोवैज्ञानिक सुरक्षा'' शब्द को पहली बार हार्वर्ड की संगठनात्मक व्यवहार वैज्ञानिक एमी सी एडमंडसन ने गढ़ा था। उनके अनुसार, इसका अर्थ है ''ऐसा विश्वास कि कोई भी व्यक्ति अपने विचार, सवाल, चिंताओं या गलतियों को साझा करने पर दंडित या अपमानित नहीं किया जाएगा और टीम में व्यक्तिगत जोखिम लेने के लिए सुरक्षित माहौल उपलब्ध है।'' इसका अर्थ है, नए विचार साझा करने में सहज होना, भले ही वे परफेक्ट न हों; अगर कोई गलती हो रही है, तो सहकर्मियों या अधिकारियों से विनम्रता से सवाल कर पाना; या अपने मैनेजर से ऐसे सवाल पूछ पाना, जिनके उत्तर शायद आपको पहले से पता होने चाहिए थे। अगर आप किसी टीम के लीडर हैं, तो ऐसा माहौल बनाना जहाँ हर कोई, खासकर ऐतिहासिक रूप से हाशिए पर रहे लोग, योगदान दे सकें और फल-फूल सकें, यही असली नेतृत्व है।

दुर्भाग्यवश, बहुत सी संस्थाओं में मनोवैज्ञानिक सुरक्षा की कमी साफ नज़र आती है और यह उन लोगों के लिए और भी अलग महसूस होती है, जो खुद को प्रमुख समूह का हिस्सा नहीं मानते। और अगर हम मनोवैज्ञानिक रूप से सुरक्षित महसूस नहीं करते और इसके बजाय डर के कारण काम करते हैं, तो हम अनजाने में ही कष्टदायी महत्वाकांक्षा से संचालित होते हैं। जब तक हम उन स्थानों के भीतर, जिन्हें हम खुद बनाते हैं, मनोवैज्ञानिक सुरक्षा को कमजोर करने के तरीकों को देखने के लिए तैयार नहीं होते, तब तक हम अपनी महत्वाकांक्षा से एक उद्देश्यपूर्ण रिश्ता नहीं बना सकते – खासकर जब हम ऐतिहासिक रूप से हाशिए पर रहे लोग हों।

काम पर जो मनोवैज्ञानिक असुरक्षा हम महसूस करते हैं, वह अक्सर हमारे चारों ओर की दुनिया में मौजूद व्यापक असुरक्षा का ही प्रतिबिंब होती है; यह सूक्ष्म स्तर पर व्यापक तस्वीर का हिस्सा होती है। हमारी सरकारों में बहुत कम ऐसे लोग हैं, जो ऐतिहासिक रूप से हाशिए पर रहे लोगों के लिए ऐसी नीतियाँ बनाएँ, जो हमें सुरक्षित और समृद्ध बना सकें। (हालिया आँकड़ों के अनुसार, श्वेत पुरुष अमेरिका की जनसंख्या का केवल ३० प्रतिशत हैं लेकिन फिर भी वे ६२ प्रतिशत निर्वाचित पदों पर काबिज़ हैं।) यह सब हमारे संगठनों की नीतियों और जनसांख्यिकी में भी झलकता है। एक ऐसी जगह पर कोई मनोवैज्ञानिक सुरक्षा संभव ही नहीं है, जहाँ नेतृत्व डर के सहारे होता है, जहाँ यह माना जाता है कि चीज़ों को करने का केवल एक ही ''सही तरीका'' है और यही कष्टदायी महत्वाकांक्षा की निशानी है।

कमी की मानसिकता

अपनी किताब 'द फर्स्ट, द यू, द ओनली: हाउ वूमेन ऑफ कलर कैन रीडिफाइन पावर इन कॉरपोरेट अमेरिका' में दीपा पुरूषोत्तमन लिखती हैं, ''अगर हम सच में शक्ति की पारंपरिक परिभाषा को बदलना चाहते हैं, तो कमी की मानसिकता छोड़ना वह सबसे महत्वपूर्ण मानसिक बदलाव है, जो हमें करना होगा।'' कमी की मानसिकता को सत्ता में बैठे लोग बनाकर रखते हैं ताकि वे अपनी स्थिति को सुरक्षित रखें और हाशिए पर मौजूद समूहों के बीच आपसी झगड़े होते रहें।

कुछ साल पहले मैंने एक प्रसिद्ध स्पीकिंग एजेंसी के साथ काम करने की इच्छा ज़ाहिर की। यह एजेंसी विश्वभर में विचारशील नेताओं के लिए बड़े आयोजन करती थी। मुझसे इसकी सिफारिश मेरी एक महिला सहकर्मी ने की थी। स्वाभाविक रूप से मुझे लगा कि यह एजेंसी मेरे लिए उपयुक्त होगी। वीडियो कॉल पर मैंने अपना अनुभव, अपने विचार और अपनी खास विशेषज्ञता साझा की। कॉल के अंत में,

एजेंसी के को-फाउंडर ने मुझे धन्यवाद दिया और कहा कि उन्होंने हाल ही में एक ''मिडल ईस्टर्न महिला'' को साइन किया है और अब वे किसी ऐसे व्यक्ति को को ढूँढ़ रहे हैं, जो ''और ज़्यादा स्पष्ट रूप से अन्य रंग-समूहवाली हो। पहले तो मैं हैरान रह गई। मुझे विश्वास नहीं हुआ कि उन्होंने यह बात खुलेआम कही। यह अनुभव बेहद पीड़ादायक और निराशाजनक था, खासकर जब मैं देख रही थी कि उनकी सूची में मेरे कई श्वेत समकक्ष पहले से शामिल थे। मुझे यह सोचने पर मजबूर होना पड़ा कि क्या वहाँ सिस जेंडर, हेट्रोसेक्शुअल व्हाइट लोगों के लिए भी कोई कोटा है?

जब सत्ता में मौजूद लोग यह धारणा बनाए रखते हैं कि उनके पास अन्य रंग-समूह की सिर्फ एक महिला, सिर्फ एक क्वीयर व्यक्ति या सिर्फ एक विकलांग व्यक्ति के लिए ही जगह उपलब्ध है, तो हमें ऐसा महसूस होने लगता है कि जहाँ हम पहुँचना चाहते हैं, वहाँ पहुँचने के लिए हमें उन लोगों से भी लड़ना पड़ेगा, जो हमारे जैसे दिखते हैं। हम अक्सर खुद पर भी सवाल उठाते हैं और यह मान लेते हैं कि शायद गलती हमारी ही है। लेकिन यह दिखावे का एक बेहद कपटी रूप है क्योंकि यह कमी और प्रतिस्पर्धा की भावना को उसी समूह में बढ़ावा देता है, जिससे हम ऊपर उठाना चाहते हैं।

हालाँकि हाशिए पर रहे लोग आज नेतृत्व की भूमिकाओं में ज़्यादा नज़र आ रहे हैं, फिर भी बहुत काम बाकी है। हर १०० पुरुषों के प्रमोशन के बदले, सिर्फ ८७ महिलाओं को प्रमोशन मिलता है और इनमें से केवल ८२ महिलाएँ ही अन्य रंग-समूह की होती हैं। इस अंतर को ''ब्रोकन रंग'' कहा जाता है। इसका परिणाम यह होता है कि संगठन हर स्तर पर विविध नहीं होते बल्कि वे एक तरह की कॉरपोरेट जाति-व्यवस्था जैसे लगते हैं क्योंकि प्रतिभा को हर स्तर पर पोषित करने और जगह देने के लिए पर्याप्त प्रयास नहीं किए जाते। हमें कम दरों पर प्रमोशन मिलता है, यह सच्चाई कमी की भावना को और मज़बूत करती है। और अगर हम सीढ़ी के शीर्ष तक पहुँच भी जाते हैं, तो हमें कम संसाधन, छोटे-छोटे अपमानजनक व्यवहार और ज़्यादा विरोध जैसे कई अतिरिक्त संघर्षों का सामना करना पड़ता है, जो अक्सर हमारे कार्यकाल, अनुभव की गुणवत्ता और हमारी महत्वाकांक्षा को एक जाल जैसा बना देते हैं।

सच्चाई यह है कि हम सभी के लिए पर्याप्त जगह मौजूद है। यह धारणा कि सभी के लिए जगह नहीं है, लोगों की अवचेतन पूर्वाग्रहों की झलक है और यह एक

ऐसा जाल है, जिसमें हम आसानी से फँस सकते हैं।

ग्लास क्लिस

व्यवस्थागत कमी और दिखावे के परिणामस्वरूप, अब कई हाशिए पर रहे नेताओं को ग्लास क्लिफ से नीचे गिराया जा रहा है या यूँ कहें कि नीचे धकेला जा रहा है। ग्लास क्लिफ उस स्थिति को कहते हैं जब किसी महिला, बीआईपीओसी या हाशिए पर रहे समुदाय के सदस्य को चुनौतीपूर्ण या संकट के समय (जैसे आर्थिक मंदी या मी टू आंदोलन के दौरान) नेतृत्व की भूमिका दी जाती है यानी ऐसे समय में, जब असफलता की संभावना अधिक होती है। कंपनियाँ उस समय किसी ''अलग'' व्यक्ति की तलाश में होती हैं इसलिए वे परंपरागत श्वेत पुरुष के अलावा किसी और को लेकर आती हैं। इसका मतलब यह होता है कि महिलाएँ और अन्य कम मान्यता प्राप्त अधिकारी ऐसे समय में नियुक्त होते हैं, जब संसाधन कम होते हैं और असफलता की आशंका अधिक होती है और अंतत: उन्हें नीचे गिरा दिया जाता है।

इस बात को कई शोध प्रमाणित करते हैं। उदाहरण के लिए, कई अध्ययनों में पाया गया है कि आर्थिक या प्रदर्शन में गिरावट के समय महिलाओं को ज़्यादा बार नेतृत्व की भूमिकाएँ दी जाती हैं। हाशिए पर रहे अधिकारियों को ज़्यादा बार संघर्षरत कंपनियों में रखा जाता है, जिससे सफलता के रास्ते और भी कठिन हो जाते हैं। शोध से यह भी पता चलता है कि हमें यह साबित करने के लिए कम समर्थन और कम समय दिया जाता है कि हम परिवर्तन ला सकते हैं और जब हमें इसमें ''असफलता'' मिलती है, तो हमें हटाकर परंपरागत श्वेत पुरुषों को वापस लाया जाता है। इसे ''सेवियर इफेक्ट'' कहा गया है। लेकिन अगर हमें भी सही संसाधन दिए जाएँ, तो हमें किसी से बचाए जाने की ज़रूरत ही नहीं होती। संसाधनों की कमी होने पर हम अन्य तरीकों से उस कमी को पूरा करने पर मजबूर हो जाते हैं, जिससे हम खुद को साबित करने की कोशिश में थक जाते हैं – और इस प्रक्रिया में हम अपनी असल पहचान को खो देते हैं।

मेरी क्लाइंट एमिली पहले एक वैश्विक एनजीओ की कार्यकारी निर्देशक थीं। यह एक प्रसिद्ध संस्था थी लेकिन अपनी ऊँचाइयों से काफी नीचे जा चुकी थी, हालाँकि एमिली को पुनर्निर्माण के प्रोजेक्ट्स हमेशा पसंद आते थे। जब उन्होंने यह भूमिका स्वीकार की, तो संस्था संघर्ष कर रही थी। इंटरव्यू प्रक्रिया में उन्होंने कुछ चुनौतियों के बारे में बताया था लेकिन असली डेटा और कठिनाइयों की गहराई एमिली को तभी पता चली जब उन्होंने औपचारिक रूप से काम शुरू किया। पहले

दिन ही उन्हें पता चला कि पूर्व निर्देशक ने धन का बेहद गलत प्रबंधन किया था और अब संस्था अपनी निधि खोने के कगार पर थी। साथ ही, नियम-कायदों से जुड़ी समस्याएँ भी थीं, जिनका समाधान एमिली को करना था। एमिली ने अपनी पूरी कोशिश की लेकिन वे संस्था के उद्देश्य पूरे नहीं कर सकीं और उन्हें हटा दिया गया।

तब उन्हें इसके बारे में नहीं पता था लेकिन असल में यह एक क्लासिक ग्लास क्लिफ की स्थिति थी। उन्हें जो एक अन्य रंग-समूह की महिला थीं, कठिन नेतृत्व भूमिका में रखा गया, उन्हें बहुत कम संसाधन दिए गए और बोर्ड से भी समर्थन नहीं मिला। यानी उन्हें उस पद पर विफल होने के लिए ही बिठाया गया था। एमिली ने मुझसे कहा कि उन्होंने कभी ''ओह, मुझ पर मुसीबत आन पड़ी'' वाली सोच नहीं रखी और हमेशा अपना सर्वश्रेष्ठ दिया। लेकिन जब वह सफल नहीं हुईं, तो उन्होंने इस अनुभव से सीखने की पूरी कोशिश की: मुझे ज़्यादा सवाल पूछने चाहिए थे, वित्तीय स्थिति स्पष्ट करनी चाहिए थी और काम सँभालने से पहले अधिक संसाधनों की माँग करनी चाहिए थी। बाद में उन्होंने स्वीकार किया कि वहाँ उनके लिए पनपने की जगह नहीं थी लेकिन उन्हें यह पद चाहिए था। यह एक आदर्श जाल था। उनके मन की आवाज़ कहती रही, अगर मैं सचमुच बदलाव ला सकी तो लोग समझेंगे कि मैं इसके काबिल हूँ। उन्होंने खुद को पूरी तरह बदल डाला लेकिन यह सिस्टम वैसा नहीं था, जहाँ वे सचमुच बदलाव ला सकें और इस तरह वे महत्वाकांक्षा के जाल में फँस गईं।

एमिली को जो संसाधन और मार्गदर्शन नहीं मिला, वह बहुत आम है, खासकर महिलाओं और अन्य रंग-समूहोंवाले लोगों के लिए। तरक्की के लिए जो मार्गदर्शन और समर्थन जरूरी होता है, वह महिलाओं को कम ही मिलता है। अपने श्वेत समकक्षों के मुकाबले, वरिष्ठ अधिकारियों तक अश्वेत पुरुष पेशेवरों की पहुँच कम ही होती है। ''मेरे-जैसा-हो-तो-बेहतर-होगा'' सोच के कारण ज़्यादातर अधिकारी वैसे ही लोगों को आगे बढ़ाते हैं, जो उनके जैसे दिखते हैं और उनके जैसा सोचते हैं। जब नेतृत्व करनेवालों में पहले से ही अश्वेत और हाशिए पर रहे लोगों की कमी हो, तो हमें आवश्यक मार्गदर्शन नहीं मिलता, जिससे लोगों की तरक्की रुक जाती है। और यह चक्र चलता रहता है।

शीर्ष स्तर पर हमारी मौजूदगी इसलिए कम नहीं है क्योंकि हमारे अंदर महत्वाकांक्षा की कमी है। सच तो ये है कि हमारी महत्वाकांक्षाएँ किसी से कम नहीं

हैं। अश्वेत पेशेवर अपने श्वेत पुरुष समकक्षों की तुलना में ज़्यादा महत्वाकांक्षी होते हैं। एशियाई, अश्वेत और लैटिन महिलाएँ भी अपने श्वेत सहकर्मियों की तुलना में ज़्यादा महत्वाकांक्षी होती हैं। संगठनों में शीर्ष स्तर पर हमारी मौजूदगी कम होने का कारण यह नहीं है कि हम आगे बढ़ना नहीं चाहते बल्कि इसका कारण ये है कि हमारे सामने रुकावटें ज़्यादा और समर्थन कम होता है।

लेकिन यहाँ समस्या हमारे अंदर नहीं बल्कि उस व्यवस्था में है, जो हमें नेतृत्वकर्ता के तौर पर विफल कर देती है। प्रतिनिधित्व की समस्या को सतही तरीकों से हल करने की कोशिश और ज़्यादा नुकसानदायक होती है। आधे समय और आधे औज़ारों के साथ आगे बढ़ने को कहना, इससे ज़्यादा बुरा और कुछ नहीं हो सकता। यह जल्द से जल्द काम पूरा करने, परफेक्ट बनने और अत्यधिक काम करने की आदत पैदा करता है, जिससे उबर पाना बेहद कठिन हो जाता है।

जिस व्यवस्था पर हम निर्भर हैं, वह बस हमें निराश करती है इसलिए अब हमारे पास सिर्फ दो ही रास्ते हैं: या तो हम आगे भी इसी भ्रष्ट माहौल में काम करते रहें, जो हमारी कष्टदायी महत्वाकांक्षा को बढ़ावा देती है या फिर खुद अपने लिए एक रास्ता बनाएँ।

इनमें से कुछ व्यवस्थाएँ और सामूहिक व्यवहार हाशिए पर रहे कई लोगों को उद्यमिता की ओर ले गए हैं। महामारी के दौरान अन्य रंग-समूहों की महिलाओं ने ज़्यादा व्यवसाय शुरू किए, यह किसी अवसर के कारण नहीं बल्कि ज़रूरत के कारण हुआ। चाइल्डकेयर की समस्याएँ, आर्थिक दबाव, नौकरियों का जाना, लगातार कम वेतन और कम मूल्य मिलने की वजह से कई लोगों ने अपने लिए खुद जगह बनानी शुरू कर दी। जब कॉरपोरेट और सरकारी संस्थाएँ ज़रूरी समर्थन देने में विफल रहीं, तब लोगों ने अपने लिए अधिक सहायक संरचनाएँ बनाई। ज़्यादातर कंपनियाँ आज भी इतना काम नहीं कर पाई हैं कि वे इन नए, प्रतिभाशाली, महत्वाकांक्षी और बदलाव लानेवाले लेकिन कम लोकप्रिय नेतृत्वकर्ताओं के लिए जगह बना सकें – इसलिए अब कई लोग खुद के लिए वह जगह बना रहे हैं।

हालाँकि उत्पीड़न की व्यवस्थाएँ वास्तविक हैं और उनका दोष है लेकिन इसका मतलब यह नहीं कि सब कुछ अंधकारमय है। मेरा विश्वास है कि अगर हम एक बेहतर दुनिया बनाने की दिशा में काम कर रहे हैं तो एक अन्यायपूर्ण व्यवस्था में रहकर भी वह जीवन जी सकते हैं जो हम चाहते हैं। दोनों बातें एक साथ सच हो सकती हैं। यह सारा डाटा भले ही किसी झटके जैसा लगे लेकिन फिर भी मुझे

लगता है कि आगे विस्तार करने की बहुत सारी संभावनाएँ मौजूद हैं।

अध्याय का सारांश

- कुछ विचारधाराएँ कष्टदायी महत्वाकांक्षा को बनाए रखती हैं इसलिए यह केवल व्यक्तिगत नहीं बल्कि व्यवस्थागत मुद्दा है।
- हसल कल्चर को कॉरपोरेट्स ने एक हथियार की तरह इस्तेमाल किया है, उन लोगों के खिलाफ जिन्हें सबसे ज़्यादा समर्थन की ज़रूरत थी।
- ज़रूरत से ज़्यादा काम करना एक व्यवस्थागत समस्या है। अगर सभी की शुरुआत एक जैसी होती, तो शायद हम इस जाल में न फँसते। वेतन में असमानता इसका एक स्पष्ट उदाहरण है।
- भेदभाव और सत्ता के दुरुपयोगवाली व्यवस्थाएँ हमें खुद पर शक करने और अपनी महत्वाकांक्षा के अस्वस्थ रूप को अपनाने पर मजबूर करती हैं।
- इम्पोस्टर सिंड्रोम एक व्यक्तिगत समस्या नहीं है। हमें अपने कार्यस्थलों को सुधारना चाहिए, न कि वहाँ काम करनेवाले हाशिए पर रहे लोगों को।
- हाशिए पर मौजूद लोग ज़्यादा रुकावटों और कम समर्थन का सामना करते हैं।
- लेकिन सब कुछ निराशाजनक नहीं है। बदलाव की लहर धीरे-धीरे चल रही है।

भाग २

सार्थक महत्वाकांक्षा को अपनाना

अध्याय ४

अपने उद्देश्य का सम्मान करें

''सफलता का अर्थ है, हर रात इस भरोसे के साथ सोने जाना कि हमने अपने गुणों और क्षमताओं का उपयोग दूसरों की सेवा में किया है।''

- मैरिएन विलियम्सन, अ रिटर्न टू लव

अब तक इस किताब में हमने उन मूल चोटों, सोचों और प्रणालियों की पड़ताल की है, जो हमें दर्दभरी कष्टदायी महत्त्वाकांक्षा की ओर धकेलती हैं। लेकिन काम करने और जीवन में आगे बढ़ने के इस कष्ट आधारित तरीके को अपनाना जरूरी नहीं है। हम आगे का रास्ता खुद बना सकते हैं और अपने बड़े-बड़े सपनों को भी पूरा कर सकते हैं, भले ही हमने जिंदगी में कितनी भी बड़ी असफलताएँ देखी हों। और इसका पहला कदम है, अपना सच्चा उद्देश्य ढूँढ़ना और उसका सम्मान करना।

लेकिन पहले, यह समझते हैं कि वास्तव में उद्देश्य क्या होता है?

हमारे होने का कारण

पश्चिमी संस्कृतियों में हम अक्सर अपने उद्देश्य को अपने काम के साथ मिला देते हैं, जबकि वास्तव में ये दोनों एक नहीं होते। उद्देश्य वह तरीका है, जिससे हम अपने अस्तित्व को सबसे सच्चे रूप में अभिव्यक्त करते हैं। सरल शब्दों में कहें, तो आपका उद्देश्य आपकी पवित्र भूमिका है, चाहे वह परिवार के लिए हो, समुदाय के लिए या किसी बड़े सामाजिक कल्याण के लिए। हमारा काम हमारे उद्देश्य की एक अभिव्यक्ति हो सकता है लेकिन ऐसा ज़रूरी नहीं है (और अक्सर नहीं होता)। यह ज़रूरी नहीं है कि ये किसी आकर्षक करियर से जुड़ा हो बल्कि यह तो इस बात से जुड़ा होता है कि हमारे भीतर जो रोशनी है, उसे हम कैसे पहचानते हैं। कुछ आदिवासी संस्कृतियों का मानना है कि जैसे हमारी उपस्थिति प्रकृति का प्रतिबिंब होती है, वैसे ही हम यहाँ केवल पैसे कमाने या दुनिया बदलने नहीं आए हैं बल्कि हम जैसे हैं, वैसे ही विचित्र और अद्‌भुत बने रहने के लिए आए हैं, वैसे ही, जैसे

प्रकृति होती है। अपने भीतर के सबसे असली, सबसे अलग और सबसे सच्चे हिस्सों को बाहर लाकर दुनिया को देना, यही है असली उद्देश्य। जब हमारी महत्त्वाकांक्षा इस स्थान से आती है, तो मानवता का अस्तित्व और बेहतर होने लगता है।

फिर भी, हममें से कई लोग उद्देश्य को एक बोझ की तरह महसूस करते हैं। जबकि सच्चाई यह है कि हमारा असली उद्देश्य आमतौर पर बेहद सरल होता है। जो चीज़ हमें उलझाती है, वह है उस उद्देश्य की अभिव्यक्ति। कुछ लोग इस दुनिया को बदलने के लिए धरती पर आए हैं और कुछ शायद इस जन्म में सिर्फ किसी एक व्यक्ति का जीवन बेहतर बनाने के लिए आए हैं, दया दिखाकर, कला या संगीत के जरिए सुंदरता लाकर या उदारता के जरिए। आपके उद्देश्य का प्रभाव बहुत विस्तृत हो सकता है या फिर वह आपके आसपास ही सीमित रह सकता है यानी कोई एक तरीका ही सही नहीं है। इसीलिए मुझे लेखक स्टीफन कोप की उद्देश्य की परिभाषा बहुत पसंद है, **''अपने भीतर की सर्वश्रेष्ठता को बाहर लाना।''** इसका अर्थ है कि हमारा उद्देश्य वास्तव में बहुत सरल है। उदाहरण के लिए, मेरा उद्देश्य है लोगों को फिर से अपने सच्चे अस्तित्व से जोड़ने में मदद करना। मेरी प्रिय मित्र और कोच शिरीन का उद्देश्य है, हर बातचीत को मजेदार बनाना।

जब हम अपना काम कष्ट नहीं बल्कि उद्देश्य के आधार पर करते हैं, तो जिंदगी बेहद सुंदर रूप में सामने आने लगती है और हमारे लिए बहुत कुछ संभव हो जाता है। फिर हम स्वतंत्रता और संतुष्टि महसूस करते हैं। हमारे दिन अधिक अर्थपूर्ण हो जाते हैं। हम वैसे ही जीवन जीते हैं, जो हमारे असली स्वभाव और इस धरती पर आने के हमारे उद्देश्य के अनुरूप होता है। जब हम उद्देश्य-आधारित काम की बात करते हैं, तो अक्सर हमारे मन में सीख देनेवालों या एनजीओ चलानेवालों की छवि बनती है। जबकि सच यह है कि ऐसा कोई भी योगदान, जो हमारे भीतर की श्रेष्ठता को सामने लाए, वह उद्देश्यपूर्ण होता है। अपने उद्देश्य के साथ जीना हमारा जन्मसिद्ध अधिकार है। हम सभी को अपने भीतर की अच्छाई दुनिया को देने का अवसर मिलना चाहिए, हालाँकि हर किसी को यह अवसर नहीं मिलता। लेकिन अगर हमें यह अवसर मिल जाता है, तो हम दूसरों को भी वही करने की प्रेरणा दे सकते हैं और वह प्रभाव एक तरंग की तरह पूरी दुनिया में फैल सकता है। यही वह तरीका है, जिससे हमारा उद्देश्य दूसरों से जुड़ता है। जितना अधिक हम अपने होने के इस असली कारण को समझेंगे, उतनी ही ज़्यादा संभावना होगी कि हम उन व्यवस्थाओं और ढाँचों को बदल पाएँगे, जो हमें दबाकर रखते हैं और हमारी संभावनाओं को सीमित करते हैं।

इस अध्याय में, मैं आपको यह निमंत्रण देना चाहती हूँ कि आप अपने उद्देश्य को जीकर हम सभी के लिए एक बेहतर भविष्य के सक्रिय सह-निर्माता बनें। मैं यहाँ उद्देश्य की चर्चा हमारे व्यावसायिक संदर्भ में कर रही हूँ क्योंकि यह किताब हमारे काम और महत्त्वाकांक्षा के बीच के संबंधों के बारे में है। लेकिन मैं स्पष्ट कर दूँ कि हमारा उद्देश्य हमारी नौकरी से कहीं बड़ा है।

एक अभ्यास: अपने उद्देश्य को उजागर करें

१. जब बात आपके उद्देश्य की आती है, तो ''अपने भीतर की सबसे श्रेष्ठ चीज़ को सामने लाना'' आपको कैसा नज़र आता है?

२. इस जीवनकाल में आपकी आत्मा यहाँ किस मकसद से आई है? अपनी आँखें बंद करें, कुछ पलों तक अपनी साँसों पर ध्यान दें। इस सवाल का जवाब पाने के लिए कोई प्रयास न करें, जवाब को स्वत: ही आने दें।

३. अपनी डायरी निकालें और इस वाक्य को बार-बार पूरा करते जाएँ : मैं धरती पर इसलिए आया/आई हूँ कि ------

४. वह क्या है, जिसे आप अपने लिए, अपने परिवार के लिए, समुदाय के लिए या व्यापक भलाई के लिए बेहतर बनाना चाहते हैं?

५. अपने भीतर झाँकने के बाद अपने पास मौजूद अन्य साधनों का उपयोग करना आपके लिए काफी सहायक सिद्ध हो सकता है। मुझे ज्योतिष और ह्यूमन डिजाइन (ज्योतिष, चीनी आई चिंग, यहूदी कबाला, वैदिक दर्शन और आधुनिक भौतिकी को मिलाकर बना एक पैरा-साइंटिफिक सिद्धांत व अभ्यास) भी उद्देश्य स्पष्ट करने में मददगार लगते हैं। आप aminaaltai-com@bookresources पर विजिट करके एक ध्यान सत्र भी पा सकते हैं, जो उद्देश्य को खोजने में सहायता करता है।

दुर्भाग्य से, हममें से बहुत से लोग उस समय भ्रमित हो जाते हैं, जब हम उद्देश्य को उसके समान दिखनेवाले लेकिन बिलकुल अलग चीज़ों - प्रदर्शन (परफॉर्मेंस) और जुनून (पैशन) - के साथ मिला बैठते हैं।

प्रदर्शन से ऊपर उद्देश्य

हममें से कई लोग पुरस्कारों, डिग्रियों और अच्छे प्रदर्शन के युग में बड़े हुए हैं। हमें सिखाया गया कि अगर हम किसी श्रेष्ठ लक्ष्य की प्राप्ति के लिए पूरी ताकत से मेहनत करेंगे तो इसका मतलब होगा कि हम योग्य हैं। इसलिए हमने डांस प्रतियोगिताओं, कराटे बेल्ट सेरेमनी और स्पेलिंग बी में भाग लिया, बिना यह जाने कि क्या सचमुच यह हमारे लिए है या नहीं। दुर्भाग्य से, हममें से कई लोगों ने यही प्रतिस्पर्धी और प्रदर्शन-प्रधान तरीका अपने करियर में भी अपना लिया। हम पद, प्रमोशन और अगली उपलब्धि को लेकर इतने अधिक जुनूनी हो गए कि ये बाहरी सफलताएँ हमारे प्रयास का एकमात्र कारण बन गईं। कई मामलों में, हम प्रदर्शन की इस ज़रूरत में इतने डूब गए कि हमारी उपलब्धियाँ ही हमारी पहचान बन गईं।

लेकिन प्रदर्शन मूल रूप से एक अभिनय है, इस बात का कि हम किसी कार्य या गतिविधि को कितनी अच्छी तरह पूरा करते हैं। हममें से ज़्यादातर लोग यह अभिनय जीवनभर करते रहते हैं, जब तक कि यह हमारे लिए काम करना बंद नहीं कर देता। लेकिन बिना किसी कारण को समझे कुछ हासिल करने की ज़रूरत अक्सर हमें गड़बडी की ओर ले जाती है। इससे असंतुलन, बर्नआउट और लक्ष्य तक पहुँचने के लिए स्वयं को और दूसरों को नुकसान पहुँचाने जैसी स्थितियाँ पैदा होती हैं। याद कीजिए, पिछले अध्यायों में मैंने गर्ल बॉस और टेक-ब्रोस का उदाहरण इसीलिए दिया था।

जब हम किसी मूल चोट से प्रेरित होकर काम करते हैं, तो हममें से अधिकतर लोग प्रदर्शन पर अटक जाते हैं। हम लक्ष्य को भेदना और काम को बेहतरीन ढंग से करना चाहते हैं लेकिन आमतौर पर हमारे पास इसका कोई स्पष्ट उद्देश्य नहीं होता, सिवाय इसके कि हम सुरक्षा, संरक्षण और मूल्यवान महसूस करने की अपनी जरूरत पूरी कर सकें। लेकिन जैसा कि आपने इस किताब के भाग-१ में मेरे क्लाइंट्स की कहानियों में देखा था, दुनिया के सारे श्रेष्ठ प्रदर्शन और उपलब्धियाँ भी हमें पूर्णता का अनुभव नहीं करा सकतीं। क्योंकि यह एक आंतरिक यात्रा है, जो हमें अपने भीतर ही करनी होती है।

मेरी क्लाइंट किम इसका एक बेहतरीन उदाहरण हैं। एक मार्केटिंग एग्जीक्यूटिव के रूप में उन्होंने अपने करियर की शुरुआत बड़ी-बड़ी ब्यूटी कंपनियों के साथ की थी। वह अपने काम में बेहतरीन थीं और उनके शब्दों में, उन्होंने ''काफी बकवास चीज़ें बेचीं'' - मस्कारा, कॉन्टूर किट्स, फेस सीरम - जिनकी शायद हमें जरूरत

नहीं होती। वह उपभोक्ताओं को आकर्षित करने में माहिर थीं। वह खुद को एक ''अचीवमेंट मॉन्स्टर'' कहती थीं और देर रात तक काम करती थीं, ग्लोबल मीटिंग्स की तैयारियों में जुटी रहती थीं और कंपनी की कमाई बढ़ाने पर आनंदित होती थीं। फिर, छत्तीस की उम्र में उन्हें थायरॉइड कैंसर का पता चला और अचानक सब कुछ व्यर्थ सा लगने लगा। इलाज और रेडिएशन थेरेपी बेहद कठिन थे। और ऊपर से रेडिएशन ने उन्हें समय से पहले मेनोपॉज की ओर धकेल दिया, जिससे वह अपने बच्चों को जन्म देने की संभावना से भी वंचित हो गईं।

इस अनुभव से टूटने के बावजूद, किम ने इसका कोई अर्थ निकालने का संकल्प लिया और उन्होंने यह देखना शुरू किया कि वह अपने शरीर पर किन चीज़ों का इस्तेमाल कर रही हैं। कुछ अध्ययनों से उन्हें पता चला कि मेकअप में पाए जानेवाले रासायनिक तत्व एंडोक्राइन डिसरप्टर होते हैं और कुछ कैंसर से भी जुड़े हो सकते हैं। तीन साल की रिसर्च, लैब्स और ग्रीन केमिस्ट्स के साथ काम करने के बाद, किम ने अपनी खुद की क्लीन मेकअप ब्रांड लॉन्च की। वह लोगों को यह बताना चाहती थीं कि हमारे रोज़मर्रा के उत्पादों में कौन-कौन से हानिकारक रसायन हो सकते हैं। किम ने महसूस किया कि उनका उद्देश्य है, जीवन का एक नया दृष्टिकोण साझा करना। उन्होंने अपने करियर को इस उद्देश्य में बदल दिया ताकि उपभोक्ता स्वयं और इस संसार के लिए बेहतर विकल्प चुन सकें और उनकी तरह किसी गंभीर बीमारी से ग्रस्त होने से बच सकें। इसीलिए अपने मेकअप ब्रांड के बारे में बात करते हुए वे मज़ाक में कहती हैं, ''कम बकवास, ज़्यादा समाधान।''

अपने पुराने करियर में उन्होंने वे लक्ष्य अपनाए, जिनसे वे खुद को मूल्यवान महसूस कर सकें। अपने नए करियर में उन्होंने अपने कष्ट को एक मिशन में बदल दिया - ताकि वह ब्यूटी इंडस्ट्री में बदलाव ला सकें। अब उनका काम लोगों और दुनिया पर सकारात्मक असर डाल रहा था। अब वह अपनी आंतरिक सच्चाई के आधार पर चुनाव कर रही थीं। पहले उनका करियर प्रदर्शन के इर्द-गिर्द घूमता था लेकिन अब वह अपने उद्देश्य से प्रेरित थी।

सिर्फ जुनून काफी नहीं है

कभी-कभी हममें से कुछ लोग अपने जुनून को ही उद्देश्य समझ बैठते हैं। सच तो यह है कि हमारे कामकाजी जीवन की अधिकांश सांस्कृतिक बातचीत भी जुनून के महत्त्व के इर्द-गिर्द घूमती है। आपने भी शायद वह पुरानी कहावत सुनी होगी: ''जो काम तुम्हें पसंद है, वही करो, फिर तुम्हें जिंदगी में कभी काम नहीं करना

पड़ेगा।'' और शायद आप भी सोचते होंगे, ''मेरे मामले में तो ये कहावत बिलकुल सही नहीं बैठती।'' हममें से बहुत से लोग अपने काम को लेकर जुनूनी होते हैं लेकिन सच्चाई यह है कि काम हमेशा हमारे लिए कारगर नहीं होता। दरअसल, यह सोच कि अपने काम से प्यार करो और सब ठीक हो जाएगा, ही हमें कई बार असफलता की ओर धकेल देती है। हम मान लेते हैं कि एक बार हम अपने जुनून के पीछे चल पड़े, तो रिश्ते-नाते, पैसा, स्वास्थ्य और खुशी, सब अपने आप सुलझ जाएगा। और यही सबसे बड़ा धोखा है।

सच्चाई यह है कि सिर्फ जुनून पर ध्यान केंद्रित करने से हम जल्द ही थक जाते हैं। डेलॉइट के एक अध्ययन में पाया गया कि ८७ फीसदी कर्मचारी अपने काम को लेकर जुनूनी हैं लेकिन उन्हीं में से ६४ फीसदी नियमित रूप से बेहद तनावग्रस्त रहते हैं। इससे ये मिथक टूट जाता है कि हमारा जुनून ही हमें बर्नआउट से बचा सकता है। मैंने बहुत से ऐसे लोगों को देखा है, जो अपने काम को लेकर इतने जुनूनी थे कि कभी छुट्टी नहीं लेते थे और आखिरकार थक कर चूर गए। कुछ लोगों को तो अपना व्यवसाय बंद करना पड़ा क्योंकि वे अपने काम से इतना प्रेम करते थे कि बिना कमाई किए ही एक तरह से उसे दूसरों में बाँट रहे थे। द ट्रबल विद पैशन: हाउ सर्चिंग फॉर फुलफिलमेंट एट वर्क फॉस्टर्स इनइक्वालिटी नामक किताब की लेखिका एरिन सेच इसे ''जुनून का सिद्धांत'' कहती हैं यानी ऐसे काम को प्राथमिकता देना जो व्यक्तिगत रूप से संतोषजनक हो, भले ही इसकी कीमत उन्हें अच्छी सैलरी और पेशेवर सुरक्षा गंवाकर चुकानी पड़े।

जब आप केवल जुनून पर टिके रहते हैं और उसके नाम पर गंभीर आर्थिक जोखिम उठाने को तैयार रहते हैं, तो यह इस बात का संकेत है कि आप जो कर रहे हैं वह टिकाऊ नहीं है। और जब काम टिकाऊ न हो, तो हम या तो टूट जाते हैं, बीमार पड़ जाते हैं या अंतत: काम छोड़ देते हैं। सिर्फ जुनून से प्रेरित, अस्थिर कामकाज कष्टदायी महत्वाकांक्षा की पहचान है। इसके अलावा, यह भी सच्चाई है कि सिर्फ जुनून पर आधारित करियर हर किसी के लिए संभव नहीं है। जो लोग संपन्न या उच्च-मध्यम वर्गीय पृष्ठभूमियों से आते हैं, उनके पास बेहतर सामाजिक संपर्क और वित्तीय सुरक्षा जैसी चीज़ें होती हैं, जैसे कि विरासत में मिली संपत्ति या ऐसे माता-पिता जो बिना वेतनवाली इंटर्नशिप के दौरान उनका खर्च उठा सकें।

इसीलिए मैं जुनून से ज़्यादा उद्देश्य की पक्षधर हूँ। जब आप केवल अपने जुनून से नहीं बल्कि अपने उद्देश्य से जुड़ते हैं, तो आप अपने गुणों का ऐसा सम्मानजनक

उपयोग करते हैं, जो व्यावहारिक और पोषणकारी होता है ना कि शोषणकारी। एक स्वस्थ और संतुलित महत्वाकांक्षा की शुरुआत यहीं से होती है।

अपने उद्देश्य की अभिव्यक्ति करें

जैसा कि मैंने पहले साझा किया, आपका उद्देश्य बहुत सरल हो सकता है। लेकिन अपने उद्देश्य को व्यक्त करने की प्रक्रिया अधिक समय ले सकती है और यही वह चीज़ है, जिसमें अधिकतर लोग उलझ जाते हैं। फिर भी, इस प्रक्रिया को शुरू करने के कुछ तरीके हैं, जो हम आज़मा सकते हैं।

एक नक्षत्र बनाएँ

ध्रुव तारा, जिसे पोलारिस कहा जाता है, उत्तरी गोलार्ध का सबसे चमकीला तारा है, जिसकी ओर पृथ्वी का अक्ष झुका होता है। यह लगभग स्थिर प्रतीत होता है इसलिए कई संस्कृतियों में इसे सत्य का प्रतीक माना गया है। हमारा उद्देश्य भी कुछ ऐसा ही है यानी हमारे जीवन का वह सत्य, जिसका हम अनुसरण करते हैं। लेकिन आज के समय में केवल एक ही ध्रुव तारे को चुनने का दबाव बहुत भारी लग सकता है। हमारी रुचि कई क्षेत्रों में हो सकती है और वे हमें इस बात के लिए प्रेरित कर सकते हैं कि हम अपने गुणों का उपयोग करें। और आज, जब हर तरह की जानकारी हमारी पहुँच में है, तो हम में से ज़्यादातर लोग नए कौशल सीख सकते हैं और अधिक लोगों तक पहुँच सकते हैं। इसलिए यह ज़रूरी है कि हम अपने वास्तविक स्वरूप को पूरी तरह प्रकट होने दें और इस विचार को छोड़ दें कि हमारे उद्देश्य की अभिव्यक्ति केवल एक ध्रुव तारे के रूप में ही हो सकती है।

मुझे एप्लायड इम्पैथी के लेखक माइकल वेंचुरा की ये बात बहुत पसंद है कि हमें अपना जीवन ''एक नक्षत्र के इर्द-गिर्द गढ़ना चाहिए, ना कि केवल एक ध्रुव तारे के चारों ओर यानी हमारे जीवन में रोशनी लाने वाले वे उज्ज्वल बिंदु, जो हमारी पूर्णता को उजागर करने में हमारी सहायता करते हैं।'' यह नक्षत्र हमारे लिए एक ''पथप्रदर्शक उपकरण'' बन जाता है। हम इन बिंदुओं को जोड़कर अपनी कहानी गढ़ते हैं और यह तय करते हैं कि हम कौन हैं और दुनिया में क्या योगदान देने आए हैं। एक नक्षत्र की सहायता से अपने सच्चे अस्तित्व की दिशा में आगे बढ़ना, एक अकेले चमकते तारे को चुनने का दबाव झेलने से कहीं बेहतर तरीका है।

उदाहरण के लिए, मैंने अपने करियर की शुरुआत मार्केटिंग में की थी, जिससे मुझे व्यवसाय की ठोस समझ मिली। फिर मुझे यह समझ आया कि मैं कम

प्रतिनिधित्ववाले व्यवसाइयों और लीडरों के साथ काम करना चाहती हूँ। सेहत की समस्या झेलने के बाद, मैंने भलाई और कल्याण को अपने काम के केंद्र में रखा क्योंकि मैं जानती थी कि हमारे समृद्ध होने के लिए यह कितना ज़रूरी है। इस लिहाज से कह सकते हैं कि ये सभी तारे मेरे नक्षत्र में जुड़ते गए और मुझे यहाँ तक ले आए।

अपना नक्षत्र बनाने की आपकी यात्रा कुछ ऐसी हो सकती है: आप निजी इक्विटी में करियर बनाने की ओर आकर्षित हो सकते हैं, जिससे आप वेतन में लिंग आधारित असमानता (जेंडर वेज गैप) को खत्म करने का काम शुरू करते हैं, जो आगे चलकर कामकाजी माँओं के लिए नीति बदलाव के आंदोलन का रूप ले लेता है। इसी तरह हम एक बिंदु से दूसरे की ओर बढ़ते हैं और अपने भीतर की पुकार के अपना रास्ता बनाते जाते हैं।

एक मिशन स्टेटमेंट

जब आप अपने उद्देश्य के नक्षत्र को पहचानते और उसका अनुसरण करते हैं, तो एक मिशन स्टेटमेंट होना भी सहायक होता है। हमारा मिशन स्टेटमेंट हमारा व्यक्तिगत उद्देश्य स्पष्ट करता है और यह भी बताता है कि हम किन माध्यमों से अपने उद्देश्य को साकार करने की योजना बना रहे हैं। उदाहरण के लिए:

- जैसा कि मैंने पहले बताया, मेरा उद्देश्य है: अपने अंदर झाँकने और खुद को पहचानने में लोगों की मदद करना।
- मेरा मिशन है: ऐतिहासिक रूप से बहिष्कृत लोगों को उनका उद्देश्य, शांति और समृद्धि खोजने में मदद करना, जो खुद को पहचानने का ही माध्यम है।
- मैं यह काम बिज़नेस और करियर कोचिंग, स्पीकिंग, कोर्सेज, पॉडकास्ट और यह किताब – इन सभी माध्यमों से करती हूँ।

एक और उदाहरण देती हूँ। मेरी मित्र शिरीन, जिनका जिक्र मैंने कुछ समय पहले किया था, वे हर बातचीत को मजेदार और आनंदपूर्ण बनाने को अपना उद्देश्य मानती हैं। उनका मिशन है: लोगों को आनंद के ज़रिए रूपांतरित करना और वे यह कार्य कोचिंग, पॉडकास्टिंग और शिक्षण जैसे माध्यमों से कर रही हैं। अपने पहले करियर, ओपेरा गायिका में भी उनका यही उद्देश्य था और अब कोच के रूप में भी वही कर रही हैं। उनका उद्देश्य और मिशन समान रहा, बस समय के साथ माध्यम बदलते रहे। मेरे साथ भी यही हुआ।

तो देखा आपने, उद्देश्य, मिशन और माध्यम कैसे एक साथ चलते हैं?

अब मैं चाहती हूँ कि आप भी स्पष्ट करें कि आपका उद्देश्य किस तरह एक मिशन और फिर माध्यमों में रूपांतरित होता है। नीचे दिया गया अभ्यास इसमें आपकी मदद करेगा। लेकिन शुरू करने से पहले, एक बात कहना चाहूँगी कि यह एक बड़ा और गहरा काम है। इन सवालों के जवाब देना कई बार असंभव-सा लग सकता है इसलिए पहले अपने प्रयास को हल्का रखें। हमारा मिशन और माध्यम जीवनभर संवरते और विकसित होते रहते हैं, यह सब एक ही बैठक में तय नहीं होता।

अभ्यास: अपने मिशन और माध्यमों को परिभाषित करें

१. आप किस मिशन पर हैं? आपका उद्देश्य क्या है? रिक्त स्थान भरें: मैं इस मिशन पर हूँ कि ____________

२. मैं हम सभी को उस दुनिया की ओर ले जाना चाहता/चाहती हूँ, जहाँ __________ संभव हो। (यह परिवार, समुदाय या व्यापक कल्याण के संदर्भ में हो सकता है।)

३. आप ही उस दिशा में नेतृत्व करने के लिए उपयुक्त व्यक्ति कैसे हैं?

४. अपने कारणों को स्पष्ट करें। यह मिशन आपके लिए इतना महत्वपूर्ण क्यों है? यह आपके जीवन और आपके आसपास की दुनिया में क्या संभव करेगा?

५. क्या यह आपकी सार्थक महत्वाकांक्षा के अनुरूप है? क्या इसका कोई हिस्सा कष्ट से प्रेरित है? अगर हाँ, तो आप अपनी दिशा को कैसे बदल सकते हैं?

६. कौन-कौन से माध्यम आपके मिशन और उद्देश्य को पूरा करने में सहायक हो सकते हैं? यह कुछ भी हो सकता है, आपका दैनिक काम, कोई व्यवसाय, पॉडकास्ट, वर्कशॉप्स या स्पीकिंग टूर।

दिशा–केन्द्रित जीवन जीएँ

जब हम अपने उद्देश्य को पहचानना और उसका अनुसरण करना शुरू करते हैं, तो हमें इसकी अभिव्यक्ति को भी उसी तरह विकसित होने देना चाहिए, जैसे हम स्वयं विकसित होते हैं। हम स्थिर नहीं हैं, तो फिर हम अपने उद्देश्य को प्रकट करने का तरीका स्थिर क्यों रखें? मेरी एक प्रिय मित्र और सह–कोच मेगन हेलरर, जो अमेरिकी राजनीतिज्ञ अलेक्ज़ेंड्रिया ओकासियो–कोर्टेज़ की करियर कोच रही हैं, इसे ''दिशा–केन्द्रित बनाम गंतव्य–केन्द्रित जीवन'' कहती हैं।

गंतव्य–केन्द्रित जीवन जीने का अर्थ है, किसी एक निश्चित लक्ष्य को हासिल करने के लिए प्रयासरत रहना। जैसे कि नौकरी पाना, एक निश्चित राशि कमाना, घर खरीदना या किसी विशेष सामाजिक दर्जे को प्राप्त करना। हम जो कुछ भी करते हैं, वह सब उस लक्ष्य के करीब पहुँचने के उद्देश्य से करते हैं। इसके विपरीत, दिशा–केन्द्रित जीवन जीने का अर्थ है कि हम उस चीज़ का अनुसरण करें, जो हमें आकर्षित कर रही है, भले ही वह समय के साथ बदलती रहे। किसी अंतिम गंतव्य का पीछा करने के बजाय, हम खुद को नई संभावनाओं की ओर धीरे–धीरे बढ़ने की अनुमति देते हैं, हर कदम पर अपने आंतरिक मार्गदर्शन का अनुसरण करते हुए। हमारी वर्तमान स्थिति से हम केवल कुछ ही कदम आगे देख सकते हैं। लेकिन जैसे ही हम वे कदम उठाते हैं, कुछ और नए कदम दिखाई देने लगते हैं। हम जो भी कार्य करते हैं, वह यह स्पष्ट करता है कि अगला कदम कहाँ रखना है। यही कारण है कि दिशा–केन्द्रित जीवन जीना इतना आवश्यक है। यदि हम स्वयं को रास्ते में बदलाव की अनुमति दें, तो संभव है कि हम किसी ऐसे स्थान पर पहुँच जाएँ, जिसकी हमने कल्पना भी नहीं की थी।

मेरी क्लाइंट लिंडा वास्तव में दिशा–केन्द्रित जीवन जीने का उदाहरण हैं। उनका उद्देश्य है कि लोग खुद को सहज महसूस करें और उन्होंने यह अपने पहले करियर में एक इंटीरियर डिज़ाइनर के रूप में किया और अब एक न्यूट्रिशनिस्ट के रूप में भी कर रही हैं। जब उन्होंने डिज़ाइन से न्यूट्रिशन की ओर करियर बदला, तो उन्हें लगा था कि वह व्यक्तिगत रूप से किसी के साथ काम नहीं करना चाहतीं। वह एक कोर्स क्रिएटर और थॉट–लीडर बनना चाहती थीं और उन्हें नहीं लगा था कि वह उस रास्ते से हटेंगी। लेकिन जब उन्होंने अपनी सेवाओं को विकसित करना और आज़माना शुरू किया, जिसमें क्लाइंट्स के साथ आमने–सामने बैठकर काम करना भी शामिल था तो उन्हें महसूस हुआ कि उन्हें यह गहराईभरा व्यक्तिगत काम

बहुत पसंद है। इससे उनके शरीर में अच्छा महसूस हुआ। उनका आंतरिक दिशा-संकेतक (जीपीएस) उन्हें उस ओर ले जा रहा था, जिसे वे पहले अपने काम का नहीं मानती थीं। अगर वह गंतव्य-केन्द्रित जीवन जी रही होतीं, तो वह अपनी पुरानी योजना से चिपकी रहतीं और आमने-सामने बैठकर काम करने की बात को पूरी तरह भूल जातीं। लेकिन दिशा-केन्द्रित होकर, उन्होंने अपने तरीकों को मोड़ा और परिणामस्वरूप उन्हें कहीं अधिक संतुष्टि मिली।

हम ऐसे संसार में रहते हैं, जहाँ अक्सर ऐसा महसूस नहीं होता कि हमें अपनी राय बदलने की अनुमति है। हम उन लोगों को सम्मान देते हैं जो अंत तक अडिग रहते हैं, चाहे वे चीज़ें उनके लिए कितनी भी असंगत क्यों न हों। हम हठ, दृढ़ निश्चय और लगातार प्रयास को सराहते हैं। लेकिन इसका क्या लाभ, अगर यह सब कुछ उसके विरुद्ध हो, जो हम हैं, जो हम चाहते हैं और जो दुनिया के लिए बेहतर हो सकता है?

भले ही लोग मुझे गलत समझ लें लेकिन मैं खुद को बदलकर वह नहीं बनाना चाहूँगी, जो मैं असल में हूँ ही नहीं। इसलिए जब आप एक तारे से दूसरे तारे की ओर बढ़ें और अपने मिशन व साधनों को लेकर स्पष्टता हासिल कर लें, तो खुद को हर पड़ाव पर यह परखने की अनुमति जरूर दें कि वह आपकी दिशा से मेल खाता है या नहीं। जो चीज़ें हमारे लिए नहीं हैं, उन्हें छोड़ देना हमें सशक्त बनाता है, फिर भले ही हम उन्हें पाने के रास्ते में कितनी भी दूर क्यों न निकल आए हों।

अपने उद्देश्य को जीना: सरेखित नेतृत्व ढाँचा (एलाइन्ड लीडरशिप फ्रेमवर्क)

अब जब हम यह बेहतर समझने लगे हैं कि उद्देश्य वास्तव में क्या है और क्या नहीं है और इसे कैसे परिभाषित किया जा सकता है, तो मैं आपके साथ एक उपकरण साझा करना चाहती हूँ, जो यह पहचानने में आपकी मदद करेगा कि आप अपने कार्य के माध्यम से अपने उद्देश्य को मूर्त रूप कैसे दें। जब भी मैं किसी क्लाइंट को उनका विशिष्ट उद्देश्य खोजने में मदद करती हूँ, तो मैं उन्हें एक प्रक्रिया से गुज़ारने देती हूँ, जिसे सरेखित नेतृत्व ढाँचा कहा जाता है। इस ढाँचे का उद्देश्य यह निर्धारित करने में आपकी सहायता करना है कि आप अपने उद्देश्य को सर्वोत्तम रूप से कैसे प्रकट कर सकते हैं। यह एक ऐसा मानक बन जाता है, जिसके ज़रिए आप नई नौकरियों या व्यवसायिक विचारों को परख सकते हैं कि वे आपके स्वभाव और आपकी दिशा के साथ मेल खाते हैं या नहीं। तो चाहे आपको अपने अगले बड़े करियर निर्णय के बारे में सोचने की ज़रूरत हो या यह तय करना हो कि

आपका नया जुनून कोई बड़ा उद्यम बनना चाहिए या केवल एक शौक, यह ढ़ाँचा स्पष्ट कर देगा कि क्या यह आपके लिए उपयुक्त है, यह संतोषदायक होगा और क्या नहीं होगा। यह आपका लिटमस टेस्ट है।

अब आप सोच रहे होंगे, ''क्या आपने अभी-अभी हमें एक ढ़ाँचा नहीं दिया ताकि हम तय कर सकें कि क्या हम दिशा-केंद्रित महत्वाकांक्षा के साथ तालमेल में हैं?'' हालाँकि दिशा-केंद्रित महत्वाकांक्षा और सरेखित नेतृत्व ढ़ाँचा एक-दूसरे के पूरक हैं लेकिन वे अलग-अलग हैं। दिशा-केंद्रित महत्वाकांक्षा यह सुनिश्चित करती है कि हमारी विकास की इच्छा हमारे भीतर के सबसे सच्चे और प्रामाणिक हिस्सों से आ रही है। वहीं सरेखित नेतृत्व ढाँचा यह सुनिश्चित करता है कि हम जो कुछ भी दुनिया में लाते हैं, वह सबसे सामंजस्यपूर्ण तरीके से लाया जाए। दिशा-केंद्रित महत्वाकांक्षा आपके बारे में है। सरेखित नेतृत्व ढ़ाँचा यह सुनिश्चित करता है कि आपके सामने जो भी अवसर आएँ, वे आपके वास्तविक स्वरूप के अनुरूप हों।

मान लीजिए आपको किसी रिक्रूटर का फोन आता है और वह आपको देश के किसी और कोने में एक शानदार नौकरी का प्रस्ताव देता है। यह आपकी तनख्वाह दोगुनी कर देगा और आपको वह अगला पद भी दिला देगा, जिसकी आप तलाश में थे। शानदार! बस एक बात है, आप पर्यावरण के प्रति समर्पित हैं लेकिन यह कंपनी नहीं है और यह बहुत अधिक पर्यावरण प्रदूषण करती है। लेकिन आप स्वयं से कहते हैं, ''तनख्वाह इतनी अच्छी है, शायद इस बार अपवाद के तौर पर इसे स्वीकार कर लेना चाहिए।'' अब आप इस अवसर को 'हाँ' कहें या 'ना', यह तय करने के लिए आप इसे सरेखित नेतृत्व ढ़ाँचा के पाँच स्तंभों पर परखेंगे:

- क्या यह मेरे गुणों के अनुरूप है? हाँ।
- क्या यह मेरी मूल्यों के अनुरूप है? नहीं, यह पर्यावरण को सम्मान देने के मेरे मूल्य से मेल नहीं खाता।
- क्या यह मुझे संतोष प्रदान करता है? नहीं, क्योंकि इसे स्वीकारने के बाद मैं हर रोज अपने ही मूल्यों के साथ संघर्ष करता रहूँगा।
- क्या यह उस प्रभाव के अनुरूप है, जो मैं डालना चाहता हूँ? आंशिक रूप से क्योंकि अधिक पैसे का मतलब अधिक बदलाव की संभावना है। लेकिन इसके पर्यावरण संबंधी व्यापक प्रभाव नकारात्मक है।

- क्या यह मेरे दृष्टिकोण को साकार करने के लिए आवश्यक बातों के अनुरूप है? यह मेरी आर्थिक आवश्यकताओं को तो पूरा करता है लेकिन मेरे मिशन से मेल नहीं खाता।

अंततः, सरेखित नेतृत्व ढाँचे के माध्यम से आप देख पाएँगे कि यह नया अवसर वास्तव में आपके मूल्यों और आपके इच्छित प्रभाव के विरुद्ध है। इसलिए भले ही यह सतह पर आकर्षक दिखे, यह आपके वास्तविक स्वरूप और आवश्यकताओं के अनुकूल नहीं है।

हमारे उपहार

सरेखित नेतृत्व ढाँचा हमारे उपहारों को केंद्र में रखता है क्योंकि जब हम इस तरह से काम करते हैं, जो आत्मा के लिए मरहम जैसा हो, जो वास्तव में हमारे अस्तित्व को प्रकट करता हो और जो इस दुनिया में वह बदलाव लाता हो जिसे हम देखना चाहते हैं। तब हमें अपने भीतर की श्रेष्ठता को ही साधन बनाना होता है। हम सभी में कोई न कोई अनोखी प्रतिभा होती है, कोई एक विशेष क्षमता या गुण जो हमारे भीतर जन्मजात है और जिसे हम इस धरती पर लाने आए हैं। कुछ लोगों के लिए यह कौशल हो सकते हैं, जैसे गहरी सुनने की शक्ति, सहानुभूति और संवाद। दूसरों के लिए यह कुछ ठोस हो सकता है, जैसे ट्रॉम्बोन बजाना या भौतिकी में बेहद कुशल होना। लेकिन हमें यह भी सिखाया गया है कि प्रतिभा सिर्फ कुछ गिने-चुने लोगों के लिए होती है। मैं मानती हूँ कि यह एक पितृसत्तात्मक मिथक है, जो कुछ लोगों को शक्ति देता है और बाकी को हाशिए पर डालता है। जब हम अपनी अद्वितीय प्रतिभा को दुनिया में लाते हैं, तब हम 'हसल' और 'ग्राइंड' की संस्कृति को छोड़ पाते हैं और अपने सहज प्रवाह में काम कर पाते हैं। हम इस विषय को अगले अध्याय में और गहराई से देखेंगे।

हमारा प्रभाव

हमारा प्रभाव यह दर्शाता है कि हमारे कार्य, परियोजनाएँ और नीतियाँ लोगों, समुदायों और पर्यावरण को कैसे प्रभावित करती हैं। यह फ्रेमवर्क का हिस्सा इसलिए है क्योंकि इससे यह स्पष्ट होता है कि हमारा काम वास्तव में हमारे उद्देश्य से जुड़ा हुआ है या नहीं। दिशा-केंद्रित महत्वाकांक्षा का अर्थ है कि हम जो चाहते हैं वह दूसरों की कीमत पर नहीं बल्कि उनकी सेवा में हो। इसलिए, अपने प्रभाव का मूल्यांकन करना अत्यंत आवश्यक है।

यदि हम सभी अपने प्रभाव की परवाह करें, तो असाधारण परिवर्तन संभव हैं और ये बदलाव अभी हो भी रहे हैं। मी टू से लेकर ब्लैक लाइव्स मैटर तक, जलवायु परिवर्तन पर मोर्चा आयोजित करने से लेकर कार्यस्थलों में समावेशिता की माँग तक और शेयरहोल्डर पूंजीवाद को चुनौती देने तक – हम ही वे पीढ़ियाँ हैं, जो वास्तविक बदलाव ला रही हैं। मिलेनियल्स और जनरेशन-ज़ी के लिए जलवायु परिवर्तन शीर्ष दो चिंताओं में से एक है। वे चाहते हैं कि उनका काम दुनिया पर सकारात्मक असर डाले और जनरेशन-ज़ी वाले ६३ फीसदी लोग मानते हैं कि उनके नियोक्ता की उनकी मूल्यों से सहमति होनी चाहिए। वहीं ६० फीसदी जनरेशन-ज़ी और ५६ फीसदी मिलेनियल्स मानते हैं कि व्यवस्थागत नस्लभेद व्यापक रूप से फैला हुआ है।

हालिया आँकड़े बताते हैं कि इन दोनों पीढ़ियों ने दुनिया की स्थिति को लेकर गहरी चिंता व्यक्त की है और वे बदलाव की लड़ाई को अपनी रोज़मर्रा की ज़िंदगी की माँगों के साथ संतुलित करने की कोशिश कर रहे हैं। हम सक्रिय-समाजसेवा और अपने पेशेवर जीवन, रिश्तों और स्वयं की देखभाल के बीच संतुलन साध रहे हैं। हम अपनी आर्थिक शक्ति का उपयोग भी मूल्य आधारित निर्णयों के लिए कर रहे हैं, उन ब्रांड्स पर पैसा खर्च कर रहे हैं जिनके मूल्य और प्रभाव हमारे अपने जीवन से मेल खाते हैं। वास्तव में, जनरेशन-ज़ी के करीब ७५ फीसदी लोग ये मानते हैं कि राजनीतिक और सामाजिक रूप से सक्रिय होना उनकी पहचान और भविष्य के निर्माण के लिए अत्यंत महत्वपूर्ण है। यह देखकर खुशी होती है कि हम उसे पहचानते हैं, जो वाकई गलत है और उसे ठीक करने के लिए तैयार हैं।

हमारी ज़रूरतें

सरेखित नेतृत्व ढाँचे में हमारी ज़रूरतों को शामिल करना बेहद ज़रूरी है क्योंकि यहीं से स्थायित्व सुनिश्चित होता है। सच पूछिए तो अब तक मैंने न जाने कितने ऐसे क्लाइंट्स को देखा है, जो उन अवसर को जबरदस्ती अपनाने की कोशिश करते हैं, जो उनकी ज़रूरतों को पूरा नहीं करते। वे कहते हैं, ''लेकिन अमीना, मुझे इस बेहतरीन एनजीओ में काम करने का मौका मिल रहा है और यहाँ रहकर मैं बहुत सारा नेक काम कर सकती हूँ। उपहार काफी हैं। प्रभाव अच्छा होगा। और ज़रूरतें... तनख्वाह तो आधी ही मिलेगी लेकिन वे मुझे मुफ्त पार्किंग स्पेस दे रहे हैं।'' नहीं! यह मेल नहीं खाता। जब हम अपनी बुनियादी ज़रूरतें भी पूरी नहीं कर पाते, थके और बिखरे हुए रहते हैं, तो हम अपने उद्देश्य के लिए लगातार टिके रहकर काम

नहीं कर सकते। यह हमें निश्चित तौर पर बर्नआउट की ओर ले जाता है।

मेरे अधिकांश क्लाइंट्स के लिए अपनी ज़रूरतों को महत्त्व देना बहुत कठिन होता है क्योंकि हममें से बहुतों को यह मान लेने के लिए तैयार किया गया है कि "कष्ट सहना महानता है" और यह सिखाया गया है कि हमें अपनी ज़रूरतों को दूसरों की जरूरतों के बाद महत्त्व देना चाहिए। लेकिन यह दृष्टिकोण सहायक नहीं है। कल्चर मेकर्स की कोच केली डाइल्स ने एक बार कहा था, "अगर हम उस नारीवादी महिला का खयाल नहीं रख रहे है, जो एक व्यवसाय चला रही है, तो क्या इसका अर्थ ये नहीं है कि हमने नारीवाद को ही एक व्यवसाय बना लिया है?" यह बात मेरे ज़हन में गहरे उतर गई और यह सभी ऐतिहासिक रूप से उपेक्षित नेताओं पर लागू होती है, चाहे वे किसी भी रूप में अपने उद्देश्य को निभा रहे हों। अगर हम अपनी ही देखभाल नहीं कर पा रहे हैं, अपनी ही ज़रूरतों को पूरा नहीं कर पा रहे हैं, तो फिर हम इस काम को न तो टिकाऊ बना सकते हैं और न ही इससे अपने जीवन में संतोष महसूस कर सकते हैं। और अगर यह काम इसलिए असफलत हो गया क्योंकि हम स्वयं का ध्यान नहीं रख सके, तो क्या हम यह कह सकते हैं कि वास्तव में हम कोई बदलाव लाने में सफल रहे हैं?

सौभाग्य से, अब समय धीरे-धीरे बदल रहा है। जनरेशन-ज़ी के लोग माहवारी के लिए निजी छुट्टी लेने को अधिक सहजता से स्वीकार कर रहे हैं और "क्वाइट क्विटिंग" को आत्म-देखभाल का एक हिस्सा मानते हैं। वे अपनी भलाई और आत्म-संवेदना को अपने काम के बदले में देने को तैयार नहीं हैं। वे जिस तरह से अपनी ज़रूरतों के लिए खड़े हो रहे हैं, वैसा पहले की पीढ़ियाँ नहीं कर पाईं। इस दृष्टिकोण से मैं खुद को कहीं अधिक जुड़ा पाती हूँ। महत्वाकांक्षा के साथ स्वस्थ संबंध तभी संभव है जब वह टिकाऊ हो। और टिकाऊपन केवल हमारी ज़रूरतों के सम्मान से ही आता है।

हालाँकि, इसका उद्देश्य केवल इसलिए अपनी देखभाल करना नहीं है ताकि हम और अधिक उत्पादक बनें। बल्कि हमें अपनी देखभाल इसलिए करनी है क्योंकि हम इंसान हैं और हमें इसका हक है। और यहीं से सरेखित नेतृत्व ढ़ाँचे का अगला स्तंभ आता है-

हमारा संतोष

जब बात अपने उद्देश्य को जीने की आती है, तो संतोष एक ऐसा पहलू है जिसे अक्सर अनदेखा किया जाता है। जिन लोगों को मैं कोच करती हूँ, उनमें से अधिकतर टाइप-ए हाई अचीवर्स होते हैं। मैं खुद को भी उस श्रेणी में रखती हूँ और शायद आप भी खुद को इसी श्रेणी में रखते होंगे। जो लोग पूंजीवाद के बाद के दौर में बड़े हुए हैं, उन्हें अपने संतोष को प्राथमिकता देना एकदम उल्टा लगता है। असल में, हममें से बहुत से लोगों की कामकाज संबंधी चर्चाओं में संतोष का कोई स्थान ही नहीं है। लेकिन संतोष ही वह ईंधन है, जो हमारे उद्देश्य को उजागर करता है और गति देता है। अगर हमने अपना उद्देश्य तो पूरा कर लिया लेकिन उस यात्रा में संतोष नहीं था, तो क्या हम सचमुच यह कह सकते हैं कि हम अपना उद्देश्य पूरा करने में सफल रहे? (अब तक तो हमें इसका उत्तर पता चल ही गया होगा!) अगर हम अपने लक्ष्यों को परफेक्शन के के साथ पूरा करने तक अपने संतोष की अनुभूति को टालते रहेंगे, तो फिर हम उसे कभी महसूस नहीं कर पाएँगे। अगर हम अपने लक्ष्य पाने की प्रक्रिया में खुद को दंडित करते हैं, तो हम अपने हर निर्णय के पीछे के कारणों को भूल जाते हैं। जब हम खुद से ज़्यादा अपेक्षाएँ रखते हैं और संतोष के लिए कोई जगह नहीं छोड़ते, तो हम अक्सर वर्तमान क्षण में नहीं रहते। हम या तो भविष्य की चिंता में रहते हैं या अतीत को दोबारा लिखने की कोशिश करते हैं। जब हम किसी नए या वर्तमान अवसर का मूल्यांकन करते हैं, तो हमें खुद से यह ज़रूर पूछना चाहिए कि क्या यह मेरे जीवन में संतोष को पोषित करता है?

हमारे मूल्य

हमारे मूल्य हमारे व्यवहार, हमारे चुनाव और हमारे लिए जो महत्वपूर्ण है, उसे तय करते हैं। जब हम ऐसा काम करते हैं, जो हमारे मूल्यों को प्रकट करता है, तो हम अपने उद्देश्य के साथ कहीं ज़्यादा गहराई से जुड़ाव महसूस करते हैं। वहीं, अगर हम ऐसे संस्थान में काम करते हैं जहाँ हमारे मूल सिद्धांतों का सम्मान नहीं किया जाता, तो हम भीतर से एक घर्षण महसूस करते हैं, जो हमें तोड़ सकता है। ज़रा सोचिए कि हममें से अधिकतर लोग अपने जीवन का सबसे अधिक समय अपने कामकाज में बिताते हैं, जबकि अपने प्रियजनों, अपने शौकों या अपनी रचनात्मक परियोजनाओं पर बहुत कम समय बिताते हैं। अगर हमारे और हमारे कार्यस्थल के मूल्यों में कोई मेल नहीं है, तो हर दिन वहाँ जाना ऐसा ही लगेगा, जैसे हम अपने ही खिलाफ लड़ रहे हों। इसलिए मूल्यों का मेल खाना एक आवश्यक मानदंड है।

इसका अर्थ यह है कि हमारे कुछ मूल्य समय के साथ बदल सकते हैं क्योंकि हम लगातार विकसित होनेवाले प्राणी हैं। हमारी ज़रूरतें बदलती हैं, हमारा प्रभाव बदल सकता है और यहाँ तक कि हम जो उपहार दुनिया को देना चाहते हैं, वह भी बदल सकता है। इसलिए अपने जीवन के हर अगले चरण पर स्वयं को यह मूल्यांकन करने की अनुमति जरूर दें, क्या यह अभी भी मेरे लिए सही है?

बड़ा परिवर्तन

अब जब हम इस अध्याय के अंत की ओर बढ़ रहे हैं, तो मैं आपको एक ऐसे स्थान पर आमंत्रित करना चाहती हूँ, जहाँ आप सपने देख सकें। हममें से जो लोग हाशिये की पहचान के साथ जीते हैं, वे किसी तरह अपनी जिंदगी चलाने में ही इतने व्यस्त रहते हैं कि सपने देखने की अनुमति अपने आपको कभी नहीं देते पाते। लेकिन अगर हमें यही नहीं पता कि हमारा सपना क्या है, तो फिर हम उसकी ओर बढ़ेंगे कैसे?

आइए पहले यह स्पष्ट करें कि यहाँ ''सपने'' से मेरा क्या मतलब है। करियर और व्यक्तिगत विकास की दुनिया में अक्सर यह कहा जाता है कि ''ड्रीम जॉब'' जैसी कोई चीज़ नहीं होती और इस विचार में अटकनेवाले लोग असफलता की ओर ही बढ़ते हैं। यही बात ''सपनों के साथी'', ''सपनों का घर'' और बाकी सब चीज़ों पर भी लागू होती है क्योंकि जीवन की हर चीज़ और हर इंसान में खूबियाँ और कमियाँ दोनों होती हैं। मेरी परिभाषा में हमारे सपने का परफेक्शन से कोई संबंध नहीं है क्योंकि परफेक्शन कोई असली चीज़ नहीं है बल्कि उसका संबंध उस बड़े परिवर्तन से है, जिसे आप अपने जीवन में लाना चाहते हैं। यह खुद को यह अनुमति देने के बारे में है कि आप उस प्रकार के परिवर्तन या उत्थान की कल्पना करें, जिसके बारे में आपने कभी खुद को सोचने तक नहीं दिया। लेकिन यह कोई कल्पनालोक की कहानी नहीं है बल्कि यह तो अगले चरण का एक दृष्टिकोण है। फिर चाहे वह बेहतर वर्क-लाइफ बैलेंस हो, एक निश्चित वेतन हो, जिसकी सहायता से आप ज़्यादा मनचाही यात्राएँ कर सकें, आपकी रचनात्मक रुचियों के लिए खाली समय निकालना हो या फिर अपना कोई निजी व्यवसाय शुरू करना हो।

अब अपने इस बड़े परिवर्तन को कागज पर लिखिए और लिखते समय यह चिंता मत कीजिए कि यह कैसे पूरा होगा। ''कैसे'' का उत्तर अक्सर तब मिल जाता है जब हम खुद को ''हाँ'' कहते हैं। लेकिन इस अवसर का उपयोग अपनी सबसे गहरी इच्छाओं को स्वर देने के लिए करें, शायद एक ऐसे रूप में, जिसमें आपने

पहले कभी उन इच्छाओं को प्रदर्शित न किया हो।

मैं यह भी चाहती हूँ कि आप खुद को अपनी राय बदलने की अनुमति भी दें। मैं तीन या पाँच साल लंबी योजनाओं में विश्वास नहीं करती क्योंकि जैसा हमने पहले देखा है, गंतव्य-केंद्रित जीवन जीने के मुकाबले दिशा-केंद्रित जीवन जीना हमेशा बेहतर होता है। इसलिए हर परिवर्तन को अगले परिवर्तन का रास्ता बनाने का मौका दें।

अभ्यास: अपने बड़े परिवर्तन की पहचान करें

१. कुछ मिनट निकालकर कागज पर लिखिए कि अब से एक साल बाद आप अपने कार्य और जीवन में किस प्रकार का बड़ा परिवर्तन देखना चाहते हैं। विचार कीजिए कि आप अपने उद्देश्य को और अधिक उन्नत तरीके से कैसे साकार करना चाहते हैं। इसे वर्तमान काल में लिखिए और जितना चाहें उतना वर्णनात्मक और विस्तृत ढंग से लिखिए। यह आपका सपना है इसलिए खुद को बड़ा सोचने की पूरी अनुमति दें। आप इसे सूची के रूप में, सुलेख के रूप में या चित्र के रूप - जो भी आपके लिए सबसे स्पष्ट और सहायक हो - में व्यक्त कर सकते हैं। विशेष रूप से उन क्षेत्रों पर ध्यान दें, जिनमें आप बड़ा परिवर्तन लाना चाहते हैं।

२. यह सपना आपकी वर्तमान वास्तविकता से कितना और कैसे अलग है?

३. क्या आप सरेखित नेतृत्व ढ़ाँचे के पाँचों हिस्सों का सम्मान कर रहे हैं? इस फ्रेमवर्क के किन हिस्सों को संबोधित करने की ज़रूरत है?

४. अपनी वर्तमान वास्तविकता में क्या परिवर्तन आवश्यक हैं ताकि आप अपने उपहारों, मूल्यों, संतोष, ज़रूरतों और प्रभाव के साथ पूरी तरह से मैदान में उतर सकें?

अब जब हम अपने उद्देश्य को लेकर पहले से कहीं अधिक स्पष्ट हैं और हमारे पास अपने अवसरों का मूल्यांकन करने का एक तरीका भी है, तो शायद आपके मन में यह सवाल उठ रहा होगा कि आप यह कैसे जानेंगे कि कोई चीज़ आपके उपहारों के साथ मेल खाती है या नहीं। अगले अध्याय में हम इसी विषय पर चर्चा करेंगे कि आप अपने उपहारों को सबसे गहराई से और रूपांतरणकारी ढंग से कैसे व्यक्त कर सकते हैं।

अध्याय सारांश:

- हममें से अधिकांश लोगों को यह सिखाया गया है कि प्रदर्शन (परफॉर्मेंस) ही सब कुछ है लेकिन अक्सर यह एक अभिनय होता है। अब समय आ गया है कि हम प्रदर्शन की जगह अपने उद्देश्य को रखें।

- जो लोग केवल प्रदर्शन पर केंद्रित नहीं होते, वे अक्सर जुनून (पैशन) में फँस जाते हैं। लेकिन केवल जुनून पर निर्भर रहना आपको अस्थिर कर देता है क्योंकि यह हमें अपनी ज़रूरतों की अनदेखी करने पर मजबूर करता है। सिर्फ जुनून पर आधारित करियर हर किसी के लिए व्यावहारिक नहीं होता। संपन्न और उच्च-मध्यमवर्गीय पृष्ठभूमि से आनेवाले लोग ही अक्सर इसके लिए बेहतर स्थिति में होते हैं क्योंकि उनके पास सामाजिक संपर्क और वित्तीय सुरक्षा होती है।

- किसी एकमात्र उत्तरी तारे (नॉर्थ स्टार) की सोच को त्यागिए और इसके बजाय एक नक्षत्र की तरह अपनी उद्देश्य की अभिव्यक्ति के लिए स्थान बनाइए।

- दिशा-केंद्रित जीवन जीने का अर्थ है, हर कदम पर अपने आंतरिक मार्गदर्शन के अनुसार आगे बढ़ना। इस प्रक्रिया में स्वयं को विकसित होने की अनुमति दीजिए।

- सरेखित नेतृत्व ढाँचे का उपयोग करके यह परखें कि कोई अवसर वास्तव में आपके साथ कितना मेल खाता है।

अध्याय ५

अपने सच्चे उपहारों को पहचानें

''हर इंसान एक विशेष उपहार लेकर जन्म लेता है। यह उपहार, हर एक के लिए एक संतोषजनक जीवन का द्वार होता है।''

- स्टीफन कोप, द गिटः लिविंग ए लाइफ ऑफ पर्पज एंड मीनिंग

कुछ साल पहले, मुझे लॉस एंजेलिस की एक अद्भुत महिला लिज़ के साथ काम करने का मौका मिला। लिज़ एक जर्नीमैन मकेनिक थीं और अपने क्षेत्र में गिनी-चुनी महिलाओं में से एक थीं। लिज़ को इनके सहकर्मी बहुत पसंद करते थे और इन्होंने पिछले नौ वर्षों में अपनी क्षमताओं को निखारते हुए आसानी से शीर्ष स्थान प्राप्त कर लिया था। लेकिन इनके मन का एक कोना ऐसा महसूस करता था कि वे अपनी जिंदगी और काम को जबरन आगे बढ़ा रही हैं। इसके कारण वे बहुत दुःखी थीं। हमारे पहले ही सत्र में उन्होंने एक के बाद एक कई कहानियाँ सुनाईं कि ट्रेड्स की दुनिया में वे बुरी तरह थक चुकी हैं और हार मानने की कगार पर हैं। लेकिन वे असमंजस में थीं क्योंकि उनके अनुसार, यही उनका एकमात्र उपहार था। अगर वे इसे छोड़ देंगी, तो अपने तमाम खर्चे कैसे पूरे करेंगी?

हमने एक अभ्यास किया, जिससे उन्हें अपने उपहारों के पूरे दायरे को पहचानने में मदद मिल सके। उनसे संपर्क करने पर मुझे तत्काल समझ आ गया कि उनकी भावनात्मक समझ बहुत गहरी थी। असल में, हमारे फोन कॉल के पहले तीन मिनटों में ही मैंने सोचा, ''ये इतनी बुद्धिमान, आत्म-चेतन महिला कौन हैं, जो भावनाओं को किसी मैनुअल की तरह पढ़ लेती हैं?'' जब हमने इस पर बात की, तो लिज़ ने सबसे पहले कहा, ''हाँ, लेकिन क्या हर कोई ऐसा नहीं होता?'' मैं मुस्कराई क्योंकि जब भी मैं किसी की प्रतिभा खोजने में मदद करती हूँ, तो नब्बे प्रतिशत मामलों में यही बात सुनती हूँ।

''बिलकुल नहीं! असल में, बहुत कम लोग ऐसे होते हैं,'' मैंने जवाब दिया। ''यह आपके जादू का हिस्सा है।'' और लिज़ रो पड़ीं, जैसे उन्हें पहले से ही ये सब

पता हो लेकिन अब तक खुद स्वीकार करने की अनुमति नहीं मिली हो।

बात यह है: हम सभी के भीतर एक अनोखी प्रतिभा होती है, जो बस बाहर आने के लिए इंतजार कर रही होती है। कुछ लोग जन्म से ही जानते हैं कि वे क्या है और कुछ इसे समय के साथ खोज लेते हैं। हममें से कई लोगों के लिए अपनी क्षमताओं को उपहार के रूप में देखना कठिन होता है क्योंकि हम, लिज़ की तरह, यह मानने को तैयार नहीं होते कि जो चीज़ हमारे लिए स्वाभाविक है, वह किसी और के लिए अद्‌भुत हो सकती है। उदाहरण के लिए, हो सकता है कि आपके माता-पिता ने सिर्फ वित्त (आर्थिक) के क्षेत्र में कॅरियर बनाने को महत्त्व दिया हो इसलिए जब आपने पत्रकारिता में उत्कृष्टता दिखाई, तो उसे ''वास्तविक करियर'' नहीं माना गया। यही कारण है कि हम बहुत सारा समय उन कौशलों को विकसित करने में बर्बाद कर देते हैं, जो हमारे लिए स्वाभाविक नहीं होते और जिनमें दक्षता प्राप्त करने के लिए बहुत ऊर्जा लगती है। यही मानसिकता हमें कष्टदायी महत्वाकांक्षा में फँसा देती है।

अपनी स्वाभाविक प्रतिभाओं या 'जीनियस' की खोज करना दिशा-केन्द्रित महत्वाकांक्षा से जुड़ने का सबसे तेज़ रास्ता है। दुर्भाग्यवश, एक ऐतिहासिक रूप से बहिष्कृत समुदाय के रूप में, इस दुनिया ने हमारी दृष्टि को धुँधला कर दिया है, जिसके चलते अपनी असली प्रतिभा को स्वीकार करना मुश्किल हो गया है। यही कारण है कि जब मैं उद्देश्य और उपहारों की बात करती हूँ, तो इस प्रक्रिया को ''खोज'' कहती हूँ क्योंकि यह प्रतिभा हमेशा से हमारे भीतर रही है, बस कभी-कभी हमें किसी ऐसे व्यक्ति की ज़रूरत होती है, जो हमारी दृष्टि के धुंधलेपन को साफ कर सके।

अपनी स्वाभाविक प्रतिभाओं को तीन 'E' के ज़रिए स्वीकार करें

जब हम यह जान लेते हैं कि हमारी स्वाभाविक प्रतिभाएँ वास्तव में क्या हैं, तो कुछ चीज़ें हमारे लिए बहुत आसान हो जाती हैं, जैसे अपने काम और जीवन इस तरह से डिज़ाइन करना कि वे न केवल हमारे लिए बल्कि दूसरों के लिए भी सार्थक हो सकें। जब मैं क्लाइंट्स को उनके भीतरी स्वाभाविक प्रतिभाओं से जुड़ने में मदद करती हूँ, तो मैं सबसे पहले यह पहचानने में उनकी सहायता करती हूँ कि उनका प्रदर्शन किन क्षेत्रों में औसत है (eh ज़ोन), किन क्षेत्रों में दक्ष हैं (excellent zone उत्कृष्टता का ज़ोन) और किन क्षेत्रों में वे असाधारण प्रतिभा के साथ चमकते हैं (exceptional zone असाधारण ज़ोन – यानी उनकी स्वाभाविक प्रतिभाएँ)। मैं इसे

तीन 'E' कहती हूँ। यह फ्रेमवर्क गे हेंड्रिक्स की द जीनियस ज़ोन से प्रेरित है, जिसमें मैंने कुछ बदलाव किए हैं।

ये तीनों ज़ोन या क्षेत्र एक निरंतरता में होते हैं क्योंकि असल जिंदगी में हम कई बार इनके बीच के क्षेत्रों में भी स्थित होते हैं। कुछ प्रतिभाएँ या हुनर ऐसे हो सकते हैं, जो 'ईह' और 'उत्कृष्ट' के बीच आते हों या 'उत्कृष्ट' और 'असाधारण' के बीच। किसी भी जटिल और बहुआयामी इंसान को पूरी तरह किसी एक खाने में फिट नहीं किया जा सकता इसलिए खुद को इन मध्यवर्ती क्षेत्रों में जगह देने की अनुमति भी दें।

इस फ्रेमवर्क का उद्देश्य है, यह समझना कि आप अपना कितना समय किस ज़ोन में बिता रहे हैं ताकि धीरे-धीरे ज़्यादातर समय अपने 'असाधारण ज़ोन' में ही काम कर सकें, यही वह जगह है, जहाँ दिशा-केन्द्रित महत्वाकांक्षा वास्तव में फलती-फूलती है। जब आप अपने असाधारण ज़ोन में काम करते हैं, तो बहुत कम मानसिक और शारीरिक ऊर्जा खर्च करते हैं और आपका योगदान दूसरों से कहीं ज़्यादा असरदार होता है। संक्षेप में, जब आप अपने भीतर की सबसे श्रेष्ठ चीज़ को दुनिया के सामने लाते हैं, तो आपकी क्षमता कई गुना बढ़ जाती है। और जब आप अपना श्रेष्ठतम योगदान देते हैं, तो वह न केवल आपके लिए बल्कि पूरी दुनिया के लिए अच्छा होता है। (ध्यान रखें, अध्याय एक में जिम रॉन की महत्वाकांक्षा की परिभाषा: महत्वाकांक्षा का अर्थ है, कुछ ऐसा चाहना, जिससे दूसरों की सेवा हो सके।)

अपने असाधारण गुणों को अपनाने का एक और फायदा यह है कि इससे आप अभाव की मानसिकता से बाहर निकलते हैं। जब हम यह मानते हैं कि प्रतिभा सिर्फ गिने-चुने लोगों के लिए है, तो हम एक-दूसरे से प्रतिस्पर्धा करने लगते हैं और पहचान हासिल करने के लिए संघर्ष करते हैं। लेकिन जब हमें यह अहसास होता है कि हम सभी के पास साझा करने लायक कुछ असाधारण है, तो स्पष्ट हो जाता है कि कोई प्रतिस्पर्धा नहीं है, हम सभी एक-दूसरे की सेवा में हैं और कोई किसी से ऊपर या नीचे नहीं है। वाकई, यह कितना मुक्तिदायक विचार है!

अब आइए तीन 'ई' ज़ोन को विस्तार से समझते हैं - शुरुआत करते हैं 'ईह' ज़ोन से और फिर बढ़ते हैं 'असाधारण' की ओर। और इस किताब के हर अभ्यास की तरह, हम इसे भी जिज्ञासा और आत्म-सहानुभूति के साथ ही करेंगे, न कि किसी तरह के जजमेंटल रवैये के साथ।

ईह ज़ोन

'ईह' ज़ोन में वे चीज़ें आती हैं, जिनमें हम औसत स्तर के होते हैं। हम काम को पूरा तो कर लेते हैं लेकिन हमारा प्रदर्शन न उत्कृष्ट होता है, न ही असाधारण। हम अपने साथियों के बराबर या कभी-कभी उनसे भी कमज़ोर प्रदर्शन करते हैं और केवल औसत बने रहने के लिए भी बहुत ऊर्जा और मेहनत लगती है। अगर हम उस अहंकारी सोच को छोड़ सकें कि हमें हर चीज़ में अच्छे होना ही चाहिए, तो फिर इस ज़ोन की पहचान करना अक्सर सबसे आसान होता है। लेकिन 'ईह' क्षमताओं की पहचान किसी तरह की आलोचना नहीं है। यह सिर्फ उन चीज़ों को स्वीकार करना है, जो हमारे दिमाग के अनुकूल नहीं हैं।

दुर्भाग्य से हममें से बहुत से लोग अपना अधिकतर समय इसी 'ईह' ज़ोन में गुज़ारते हैं और फिर खुद को लेकर हीन भावना महसूस करते हैं। मेरे लिए, इस ज़ोन में आनेवाले उदाहरण हैं, प्रशासनिक कार्य, वेबसाइट डेवलपमेंट और कोडिंग। मेरा दिमाग इन कार्यों में सचमुच काम नहीं करता। लेकिन मैं पहले इन कार्यों में बहुत ज़्यादा ऊर्जा लगाती थी, न कि उन कार्यों में, जिन्हें करने में मुझे खुशी मिलती थी और स्पष्ट उद्देश्य नज़र आता था, जैसे कि कोचिंग। ऐतिहासिक रूप से बहिष्कृत समुदायों को सदियों से यह बताया गया है कि उनके अंदर कोई प्रतिभा नहीं है। इसके चलते वे अपने 'ईह' ज़ोन में अटक जाते हैं और हमेशा अंदरूनी टकराव में जीते हैं। दरअसल हमें यह पता होता है कि हम किसी बड़े उद्देश्य के लिए बने हैं, लेकिन दुनिया की संरचना हमें एक सीमित दायरे में बाँध देती है।

उदाहरण के लिए, मेरा क्लाइंट बेन, एक प्रतिष्ठित एजेंसी में चीफ क्रिएटिव ऑफिसर है। उसने अपना करियर कॉपी एडिटिंग से शुरू किया था। उसने मुझे बताया कि वह अक्सर खुद को "मूर्ख" महसूस करता था क्योंकि वह अपने प्रोडक्ट के लिए लिखी गई कॉपी की छोटी-छोटी गलतियाँ पकड़ नहीं पाता था। लेकिन सच्चाई यह थी कि उसमें स्पष्ट रूप से प्रतिभा थी, पर वह ऐसी जगह काम कर रहा था जो उसके लिए उपयुक्त नहीं थी। बाद में बेन को समझ आया कि वह एक अद्भुत दूरदर्शी और 'बिग पिक्चर' वाली सोच रखनेवाला व्यक्ति है, जो किसी ब्रांड को देखकर उसे नए अंदाज़ में प्रस्तुत करने की रणनीति बना सकता है। उसने आखिरकार स्वीकार किया कि वह कॉपीराइटिंग में "कमज़ोर" है और उसके अंदर बारीकी से ध्यान देनेवाला वह गुण नहीं है, जो इस कार्य के लिए चाहिए। जब उसने कॉपी एडिटिंग का काम छोड़ा और डिज़ाइन की दुनिया में जगह बनाने की कोशिश की, तो सब कुछ बदल

गया – और अब वह अपने नए रोल में बेहद संतुष्ट है क्योंकि अब उसकी असली प्रतिभा काम में आ रही है।

अब नीचे दिए गए प्रश्नों की मदद से आप अपनी 'ईह' क्षमताओं की पहचान करें। लक्ष्य ये है कि आप उन्हें सूचीबद्ध करें और समय के साथ इन क्षेत्रों से बाहर निकलने के रास्ते खोजें, ताकि अपनी असाधारण प्रतिभाओं का प्रयोग कर अधिक गहन योगदान दे सकें। हम सभी के योगदान के तरीके अलग-अलग होते हैं, और जो चीज़ हमारे लिए नहीं है, उसे छोड़ना एक उत्सव जैसा लगना चाहिए। इसी दिशा-केन्द्रित योगदान के जरिए हम अपनी महत्वाकांक्षा से और गहराई भरा संबंध बना पाते हैं।

अभ्यास: अपनी 'ईह' क्षमताओं की पहचान करें

१. वे कौन-सी चीज़ें हैं, जिनमें आप औसत हैं और जिन्हें अन्य लोग आपसे बेहतर तरीके से कर सकते हैं?

२. वे कौन-से क्षेत्र हैं, जिन्हें आपका दिमाग समझने में कठिनाई महसूस करता है और शायद जिन्हें समझने के लिए आपका दिमाग बना ही नहीं है?

३. ऐसे कौन-से काम हैं, जिनमें आप बहुत ऊर्जा और समय लगाते हैं लेकिन नतीजा सिर्फ औसत आता है?

४. ऐसा कोई अनुभव याद करें, जब आपने किसी चीज़ को समझने में घंटों बर्बाद किए हों और फिर भी वह समझ नहीं आई हो। आप क्या कर रहे थे?

५. कुछ 'ईह' क्षमताएँ ऐसी भी हो सकती हैं, जिनमें आपकी कोई रुचि ही नहीं होती। वे कौन-सी चीज़ें हैं, जिन्हें आपको मजबूरन करना पड़ता है लेकिन जिनमें आपकी रुचि शून्य है?

उत्कृष्टता का ज़ोन

'ईह' ज़ोन के विपरीत, जब हम अपनी उत्कृष्टता के ज़ोन में होते हैं, तो हम औसत से कहीं बेहतर काम करते हैं। दरअसल, हम किसी कार्य में अच्छे होते हैं और उसमें दक्षता हासिल करने के लिए हमने काफी समय भी लगाया होता है, शायद स्कूल की पढ़ाई में, कॉलेज की थीसिस में या करियर के शुरुआती वर्षों में। लेकिन फिर भी, उस स्तर को बनाए रखने के लिए हमें बहुत समय, मेहनत और

ऊर्जा लगानी पड़ती है। कई बार यह स्थिति हमें बर्नआउट की ओर भी धकेलती है।

उत्कृष्टता और स्वाभाविक प्रतिभा (जीनियस) में अंतर यह है कि स्वाभाविक प्रतिभा जन्मजात होती है, जबकि उत्कृष्टता के लिए बहुत श्रम करना पड़ता है। हम किसी चीज़ में पारंगत हो सकते हैं लेकिन अगर उस काम में हमें खुद को बहुत ज़्यादा झोंकना पड़ रहा है, तो वह हमारी सच्ची प्रतिभा नहीं है। उदाहरण के लिए, मैं लेखन को अपनी उत्कृष्टता जोन का हिस्सा मानती हूँ। मैंने स्कूल, कॉलेज और कामकाज के ज़रिए इसमें कौशल अर्जित किया है। लेकिन मुझे इसमें उत्कृष्ट परिणाम देने के लिए कई ड्राफ्ट बनाने पड़ते हैं, बार-बार संपादन करना पड़ता है। वहीं मेरी एडिटर इस क्षेत्र में असाधारण प्रतिभावाली हैं, उन्होंने पाँच किताबें लिखी हैं और उनके शब्दों में उनका स्पष्ट नज़रिया हमेशा झलकता है। वे किसी लेख को कुछ ही मिनटों में पढ़कर बता सकती हैं कि उसमें कहाँ सुधार की ज़रूरत है। यह उनकी असली प्रतिभा है।

दुर्भाग्यवश, हममें से अधिकतर लोग अपना जीवन उत्कृष्टता के क्षेत्र में ही बिताते हैं, न कि अपनी स्वाभाविक प्रतिभा (जीनियस) के जोन में क्योंकि यह ज़ोन अपेक्षाकृत ''सुरक्षित'' लगता है। उत्कृष्टता का ज़ोन हमें आराम की आदत में बाँध लेता है। हमारा परिवार, दोस्त और सहकर्मी भी चाहते हैं कि हम इसी ज़ोन में रहें क्योंकि उन्हें इससे फायदा होता है। अगर आप इस ज़ोन में हैं, तो आपको भरोसेमंद माना जाता है और जो लोग आपके आसपास हैं, उनकी प्रतिभा को पंख देने में आप मददगार साबित होते हैं।

लेकिन अगर आप इस ज़ोन से बाहर निकलना चाहें, तो कुछ लोगों को आपकी तरक्की से समस्या हो सकती है क्योंकि इससे उनकी दुनिया बदलती है। जब मैंने अपना मार्केटिंग करियर छोड़ा, जिसमें मैं अच्छा कर रही थी लेकिन गहन मानसिक थकान महसूस करती थी तो कई लोगों को मेरा फैसला पसंद नहीं आया। एक स्टार्टअप के लिए काम करते समय, जब मैंने महीनों पहले नोटिस देकर विदाई ली, तो उसके फाउंडर ने मुझसे कभी दोबारा बात नहीं की। क्योंकि मेरी उत्कृष्टता उसकी स्वाभाविक प्रतिभा को सहारा देती थी। वह मुझसे इतना नाराज़ हुआ कि मुझे लगा मैं अपनी स्वाभाविक प्रतिभा को छोड़ दूँ ताकि वह मुझसे निराश न हो।

उत्कृष्टता के इस ज़ोन में टिके रहने में समस्या ये है कि यह हमें अपने सच्चे अस्तित्व से काट देता है। मेरे अधिकांश क्लाइंट तभी मेरे पास आते हैं, जब वे सफल तो होते हैं लेकिन अंदर से खालीपन महसूस करते हैं, जैसे जीवन में कुछ

अधूरा हो। वे पूरी तरह सजीव महसूस नहीं करते। इतनी मेहनत करने के बाद भी अगर संतोष न मिले, तो वह कष्टदायी महत्वाकांक्षा बन जाती है। इस ज़ोन में टिके रहने के चलते ही हम गलाकाट प्रतिस्पर्धा में पड़ जाते हैं और हमेशा जीतने की होड़ में लगे रहते हैं। यह रवैया हमें उन चीज़ों में भी प्रतिस्पर्धी बना देता है, जहाँ प्रतिस्पर्धा की कोई जरूरत नहीं है। जबकि वास्तव में हम सभी अपनी-अपनी गति से, अपनी प्रतिभा के ज़रिए दुनिया को बेहतर बना सकते हैं।

उत्कृष्टता से असाधारणता की ओर बढ़ना यानी अपने कम्फर्ट ज़ोन से बाहर आना। जहाँ हम सहज होते हैं, चीज़ें जानी-पहचानी होती हैं और जवाबदेही कम होती है, वहाँ से निकलना डरावना होता है। लेकिन वहीं टिके रहने से भी हमें विकसित होने में कोई मदद नहीं मिलती। असाधारण ज़ोन को अपनाने का अर्थ है कि बदलाव की इच्छा, आराम के मोह से ज़्यादा बड़ी होनी चाहिए। अक्सर यह हमारे भीतर की वह पवित्र आवाज़ होती है, जो कहती है, ''अगर आपने मुझे पनपने न दिया, तो मैं मुरझा जाऊँगी'' और वही आवाज़ हमें बदलाव की ओर ले जाती है। और कभी-कभी यह आवाज़ नहीं बल्कि जीवन की परिस्थितियाँ हमें धक्का देती हैं, जैसे नौकरी छूटना, बीमारी आना, अवसरों की कमी होना या जीवन में कोई बड़ा मोड़ आना।

यहाँ मैं एक बात स्पष्ट कर दूँ: मैं यह नहीं कह रही कि आप अपनी उत्कृष्टता को एकदम से छोड़ दें। न ही मैं ये कह रही हूँ कि आप यह सब रातोंरात कर डालें। यह असुरक्षित और डरावना लग सकता है क्योंकि हमने इसी ज़ोन में रहकर जीवनयापन किया है। इसलिए इस ज़ोन से बाहर निकलने की प्रक्रिया को धीरे-धीरे ही अपनाना होगा।

(कार्ल रोहन्के के जोन मॉडल पर आधारित।)

अभ्यास: अपनी उत्कृष्ट क्षमताओं की पहचान करें
१. वे कौन-सी चीज़ें हैं, जिनमें आप वाकई बहुत अच्छे हैं और जिनके लिए आपने पढ़ाई या मेहनत की है?
२. लोग अक्सर आपकी किस चीज़ के लिए तारीफ करते हैं? (उत्कृष्ट क्षमताएँ अक्सर दूसरों के लिए उपयोगी होती हैं इसलिए उनकी सराहना होती है।)
३. वे कौन-से क्षेत्र हैं, जिनमें आपने वर्षों मेहनत की है और शायद '१०,००० घंटे' भी पूरे किए हैं?
४. आप ऐसा क्या योगदान देते हैं, जो बहुत उत्कृष्ट होता है लेकिन उसे करने में आपकी बहुत ऊर्जा भी खर्च होती है?

असाधारण का ज़ोन

जब आप अपने असाधारण ज़ोन में होते हैं, तो अपनी जन्मजात क्षमताओं पर टिके होते हैं। इस काम में आपको स्वाभाविक रूप से 'फ्लो' की स्थिति मिलती है। आप मज़बूत, उत्साहित और ऊर्जा से भरा हुआ महसूस करते हैं, जैसे यह काम आप अनगिनत समय तक बिना थके कर सकते हैं। आप पूरी तरह डूब जाते हैं और अपनी पूरी प्रतिभा का उपयोग करते हैं। कोई और व्यक्ति ठीक उसी तरह वह काम नहीं कर सकता, जैसे आप करते हैं।

असाधारण प्रतिभाएँ जितनी विविध होती हैं, उतनी ही अनोखी भी होती हैं। नीचे मेरे कुछ क्लाइंट्स की असाधारण क्षमताओं के उदाहरण दिए गए हैं। देखिए, क्या आप इनमें से किसी से जुड़ाव महसूस करते हैं:

- समूह का संचालन करना
- माहौल को समझ लेना
- प्रेरणादायक भाषण देना
- बिक्री करना
- मेडिटेशन लेखन और रिकॉर्ड करना
- लोगों से जुड़ना
- लोगों में अच्छाई देखना
- जटिल विचारों को सरल बनाना

- लेखन
- शोध
- व्यवस्थापन
- सौदेबाज़ी करना
- विवेकपूर्ण निर्णय लेना
- विपणन
- सहानुभूतिपूर्ण नेतृत्व
- चिकित्सीय निदान
- अपनापन और नज़दीकी पैदा करना
- पोषक वातावरण की रचना करना
- प्रतिभा को तराशना
- पिचिंग
- परियोजना प्रबंधन
- भरोसा बनाना

जैसा कि आप देख सकते हैं, ये प्रतिभाएँ ''हार्ड स्किल्स'' (सीखने योग्य, मापने योग्य क्षमताएँ) और ''पावर स्किल्स'' (औपचारिक रूप से ''सॉट स्किल्स'' कहे जानेवाले गुण, जो हमारी संवेदनशीलता और प्रदर्शन को बढ़ाती हैं, जैसे गहन भावनात्मक समझ) दोनों का मिश्रण हो सकती हैं। ज़ाहिर है, जो किसी के लिए असाधारण हो, वह किसी और के लिए ''ईह'' भी हो सकता है।

योग दर्शन में यह भी माना जाता है कि हमारी प्रतिभा, जो एक उपहार है, अक्सर हमारी किसी चोट के साथ जुड़ी होती है। जैसा कि स्टीफन कोप कहते हैं:

> ये दोनों एक साथ जन्म लेते हैं, जैसे जुड़वाँ हों। इसका अर्थ है कि हममें से बहुत से लोग अपनी असली प्रतिभा को अपने संघर्ष, पीड़ा और कठिनाई के बीच ही खोजते हैं। पूर्वी ध्यान परंपराएँ इसे कुछ इस तरह व्यक्त करती हैं, हमारी प्रतिभा उस कमल की तरह है जो कीचड़ से जन्म लेती है।

अगर मैंने अपने जीवन में कीचड़ (यानी कष्ट और समस्याएँ) भरे क्षण अनुभव नहीं किए होते, तो मैं कभी अपनी सबसे गहरी प्रतिभाओं को न पहचान पाती। सालों

पहले, जब मैं मार्केटिंग में काम करती थी और नई नौकरी की तलाश कर रही थी, तब मैंने लगभग बीस इंटरव्यू दिए और कुछ भी सटीक नहीं बैठा। कुछ प्रस्ताव मिले लेकिन वे संतोषजनक नहीं थे। कुछ मौकों पर मैं उनकी ''दूसरी पसंद'' बनी और कुछ अनुभव तो सचमुच अपमानजनक थे। उस समय मैं न्यूयॉर्क में ईस्ट रिवर के पास ३४वीं स्ट्रीट पर रहती थी। हर सुबह जब मैं अपने इंटरव्यू के लिए बिजनेस-सूट पहनकर निकलती, तो उस जगमगाती नदी को देखकर मन में उम्मीद बंधती कि आज कुछ अच्छा होगा। और फिर दिनभर अजीबो-गरीब बातचीतों का सामना करने के बाद, रोज रात को मैं अपने घर की खिड़की पर बैठती और रोती। मेरी आँखों से इतने आँसू गिरते कि मेरी जैकेट भीग जाती और मैं ईश्वर से मदद की गुहार लगाती रहती।

एक दिन, एक और निराशाजनक इंटरव्यू के बाद, मैंने मज़ाक में अपनी रूममेट विक्टोरिया से कहा, ''शायद मुझे यही काम करना चाहिए, लोगों के करियर बदलने के निर्णय को कम कष्टदायी बनाना!'' मुझे नहीं पता था कि मैं ये कैसे करूँगी लेकिन हर मज़ाक में एक सच्चाई छुपी होती है। मेरा कहने का मतलब ये है कि अगर मैं उस गहरी पीड़ा से न गुज़रती, तो मैं अपनी असली और जन्मजात क्षमताओं को कभी नहीं पहचान पाती – जो आज मुझे यहाँ तक ले आईं।

हालाँकि ये क्षमताएँ (जो अक्सर कष्ट रूपी कीचड़ से पैदा होती हैं) जन्मजात होती हैं, फिर भी अक्सर यह भ्रम होता है कि क्या हमें इन पर मेहनत करनी पड़ती है। मैं स्पष्ट कर देना चाहती हूँ कि हमें अपनी हर प्रतिभा को निखारना पड़ता है। एक बच्चा संगीत में जन्मजात रुचि के साथ पैदा हो सकता है लेकिन अगर वह अभ्यास नहीं करेगा, तो वह उसमें महारत हासिल नहीं कर पाएगा। मैं एक जन्मजात कोच हो सकती हूँ लेकिन मैं यहीं नहीं रुक सकती, मैं लगातार सीखती हूँ, अभ्यास करती हूँ और नई-नई विधियाँ आजमाती हूँ ताकि इस क्षेत्र में और गहराई तक जा सकूँ।

हर रोज पूरा-पूरा दिन अपने असाधारण ज़ोन में रहना सिर्फ किस्मतवालों को ही नसीब होता है। सच तो ये है, मैं ऐसे किसी व्यक्ति को नहीं जानती जो ऐसा कर पाता हो। असल में ज़्यादातर लोग एकदम से 'शून्य से सौ' नहीं जा सकते क्योंकि हमारे कार्यस्थल और जीवन की संरचना इसकी अनुमति नहीं देती। लक्ष्य यह है कि हर दिन अपने असाधारण कौशल के थोड़ा और करीब पहुँचा जाए ताकि हम अधिक संतुष्टि और पूर्णता का अनुभव कर सकें। गे हेन्ड्रिक्स के अनुसार, इसका

एक तरीका ये है कि हम हर दिन अपने 'जीनियस' या स्वाभाविक प्रतिभाओं के लिए दस मिनट का समय निकालें। यह कुछ भी हो सकता है, डायरी लिखना, पेंटिंग की आदत शुरू करना या अपने उपहार से जुड़ी दस मिनट की कोई छोटी पेशकश करना। एक बार जब यह आदत बन जाए, तो फिर समय बढ़ाकर पंद्रह मिनट कर दें। धीरे-धीरे, समय के साथ, संतुलन बदलेगा और हम अपना ज़्यादातर समय वही करने में लगाएँगे, जो हम सबसे अच्छा करते हैं। जब आप जीवन के इन उपहारों यानी अपनी प्रतिभाओं के साथ अधिक समय बिताते हैं, तो शायद अपनी भूमिका बदलने या किसी नई दिशा में जाने के बारे में सोचें। जैसा कि पहले कहा, ऐसा करना हमेशा मनोवैज्ञानिक रूप से सुरक्षित महसूस नहीं होता इसलिए शुरुआत छोटे कदमों से करें। हो सकता है, पहले आप उस क्षेत्र में स्वयंसेवक बनें। फिर धीरे-धीरे आत्मविश्वास बढ़े और आप कोई साइड-प्रोजेक्ट शुरू करें। आप इस पर जितना समय देंगे, उतना ही मजबूत होते जाएँगे और धीरे-धीरे अपने जीवन का बड़ा हिस्सा उसी में लगा पाएँगे।

जब आप उन चीजों को छोड़ने की सोचते हैं, जो आपके काम नहीं आ रहीं और उन्हें अपनाते हैं, जो काम आ सकती हैं, तो यह भी सोचिए कि उनका आपके परिवार, समुदाय और दुनिया पर कैसा असर पड़ेगा। यह सिर्फ आपके लिए नहीं है (हालाँकि ये कारण भी अपने आपमें काफी है) बल्कि उन सबके लिए है, जिन्हें हमेशा दबाया गया है या जिन्हें अब तक अपने असली स्वरूप को छिपाकर जीना पड़ा है।

सोचिए अगर सेरेना विलियम्स ने कभी टेनिस कोर्ट पर अपनी प्रतिभा न दिखाई होती?

अगर बेट्टी व्हाइट ने कभी अपनी हास्य-प्रतिभा की अभिव्यक्ति न की होती?

अगर बियॉन्से ने कभी माइक न उठाया होता और हमारे दिलों में अपनी जगह न बनाई होती?

अगर मिस्टर रॉजर्स ने कभी बच्चों से जुड़ने का अपना जुनून दुनिया से साझा न किया होता?

तो हम एक बिलकुल अलग दुनिया में जी रहे होते। आपकी मुक्त महत्वाकांक्षा दूसरों को भी मुक्त होने की अनुमति देती है।

अभ्यास: अपनी असाधारण क्षमताओं की पहचान करें

१. आप कब सबसे ज़्यादा जीवंत और ऊर्जावान महसूस करते हैं? तब आप क्या कर रहे होते हैं? किस रूप में सामने आते हैं? कैसा महसूस करते हैं?

२. आपको 'फ्लो' की स्थिति कब महसूस होती है? ऐसा कब होता है कि आपको समय का भान नहीं रहता क्योंकि आप उस चीज़ में पूरी तरह डूबे होते हैं?

३. जब आप किसी कार्य या सामाजिक समूह में शामिल होते हैं, तो ऐसा क्या अनोखा योगदान देते हैं, जो पहले कोई नहीं दे रहा था?

४. लोग आपको अक्सर किस चीज़ के लिए खोजते हैं?

५. वे कौन-से क्षण हैं जब आपने किसी कठिन चुनौती को सहजता से सुलझाने की अपनी क्षमता से चौंका दिया हो?

६. अगर आप निश्चिंत नहीं हैं, तो अपने पाँच ऐसे दोस्तों से पूछें जो आपको सच में जानते हैं कि वे आपके अंदर कौन-सी प्रतिभा देखते हैं। (ध्यान रहे, सिर्फ वे दोस्त जो आपको असल में जानते हैं। क्योंकि कई बार लोग हमारे ऊपर अपनी धारणाएँ भी थोप देते हैं।)

अपने सबसे प्रभावशाली उपहारों की पहचान करें

अब तक आपको अपनी असाधारण क्षमताओं का अंदाज़ा हो गया होगा। ये जानकारी आपको अपने उद्देश्य की अभिव्यक्ति की दिशा दिखा सकती है और यह तय करने में मदद कर सकती है कि जीवन में अधिक पूर्णता महसूस करने के लिए आप अपना समय कैसे व्यतीत करना चाहेंगे। अब हम इन क्षमताओं को दो भागों में बाँटेंगे - एक जो आपको पसंद है और दूसरी जो पसंद नहीं हैं। क्योंकि अगर हम किसी चीज़ में अच्छे हैं, तो इसका मतलब यह नहीं कि हमें वह पसंद भी है। वास्तव में जिन चीज़ों में आप असाधारण प्रतिभा रखते हैं और जो आपको पसंद भी हैं, वहीं आप सबसे प्रभावशाली योगदान दे सकते हैं और वहीं से आप दुनिया पर सबसे बड़ा प्रभाव डाल सकते हैं।

नीचे की पंक्तियों में, अपने सभी क्षेत्रों (ईह, उत्कृष्ट, असाधारण) की क्षमताओं को दो कॉलम में बाँटिए, जो आपको पसंद हैं और जो पसंद नहीं हैं। ऐसा करने से

आप इसे इसकी पूर्णता में देख सकेंगे।

अब जब हमें पता है कि हमारी स्वाभाविक प्रतिभा कहाँ है और कहाँ नहीं, तो हमें अपने काम को सबसे प्रभावशाली प्रतिभाओं के इर्द-गिर्द डिजाइन करना है। और हाँ, कभी-कभी यह असंभव लग सकता है, मैं भी उस दौर से गुज़र चुकी हूँ! लक्ष्य यह है कि छोटी शुरुआत करें और हर दिन थोड़ा-थोड़ा आगे बढ़ें। मान लीजिए आप किसी बड़ी कंपनी के सेल्स प्रमुख हैं और आपकी सबसे असाधारण क्षमता है, लोगों से जुड़ना। लेकिन इस अभ्यास के ज़रिए आपने महसूस किया कि आप अपना अधिकतर समय रणनीतिक योजना में लगाते हैं, जो आपकी उत्कृष्ट क्षमता है।

मैं चाहूँगी कि आप कुछ ऐसे तरीकों की सूची बनाएँ, जिनसे आप अपने असाधारण कौशल लोगों से जुड़ने पर ज़्यादा समय दे सकें। साथ ही, यह भी पहचानें कि आप अपनी टीम के किसी सदस्य को रणनीतिक योजना में कैसे प्रशिक्षित कर सकते हैं ताकि वह जिम्मेदारी धीरे-धीरे आपके कंधों से उसके कंधों पर चली जाए। फिर, अपना कैलेंडर खोलिए और अगले कुछ हफ्तों के लिए हर दिन १० मिनट लोगों से जुड़ने के लिए निर्धारित करिए।

अभ्यास: अपनी असाधारण क्षमताओं की ओर आगे बढ़ें
१. जब आप अपना हफ्ते का कैलेंडर देखते हैं, तो अपना ज़्यादातर समय कहाँ और किन कामों में बिताते हैं? क्या वे कार्य आपकी असाधारण या उत्कृष्ट क्षमताओं के अंतर्गत आते हैं? २. वह क्या है, जिसमें आपका सबसे ज्यादा समय और ऊर्जा खर्च होती है और जो आपको आपके असाधारण या उत्कृष्ट क्षेत्र से बाहर रखती है? ३. आपकी सूची में कौन-सी ऐसी चीज़ें हैं, जो ''ईह'' जोन में आती हैं या जिन्हें आप पसंद नहीं करते, जिन्हें आप किसी और तरीके से करवाने के संसाधन जुटा सकते हैं? ४. अपनी तीन असाधारण क्षमताएँ चुनिए, जिन पर आप अधिक ध्यान देना चाहते हैं। अगले ९० दिनों में इन क्षमताओं को गहराई से विकसित करने की आपकी योजना क्या है? आप रोज़ाना सिर्फ १० मिनट से शुरुआत कैसे कर सकते हैं?

अपनी स्वाभाविक प्रतिभाओं का संयोजन करें

जब मैं अपने क्लाइंट्स से कहती हूँ कि वे अपनी स्वाभाविक प्रतिभाओं को पहचानें और उन्हें अपनाएँ, तो वे अक्सर कहते हैं, ''लेकिन और भी बहुत से लोग तो ऐसे विचारों का संयोजन कर सकते हैं/सेलो बजा सकते हैं/ऐसा कर सकते हैं/वैसा कर सकते हैं। ऐसे में क्या मेरी प्रतिभा वाकई खास है?''

सबसे पहले तो, हाँ, आपकी प्रतिभा वाकई खास है। लेकिन दूसरा, आपकी जन्मजात क्षमता और ज़्यादा प्रभावशाली तब बनती है जब आप उसे अपनी अन्य क्षमताओं के साथ मिलाते हैं।

''मेरी क्लाइंट रीमा इसका सुंदर उदाहरण है। वे एक प्रशिक्षित नर्स थीं जो बाद में इंटीरियर डिज़ाइन में माहिर बन गईं। उनकी एक असाधारण क्षमता थी, पोषणकारी जगहें बनाना। उन्होंने यह स्वास्थ्य सेवा में भी किया और अपने इंटीरियर डिज़ाइन के काम में भी। लेकिन उन्होंने यहीं पर रुकने की बजाय अपने अंदर के ऊर्जा आधारित उपहारों को भी संयोजित किया, जैसे रेकी, ज्योतिष और फेंग शुई। उन्होंने इन सभी को मिलाकर एक नई पेशकश तैयार की ज्यूपिटर मेथड।

ज्यूपिटर मेथड ऐसी चीज़ थी, जिसके बारे में लोगों ने पहले कभी सुना भी नहीं था। रीमा पहले आपके, फिर आपके परिवार के ज्योतिषीय चार्ट को पढ़ती थीं, फिर फेंग शुई और इंटीरियर डिजाइन की सहायता से ऐसा स्थान बनाती थीं, जो आपके उच्चतम विकास में सहायक हो सके।

जब हम अपनी सारी स्वाभाविक प्रतिभाओं को संयोजित करते हैं, तब वे सब मिलकर एक अनोखी पेशकश का रूप ले लेती हैं, जिसके साथ कोई प्रतिस्पर्धा नहीं हो सकती क्योंकि तब हम पूरी तरह वह होते हैं, जो हम सचमुच हैं।

बहुत बढ़िया! लेकिन ऐसी चीज़ें तो बहुत से लोग करते हैं। शायद आपका एक और उपहार यह है कि आप ऐसे अनुभव-आधारित आयोजन कर सकते हैं, जो लोगों को भीतर से रूपांतरित कर दें और तीसरा उपहार हो सकता है, कहानियाँ कहने की कला। इन उपहारों को ''प्रतिभा-संयोजन'' के ज़रिए एक साथ लाना कुछ इस तरह लग सकता है, जैसे ज्योतिषीय घटनाओं के इर्द-गिर्द डिज़ाइन किए गए गहनतम अनुभवों की एक ऐसी श्रृंखला की रचना करना, जो हमारे समय की कहानी को बयाँ करे। तो देखा आपने, अब ये बात कितनी अधिक रोचक और बहुआयामी हो गई? जब हम अपने भीतर के सारे सुंदर हिस्सों को एक साथ रखते हैं, तो हम

गहराई से भरी हुई एक समग्रता रच देते हैं।

प्रतिभा-संयोजन करते समय, अपने जीवन के अनुभवों को भी उपयोग में लाना मददगार होता है। मैंने पहले भी कहा था कि हमारा उपहार अक्सर किसी चोट के साथ जुड़ा होता है या यह कि कैसे हम अपने संघर्षों के माध्यम से अपने उपहारों को उजागर कर सकते हैं। अगर मैं बीमार नहीं पड़ी होती, तो शायद मैं अपने प्रशिक्षण सत्रों के लिए ऐसा पाठ्यक्रम कभी नहीं बना पाती जो लोगों के शरीर, मन और करियर को सच्चे अर्थों में सम्मान देता है। ज़रा सोचिए, आपके अद्वितीय जीवन अनुभवों ने आपको कौन-से ऐसे सबक सिखाए हैं, जो शायद सबको पता नहीं हैं और कैसे आप उन सबकों को अपनी प्रतिभा के साथ जोड़कर कोई क्रांतिकारी चीज़ रच सकते हैं? संभव है कि अभी भी आप अपनी जिंदगी में कुछ उपकरणों और विधियों का सम्मिलन कर रहे हों। एक ऐसी जिंदगी, जो उद्देश्यपूर्ण महत्वाकांक्षा से भरी हो, वह वही है जिसमें हम अपनी सारी प्रतिभाओं को प्रकट करते हैं।

अभ्यास: स्वाभाविक प्रतिभाओं से संयोजित जीवन बनाना

१. आपकी वे कौन-कौन सी प्रतिभाएँ हैं, जिन्हें आप सबसे ज़्यादा साझा करना और प्रकट करना पसंद करते हो?

२. आप अपनी इन प्रतिभाओं को एक साथ जोड़कर ऐसा क्या बना सकते हैं, जो पूरी तरह से आपकी अद्वितीय अभिव्यक्ति हो?

३. आपके जीवन अनुभवों ने आपको ऐसा क्या सिखाया है, जो शायद दूसरों को अभी न पता हो? और आप उसे अपनी प्रतिभा के साथ कैसे जोड़ सकते हैं?

४. ऐसी कौन-सी चीज़ें हैं, जिन्हें बाकी लोग एक साथ संयोजित करके नहीं रख रहे लेकिन आप स्वाभाविक रूप से उन्हें अपने जीवन में संयोजित करते हैं?

५. ऐसे कौन-कौन से विशिष्ट माध्यम या संदर्भ हैं, जिनके ज़रिए आप अपनी प्रतिभाओं को एक साथ लाकर एक स्वामित्वपूर्ण रूप में प्रकट कर सकते हैं?

स्वाभाविक प्रतिभा का लोकतंत्रीकरण

दुर्भाग्यवश, हर किसी को ऐसा नहीं लगता कि उसे अपनी स्वाभाविक प्रतिभा

को अपनाने की अनुमति है। क्योंकि सदियों से हमें यह कहानी बेची गई है कि कौन प्रतिभाशाली हो सकता है और कौन नहीं। उदाहरण के लिए 2018 की प्यू रिसर्च की एक स्टडी में प्रतिभागियों ने ''सशक्त'', ''नेतृत्व'' और ''महत्त्वाकांक्षा'' जैसे शब्दों को महिलाओं की तुलना में पुरुषों के लिए अधिक सकारात्मक रूप में देखा, जबकि ''करुणाशील'' और ''सहानुभूतिपूर्ण'' जैसे शब्दों को महिलाओं के लिए सकारात्मक और पुरुषों के लिए नकारात्मक गुण माना गया। और Ratemyprofessor.com की समीक्षाओं के विश्लेषण से यह पता चला कि अश्वेत और महिला प्रोफेसरों को उनके श्वेत पुरुष समकक्षों की तुलना में कम बार ''प्रतिभाशाली'' माना गया। कोई आश्चर्य नहीं कि हम अपने कुछ उपहारों को यूँ ही त्याग देते हैं क्योंकि हम एक ऐसे समाज में रहते हैं, जहाँ हमें बताया जाता है कि कुछ गुण तभी मायने रखते हैं जब वे ''सही'' व्यक्ति में प्रकट हों, यानी श्वेत और अमीर पुरुषों में। परिणामस्वरूप, हममें से कई लोग अपने काम से पूरी तरह कटे हुए और असंबद्ध महसूस करते हैं और अपने होने के अधिकार पर ही सवाल करने लगते हैं। हमें अपने प्रतिभाशाली रूप को अपनाने में आत्मविश्वास की कमी महसूस होती है और यह एक उल्टी धारा में तैरने जैसा लगता है। (यही है महत्वाकांक्षा का जाल।)

यह सिर्फ व्यक्तियों के स्तर पर ही नहीं होता। इसे हम अपनी संस्कृतियों में भी होते हुए देखते हैं। ज़रा दिवंगत इराकी वास्तुकार ज़ाहा हदीद को ही देखिए, जिन्हें उनके भविष्यवादी डिज़ाइनों के कारण ''कर्व क्वीन'' कहा गया (उनकी डिजाइनों को लंबे समय तक अव्यवहारिक कहा जाता रहा क्योंकि इंजीनियर उनकी कल्पना की गति से मेल नहीं खा पा रहे थे)। 2004 में, हदीद ऐसी पहली महिला बनीं, जिन्हें प्रतिष्ठित प्रित्ज़कर आर्किटेक्चर अवॉर्ड मिला, जो ऐसे जीवित वास्तुकारों को दिया जाता है, जिन्होंने इस क्षेत्र में महत्वपूर्ण योगदान दिया हो। हदीद की जीत के बाद पाँच और महिला वास्तुकारों को भी यह सम्मान मिल चुका है। लेकिन हदीद की जीत का मीडिया कवरेज बहुत उत्साहपूर्ण नहीं रहा। मीडिया ने उन्हें ''डीवा'' कहकर पुकारा और सार्वजनिक रूप से उनका मनोविश्लेषण करने की कोशिश की। न्यूयॉर्क टाइम्स के एक लेख में लिखा गया, ''मिस हदीद को हाल ही में ऐसे ग्राहक मिले हैं, जो उन्हें 'मुश्किल' कहे जाने की उनकी छवि से परे देख सकें।'' यह उसी तरह की बातें हैं, जो रंग-भेद झेलनेवाली महत्वाकांक्षी महिलाओं के बारे में हम अक्सर सुनते हैं। उन्हें एक ही साँस में ऊँचा भी उठाया जाता है और नीचे भी गिरा दिया जाता है।

यहाँ तक कि जिस तरह से हम ''प्रतिभा'' को परिभाषित करते हैं, वह भी पूर्वग्रह से भरा हुआ है। कुछ साल पहले, मैं एक कार्यशाला आयोजित कर रही थी और बता रही थी कि स्वाभाविक प्रतिभा, बुद्धिमत्ता और उपहार समानार्थी शब्द हैं (इसीलिए इस पुस्तक में उन्हें एक-दूसरे के स्थान पर प्रयोग किया गया है), तभी एक प्रतिभागी ने हाथ उठाया। उसने कहा, ''लेकिन प्रतिभा तो अलग है क्योंकि यह मात्रात्मक रूप से मापी जा सकती है।'' यही तो हमें हमेशा से बताया गया है। आखिर आईक्यू टेस्ट इसी के लिए तो होते हैं। लेकिन आईक्यू मापदंड और मानकीकृत परीक्षाएँ सामान्यत:, इस विचार पर आधारित हैं कि हमारी बुद्धिमत्ता एक वस्तुनिष्ठ संख्यात्मक चरण है और ये इस पर निर्भर है कि शिक्षक नस्ल और संस्कृति के आधार पर छात्रों के प्रति निष्पक्ष हों। (दुर्भाग्यवश, आँकड़े बताते हैं कि अक्सर ऐसा नहीं होता और शिक्षकों में रंगभेद झेलनेवाले छात्रों के प्रति अधिक अवचेतन पूर्वग्रह होता है।) हम जानते हैं कि आईक्यू टेस्ट में बुद्धिमत्ता से अधिक यह मापते हैं कि छात्र परीक्षण के दौरान कितने प्रेरित हैं। अत: हमारी प्रतिभा के लिए कोई सार्वभौमिक मापदंड नहीं हो सकता क्योंकि उसके किसी एक रूप को किसी दूसरे से बेहतर नहीं कहा जा सकता।

दुर्भाग्यवश, केवल प्रभुत्वशाली पहचानवाले ही यह संदेश नहीं फैलाते कि प्रतिभा कुछ चुनिंदा लोगों के लिए है। पितृसत्ता के तहत, महिलाएँ भी इसे मानने लगी हैं। उदाहरण के लिए, 2015 के एक अध्ययन में, 87 प्रतिशत महिला प्रतिभागियों ने उत्तर दिया कि स्वाभाविक प्रतिभा (जीनियसनेस) सामान्यत: पुरुषों में ही होती है। अन्य अध्ययनों से पता चला है कि छह वर्ष की उम्र की लड़कियाँ भी बुद्धिमत्ता को पुरुषों से जुड़ा गुण मानने लगती हैं। और ये विचार बहुत पहले से चले आ रहे हैं। वास्तव में, यूनानी काल से ही प्रतिभा को परंपरा अनुसार पुरुष के रूप में परिभाषित किया गया है और इसकी जड़ें प्राचीन रोम तक जाती हैं। साहित्य और इतिहास की किताबें हमें बताती हैं कि प्रतिभा कई प्रकार के पुरुषों में हो सकती है, लेकिन वह हमेशा एक ''नायक'' होती है, कभी ''नायिका'' नहीं।

इन सभी बातों का परिणाम यह होता है कि ''प्रतिभा'' के इर्द-गिर्द एक कृत्रिम अभाव की भावना बन जाती है, जहाँ हम मानने लगते हैं कि कुछ ही लोग इसे हासिल कर सकते हैं और इसीलिए खुद को योग्य साबित करने के लिए हम और अधिक मेहनत करते हैं। यह रवैया हमारी कार्य-संस्कृति पर गहरा असर डालता है, जिसमें टॉक्सिक विजनरी का उदय भी शामिल है। टॉक्सिक विजनरी वह नेता

होता है, जिसे उसकी प्रतिभा के लिए इतना सराहा जाता है कि हम उसके बुरे और अमानवीय व्यवहार को भी नज़रअंदाज़ कर देते हैं।

उदाहरण के लिए जब मैं यह पुस्तक लिख रही थी, उस समय न्यूज में कुख्यात एफटीएक्स घोटाले की चर्चा थी। एफटीएक्स, जो एक समय दुनिया का सबसे बड़ा क्रिप्टो करेंसी एक्सचेंज हुआ करता था, उसकी स्थापना सैम बैंकमैन-फ्राइड नामक व्यक्ति ने की थी। बैंकमैन-फ्राइड को ''बॉय वंडर ऑफ क्रिप्टो'' कहा गया क्योंकि उसने दुनिया के सबसे बड़े क्रिप्टो एक्सचेंजों में से एक की स्थापना की और इतिहास में सबसे तेज़ी से धन अर्जित करनेवालों गें शामिल हुआ। कथित तौर पर, एक वेंचर कैपिटल फर्म की पिच मीटिंग में, बैंकमैन-फ्राइड को ''लीग ऑफ़ लीजेंड्स'' खेलते हुए पकड़ा गया लेकिन यह समूह उसके इस निरंकुश व्यवहार से ही इतना प्रभावित हुआ कि उन्होंने उसका वेंचर फंड कर दिया। क्या आप कभी कल्पना कर सकते हैं कि कोई महिला या रंग-भेद झेलनेवाला व्यक्ति इतनी धृष्टता करने के बावजूद भी पूँजी प्राप्त कर ले? अंततः, बैंकमैन-फ्राइड को धोखाधड़ी के लिए गिरफ्तार किया गया। उसकी कंपनी का व्यापार मॉडल ऐसे जोखिमभरे लेन-देन पर आधारित था, जो अमेरिका में कानूनी नहीं था। जबकि यह एक समय ३२ अरब डॉलर का वैश्विक साम्राज्य था। एफटीएक्स अंततः धराशायी हो गया और दिवालिया घोषित हुआ।

शक्तिशाली संस्थाओं द्वारा टॉक्सिक विजनरी व्यवहार को बढ़ावा देना, बाकी लोगों के लिए महत्वाकांक्षा के साथ एक स्वस्थ संबंध बनाने को और कठिन बना देता है। अगर हम यह सच्चाई स्वीकार करें कि हम सभी में स्वाभाविक प्रतिभा होती है, तो जो लोग इस शक्ति का दुरुपयोग करते हैं, वे इसे अपनी गलतियों को छिपाने के लिए इस्तेमाल नहीं कर सकेंगे। यही कारण है कि अपने उपहारों को उजागर करना उद्देश्यपूर्ण महत्वाकांक्षा के साथ संतुलन बिठाने का सबसे कारगर रास्ता है। जब हम यह याद दिलाते हैं कि हम सभी के पास कोई न कोई स्वाभाविक प्रतिभा है, तो हम हाईरार्की यानी पदानुक्रम के मिथक को तोड़ते हैं। हममें से कुछ को यह सिखाया गया कि किसी विशेष उपहार को अपनाना उन्हें दूसरों से बेहतर बना देता है। कुछ परिवारों में गणित में अच्छा होना, लेखन में अच्छा होने से बेहतर माना जाता है। या शिक्षक होना, व्यवसायी होने से बेहतर माना जाता है। इनमें से कोई भी बात सार्वभौमिक रूप से सत्य नहीं है। हमारे पास कोई भी सच्चे उपहार होना अपने-आपमें जादुई है। और जब हम सब अपने-अपने उपहारों को याद करते हैं, तो हम किसी और के मनमाने मापदंड के अनुसार श्रेष्ठ बनने के लिए नहीं लड़ते।

फिर हम अपने अनोखे योगदान के वैभव में रहते हैं और दूसरों के साथ उस योगदान के परस्पर संबंध को समझते हैं। हम सभी के लिए उद्देश्यपूर्ण महत्वाकांक्षा में जीना यही है। जब हम सभी अपने-अपने सच्चे उपहारों को पूर्णता से अपनाते हैं, तो कोई प्रतिस्पर्धा बाकी नहीं रहती।

आपको इस आत्मविश्वास की ज़रूरत है

अपनी प्रतिभा को अपनाने और उसके अनुसार जीने के लिए एक खास स्तर के आत्मविश्वास की ज़रूरत होती है। हो सकता है कि आप एक बेहतरीन लेखक हों लेकिन फिर भी शायद आपको सबस्टैक शुरू करना डरावना लगे। क्योंकि सबस्टैक शुरू करने का अर्थ होगा कि आप अपना काम सार्वजनिक रूप से साझा कर रहे हैं और दूसरों के द्वारा अपनी आलोचना किए जाने का द्वार खोल रहे हैं। साथ ही, आपको शायद यह भी न पता हो कि इससे तुरंत कमाई कैसे होगी। इसके अलावा, हो सकता है कि ऐसा करने का मतलब हो कि आप अपनी पुरानी नौकरी छोड़ दें और खुद पर दाँव लगाएँ, जिससे कुछ लोगों को निराशा भी हो सकती है। लेकिन अच्छी बात यह है कि जब हम अपनी प्रतिभा के क्षेत्र में समय बिताते हैं, तो हमारा आत्मविश्वास बढ़ता है। जैसे जिम में बार-बार अभ्यास करने से मांसपेशियाँ मज़बूत होती हैं, वैसे ही हमारी आत्मिक ताकत भी हर बार थोड़ी और मजबूत हो जाती है।

तो फिर हम इतना आत्मविश्वास कैसे जुटाएँ कि अपनी असाधारण क्षमताओं को अपनाकर जी सकें? मुझे लेखिका, शिक्षिका और सामाजिक कार्यकर्ता ब्रिटनी पैकनेट कनिंघम की एक सलाह बहुत पसंद है। उनके अनुसार, आत्मविश्वास के लिए तीन चीज़ें चाहिए होती हैं: अनुमति, समुदाय और जिज्ञासा। आत्मविश्वास तभी पनपता है जब हम उसे होने की अनुमति देते हैं। समुदाय वह सबसे सुरक्षित जगह है जहाँ हम उसे सींच सकते हैं। और जिज्ञासा उसे बनाए रखती है, हमें लगातार सीखने और खोजते रहने के लिए प्रेरित करती है।

मैं इससे पूरी तरह सहमत हूँ। अगर हम किसी ऐसी जगह पर आत्मविश्वास आज़माने की कोशिश करें जहाँ हमें ऐसा करने की ''अनुमति'' नहीं मिलती, तो हम शुरू होने से पहले ही रुक जाते हैं। लेकिन अगर हम अपनी तीनों E यानी Eh, Excellent, Exceptional की क्षमताओं को समुदाय के भीतर और जिज्ञासा की दृष्टि से खोजें, तो हम खुद को सीखने, खेलने और नई चीज़ें आज़माने का मौका देते हैं, ठीक वैसे ही जैसे बचपन में दिया करते थे। मसलन, जब मेरे क्लाइंट अपनी असाधारण क्षमताओं को आज़मा रहे होते हैं, तो मैं उन्हें यह सलाह देती हूँ

कि सबसे पहले वे उन्हें ऐसे समुदायों में साझा करें, जहाँ वे सुरक्षित महसूस करते हों। हो सकता है आपके कुछ दोस्त हों, जिनके साथ आप अपनी योग शिक्षा का अभ्यास कर सकें। या फिर आप अपनी मेडिटेशन कम्युनिटी के सामने एक छोटी-सी बात रख सकते हैं, इससे पहले कि आप उसे TED के मंच पर पेश करें। या फिर, मेरी तरह, आप अपने उन पुराने साथियों को कोचिंग देने के लिए वॉलंटियर कर सकते हैं, जो आपको जानते हैं, पसंद करते हैं और आप पर विश्वास करते हैं ताकि आपको सुरक्षित फीडबैक मिल सके। सोचिए, आपके आसपास ऐसे कौन से छोटे समुदाय हैं और आप उन्हें अपनी प्रतिभा के अभ्यास के लिए कैसे इस्तेमाल कर सकते हैं?

जब हम अपनी सारी स्वाभाविक प्रतिभाओं के अनुसार जीते हैं, तब हमारा आत्मविश्वास, हमारा योगदान और हमारी महत्वाकांक्षा, तीनों ही कहीं ज़्यादा गहराई और विस्तार हासिल कर लेती हैं। यह स्वीकार करना कि आपके पास कई असाधारण क्षमताएँ हैं, आपको अपनी पूरी शक्ति से काम करने की अनुमति देता है, जिससे आप ज़्यादा प्रभावशाली बनते हैं। तब जीवन एक असीम संभावनाओं वाला स्थान बन जाता है। लेकिन उस प्रभाव को स्थायी बनाए रखने के लिए हमें अपनी ज़रूरतों का सम्मान करना होता है। और अब हम उसी पर गहराई से उतरने जा रहे हैं।

अध्याय का सारांश

- हम सभी में असाधारण क्षमताएँ होती हैं, जो इस इंतज़ार में हैं कि हम उन्हें दुनिया के सामने उजागर करें। यह सोच कि जीनियसनेस यानी स्वाभाविक प्रतिभा कुछ चुनिंदा लोगों में ही होती है या उसे अंकों में मापा जा सकता है - यह एक पितृसत्तात्मक मिथक है।
- जिन चीज़ों को आप स्वाभाविक रूप से अच्छी तरह कर लेते हैं, उन्हें स्वीकार कीजिए। हम अक्सर उन्हें महत्वहीन मानते हैं, जबकि आपका असली जादू उन्हीं में छिपा होता है।
- अपनी तीनों E यानी Eh, Excellent और Exceptional क्षमताओं को पहचानिए और फिर अपने काम को अपनी प्रतिभाओं के अनुसार डिज़ाइन कीजिए। शुरुआत सिर्फ दस अतिरिक्त मिनटों से कीजिए और फिर देखिए क्या होता है।

- अपनी असाधारण प्रतिभा की ओर बढ़ना मानसिक सुरक्षा और आत्मविश्वास की माँग करता है। यह बदलाव अक्सर रातोंरात नहीं होता, हालाँकि कभी-कभी ऐसा हो भी सकता है। यह आत्मविश्वास समुदाय के भीतर बनता है।
- अपनी प्रतिभाओं के अलग-अलग रूपों का संयोजन कीजिए ताकि आप अपने सबसे अनोखे स्वरूप को सामने ला सकें।

अध्याय ६

अपनी जरूरतों को पूरा कीजिए

''आपको अपनी जरूरतें जताने का हक़ कमाने की आवश्यकता नहीं है।''

- केट नॉरथ्रप

अगर हमारी ज़रूरतें पूरी नहीं हो रही हों, तो हम अपनी महत्वाकांक्षा के साथ सही तालमेल नहीं बैठा सकते और न ही अपने उद्देश्य के अनुसार जी सकते हैं। हममें से ज़्यादातर लोगों के लिए, खासकर जो ऐतिहासिक रूप से उपेक्षित रहे हैं, उन्हें अपनी ज़रूरतों का सम्मान करना अजीब लगता है। हमें सिखाया गया है कि हमसे पहले बाकी सबकी बारी आती है और हमारी ज़रूरत सबसे कम अहमियत रखती है। लेकिन जैसा कि एक पुरानी कहावत है, ''खाली प्याले से किसी को पानी नहीं पिलाया जा सकता।'' भले ही आप अभी किसी को पानी न पिला रहे हों, फिर भी आपको अपनी ज़रूरतें जताने का और उन्हें पूरी कराने का हक़ कमाने की कोई आवश्यकता नहीं है। आपका प्याला भरा हो, ये आपका हक़ है।

मेरे क्लाइंट रायन को ये बात सीखने के लिए काफी कुछ झेलना पड़ा। वे दुनिया की सबसे बड़ी मीडिया कंपनियों में से एक के एचआर विभाग में काम करते थे और उनकी जिम्मेदारी थी, कंपनी के एम्प्लॉयी रिसोर्स ग्रुप्स को उनकी पहलों (उपक्रम) के लिए सही फंडिंग और सपोर्ट उपलब्ध कराना। एक न्यूरोडाइवर्जेंट, प्रवासी और रंगभेद का शिकार व्यक्ति होने के नाते, उनके लिए यह काम बेहद मायने रखता था। लेकिन जल्द ही इस भूमिका की भारी भावनात्मक माँगों ने उन पर असर डालना शुरू कर दिया।

रायन ने जल्द ही महसूस किया कि कंपनी के सभी रिसोर्स ग्रुप्स को बराबर फंडिंग नहीं मिल रही थी, जिससे कंपनी के भीतर असमानताएँ और गहरी हो रही थीं। लोग एक के बाद एक उनके पास आकर अपनी भड़ास निकालते या फिर भावनात्मक सहारा लेने आते। वे खुद को ऐसी स्थिति में पाते जहाँ वे इन समूहों के लिए वकालत करने के बावजूद उनकी ज़रूरतें पूरी नहीं कर पा रहे थे और फिर उन्हें

इसके नतीजों से भी निपटना पड़ता था। इसके अलावा वे कंपनी में संकट-प्रबंधन का काम भी करने लगे। इस तरह वे रोज़ाना १२ घंटे से भी ज़्यादा काम कर रहे थे। साथ ही वे दो छोटे बच्चों के पिता होने की जिम्मेदारी भी निभा रहे थे।

जब रायन मेरे पास आए, तो वे बहुत निराश थे और अपने मानसिक स्वास्थ्य को संभालने के लिए छुट्टी लेनेवाले थे। हमने इस बारे में बात की कि वे अपनी भूमिका में क्या बदलाव ला सकते हैं लेकिन असली सवाल यह था कि आखिर वह क्या है, जो उन्हें खुद का ध्यान रखने से रोक रहा है? सिर्फ दस मिनट की बातचीत में ही स्पष्ट हो गया कि रायन ने अपना ध्यान रखना बंद कर दिया था। उन्होंने लिखना छोड़ दिया था, जिसे वे बेहद पसंद करते थे। इसी तरह योगा के लिए भी वे शायद ही कभी समय निकालते थे, जबकि वह उनका सबसे पसंदीदा शारीरिक व्यायाम था। ऊपर से, उन्हें इस बात का भी अपराधबोध था कि अगर वे छुट्टी लेते हैं, तो इसका बोझ उनके किसी साथी सहकर्मी पर पड़ेगा।

जैसा कि एक मशहूर कहावत है, ''हम ह्यूमन बीइंग्स हैं, ह्यूमन डूइंग्स नहीं।'' हम लगातार चलते रहने के लिए नहीं बने हैं। हमें अपने आपको संतुलित और तरोताज़ा रखने के लिए समय, ऊर्जा और संसाधनों की ज़रूरत होती है। मेरी एक शिक्षिका रहा गॉडेस कहती हैं, 'आत्म-बलिदान कोई योगदान नहीं है। असल में, यह अक्सर सह-निर्भरता की निशानी होता है और बर्नआउट का पक्का रास्ता।'

दुर्भाग्य से, हममें से कई लोगों को लगता है कि हमें खुद का ख्याल रखने की इजाज़त नहीं है या फिर हम जानते ही नहीं हैं कि यह कैसे करना है। असल में इसका पहला कदम है, यह पहचानना कि हमारी नाराज़गी की सीमारेखा कहाँ है।

नाराज़गी की सीमारेखा के ऊपर जीना

मैंने पहली बार नाराज़गी की सीमारेखा के बारे में अपने साथी कोच डेनिएल कोहेन से सुना था। हममें से अधिकतर लोगों के मन में एक काल्पनिक सीमारेखा होती है, जिसके पार होते ही हम नाराज़ हो जाते हैं। किसी के लिए यह तब होती है, जब क्लाइंट पैसे कम देते हैं लेकिन माँग ज़्यादा करते हैं। किसी के लिए यह तब होती है, जब उनका काम उन्हें उनके परिवार से ज़्यादा समय तक दूर रखता है। असल परेशानी तब होती है, जब हम लोगों को कभी बताते ही नहीं हैं कि यह सीमारेखा क्या है। इसलिए लोग दिन-रात हमारी इस सीमारेखा को पार करते रहते हैं, जिससे हम कड़वाहट, गुस्से और थकान से भर जाते हैं। लेकिन अगर हमें खुद

ही पता नहीं है कि यह सीमारेखा क्या है, तो हम दूसरों को कैसे बताएँगे?

अपनी ज़रूरतों का सम्मान करने के लिए हमें इस बात को लेकर स्पष्ट होना होगा कि हमारी नाराज़गी की सीमारेखा क्या है। अगर हमें यह पता ही नहीं है, तो हम जिंदगीभर कष्टदायी महत्वाकांक्षा में फँसे रहेंगे, अपने शरीर को ज़्यादा काम में झोंकते रहेंगे और डर व गुस्से के साथ जीते रहेंगे। चाहे वह माँ हो, जो अपने बच्चों को खुद से ज़्यादा दे रही हो, या वह सर्विस प्रोवाइडर जो क्लाइंट से बहुत कम फीस ले रही हो, या वह मैनेजर जो अपने जूनियरों को कोच करने में बहुत ज़्यादा समय दे रहा हो और अपनी खुद की क्षमताओं को विकसित करने में कम, हम सभी को अपनी इस सीमारेखा के बारे में ठीक से पता होना चाहिए।

उदाहरण के लिए, मेरी प्रतिभाशाली क्लाइंट और फार्मास्युटिकल्स एक्ज़ीक्यूटिव नोरा जब दुनियाभर की प्रतिष्ठित लेकिन नकारात्मक (toxic) कंपनियों में काम करने के बाद पहली बार अपना व्यवसाय शुरू कर रही थीं, तब वे इस सीमारेखा से काफी नीचे जी रही थीं। उन्होंने मेरी मदद ली। जब हमने उनके ऑफर और प्राइसिंग पर चर्चा शुरू की, तो मैंने देखा कि वे जितनी अनुभवी थीं और अपने ग्राहकों को जैसा पैकेज दे रही थीं, उसकी तुलना में वे बहुत कम कीमत माँग रही थीं। थोड़ी कोचिंग के बाद, हमने तय किया कि पहले वे क्लाइंट पाने के लिए इसी कीमत से शुरुआत करेंगी और अगले महीने कीमत बढ़ाकर ऑफर का असली मूल्य माँगेगी। लेकिन अगले महीने भी उन्होंने वही कम कीमत ही रखी।

जल्द ही, उनके पास काम का ढेर लग गया लेकिन पैसों का नहीं। फिलहाल वे इस स्थिति में नहीं थीं कि किसी सहायक को अपनी मदद के लिए रख सकें इसलिए वे सब कुछ खुद कर रही थीं। अब नोरा चौबीसों घंटे काम कर रही थीं, ब्रेक नहीं ले रही थीं और बेहद चिड़चिड़ी महसूस करने लगी थीं। एक कोचिंग कॉल में वे थकी-हारी और हताश दिखीं। जब मैंने पूछा कि क्या हुआ, तो उन्होंने बताया कि क्लाइंट बहुत ज़्यादा माँगें कर रहे हैं और उनकी अपेक्षाओं में कोई संतुलन नहीं है। मैंने उन्हें वही सवाल याद दिलाया, जो ऑफर डिज़ाइन करते समय पूछा था, ''क्या आपने इसे नाराज़गी की सीमारेखा से नीचे कीमत पर रखा था?''

इस पल तक, नाराज़गी की सीमारेखा नोरा के लिए बस एक विचार थी। लेकिन कुछ महीने ऐसे काम करने के बाद, उन्हें अपनी जिंदगी पसंद नहीं आ रही थी। हमने मिलकर उनकी फीस फिर से तय की ताकि वह इस सीमारेखा के ऊपर

रहकर जी सकें। इस एक बदलाव से वह मदद के लिए एक सहायक रख सकीं और अपनी बेटी के साथ वीकेंड एंजॉय कर सकीं।

अक्सर हम नाराज़गी की सीमारेखा के नीचे काम करते हैं, अतिरिक्त काम करके, कम फीस लेकर या अपनी क्षमता से अधिक काम करके क्योंकि हम लोगों को खुश रखना चाहते हैं, उन्हें नाराज़ नहीं करना चाहते। या फिर हमें लगता है कि हम किसी पर एहसान कर रहे हैं। लेकिन इस तरह जीना किसी के लिए अच्छा नहीं है। अगर आप रोज़ बुरी मनोदशा में काम पर जाएँ और हर काम के बोझ को अनिच्छा से ढोएँ, तो इसका असर सभी पर पड़ेगा, खासकर आप पर। लेकिन जब हम नाराज़गी की सीमारेखा के ऊपर जीते हैं, तो सभी को फायदा होता है।

तो यह कैसे पक्का करें कि हम नाराज़गी की सीमारेखा के ऊपर जी रहे हैं?

* **अपनी क्षमता को स्पष्ट करें:** इससे पहले कि आप नाराज़ महसूस करना शुरू करें, यह पहचानें कि हफ्ते में आप कितने घंटे काम कर सकते हैं या कितने क्लाइंट ले सकते हैं। यह जानना कि आप कितना काम कर सकते हैं, आपकी कीमत तय करने में भी मदद करेगा। हमें अपनी क्षमता के प्रति लचीला होना चाहिए क्योंकि कुछ मौके ऐसे होंगे, जब हमसे ज़्यादा काम लिया जाएगा और कुछ समय ऐसे होंगे जब वह काम कम होगा।

* **सीमाएँ तय करें:** यह स्पष्ट करें कि आप क्या करने को तैयार हैं, क्या बिलकुल नहीं करेंगे और वे परिस्थितियाँ कौन सी हैं, जिन्हें आप अपवाद के रूप में लेंगे। हो सकता है आप वीकेंड पर ऑफिस का कॉल लेने के लिए तैयार न हों लेकिन आपात स्थिति आने पर आप अपवाद के तौर पर कॉल ले सकते हैं।

* **अपने समझौते जानें:** जब हमारी प्लेट पहले से भरी हो और फिर भी हम किसी नई चीज़ के लिए हाँ कह रहे हैं, तो इसका मतलब है कि हमें किसी अन्य चीज़ के लिए ना भी कहना होगा। यह पहचानें कि आपके समझौते क्या हैं और उन्हें स्पष्ट रूप से बताएँ। उदाहरण के लिए, अगर आप प्रमोशन और ज़्यादा जिम्मेदारियों के लिए हाँ कहते हैं, तो शायद आपको अपना एडमिन काम खुद करने के लिए ना कहना पड़ेगा।

* **सुनिश्चित करें कि आपके पास संसाधन हों:** संसाधनयुक्त लोग ही दूसरों को संसाधन दे सकते हैं। यह सुनिश्चित करें कि आपको उचित भुगतान मिल रहा

है, आप पर्याप्त नींद ले रहे हैं और खुद को ऐसे ही अन्य तरीकों से पोषित कर रहे हैं। इस तरह, आप बाहर ऊर्जा लगाने के बावजूद खुद के लिए भी पर्याप्त ऊर्जा बचा पाएँगे। इस पर हम आगे और विस्तार से बात करेंगे।

अपने स्वास्थ्य को प्राथमिकता दें

नाराज़गी की रेखा से ऊपर जीना यानी अपने लिए इतना समय और वैसे मौके निकालना कि हम खुद को पोषण दें और वह भी सिर्फ तब नहीं, जब हम थक चुके हों या अंदर से खाली हो चुके हों बल्कि उस बिंदु तक पहुँचने से बहुत पहले। जो पहलू हमारे लिए मायने रखते हैं, अगर हम उनके लिहाज से भी अपना ध्यान नहीं रख रहे हैं, तो फिर पूर्णता के साथ रोज उपस्थित होना और आगे बढ़ना लगभग असंभव हो जाता है। और मेरा मतलब सिर्फ भोजन करने से और उन शारीरिक गतिविधियों से नहीं है, जो हम करते हैं बल्कि उन लोगों से भी है, जिनके साथ हम समय बिताते हैं। इसके अलावा मेरा मतलब इस बात से भी है कि अपनी आर्थिक स्थिति के साथ हमारा कैसा संबंध है और आत्म-देखभाल को लेकर हम क्या करते हैं। ये सब कुछ और इसके अलावा और भी बहुत कुछ इस दायरे में आता है। पूर्व ऑलंपिक खिलाड़ियों, उच्च अधिकारियों और नेताओं के साथ काम करनेवाली मानसिक-शारीरिक प्रशिक्षक सारा टैसी टैंग्रेडी के अनुसार हमारा तंत्रिका-तंत्र तब फलता-फूलता है जब हमारे पास माँगों से ज़्यादा संसाधन होते हैं। हमसे की जानेवाली माँगों को पूरा करने के लिए हमारे पास ज़रूरी संसाधन मौजूद हों, इसका यही तरीका है कि हम खुद को पोषित करें। यह हमें थकान और ऊर्जा-क्षय से पहले ही आगे बढ़ने में मदद करता है और हमें जल्दी उस स्थिति में ले आता है, जहाँ हम सबसे बेहतर ढंग से यानी तरक्की की स्थिति में रहकर काम करते हैं।

हालाँकि आत्म-देखभाल के वर्गभेदी पहलुओं को स्वीकार किए बिना पोषण की बात करना असंभव है। आजकल सोशल मीडिया पर जो सेल्फ-केयर इंडस्ट्री हमें दिखती है, उसमें अक्सर पूँजीवादी सोच होती है, जहाँ १५० डॉलर की मॉइस्चराइज़र, डिज़ाइनर लेगिंग्स और हीलर्स के साथ साउंड बाथ जैसी चीज़ों को वेलनेस की पूर्व-शर्त के रूप में दिखाया जाता है (सच कहूँ तो, शांति की तलाश में मैंने भी ये सब चीज़ें खरीदी हैं)। लेकिन रंगभेद के शिकार लोगों को आराम का अवसर कम ही मिलता है, उन्हें अक्सर ज़्यादा काम करना पड़ता है और औसतन कम कमाई होती है, जिससे सोशल मीडियावाली आत्म-देखभाल सिर्फ चुनिंदा लोगों तक सीमित रह जाती है। लेकिन हाशिये पर रहे समूहों के लिए आत्म-देखभाल का संबंध कभी इस

बात से नहीं था कि हम क्या खरीद सकते हैं बल्कि इस बात से था कि आखिर वह क्या है, जो हमारी आत्म-सुरक्षा और गरिमा को बनाए रखता है। अगर हम अपने क्रेडिट कार्ड पर कर्ज चढ़ाकर महँगे लोशन खरीदते हैं और महँगी क्लासों में जाते हैं, जो वास्तव में हमारी अंदरूनी ज़रूरतों को पूरा ही नहीं करते, तो यह असल में आत्म-देखभाल नहीं है। असली देखभाल अंदर से शुरू होती है और यह व्यक्तिगत और सामुदायिक दोनों स्तरों पर होती है। आत्म-देखभाल का सामुदायिक देखभाल से जुड़ना ज़रूरी है। और क्योंकि अश्वेत, भूरे, क्वीयर और विकलांग लोगों को हमेशा श्वेत लोगों से कम महत्त्व दिया जाता है इसलिए इस तरह अपनी देखभाल करना एक क्रांतिकारी काम है। सोशल मीडिया पर जो आत्म-देखभाल दिखती है (क्योंकि वह बाहर की ओर केंद्रित होती है), वह कष्टदायी महत्वाकांक्षा को बढ़ाती है, जबकि असली आत्म-देखभाल (क्योंकि वह अंदर की ओर और सामूहिक रूप से केंद्रित होती है) हमारी उद्देश्यपूर्ण महत्वाकांक्षा को बढ़ाती है।

हमारे लिए आत्म-देखभाल शायद और भी ज़्यादा ज़रूरी है क्योंकि हमारे जीवन के अनुभवों ने हमारे अतीत को जितना प्रभावित किया होता है, उससे कहीं ज़्यादा हमारा भविष्य उन अनुभवों से प्रभावित होता है। इसका सीधा असर हमारे स्वास्थ्य पर पड़ता है। मेरे पिता एक कार्डियोवैस्कुलर सर्जन थे और मुझे याद है कि वे कहते थे कि उनके बहुत से मरीज़, जो रंगभेद के शिकार और प्रवासी थे, दिल की बीमारियों से पीड़ित थे (मेरे पिता खुद भी ऐसी ही एक बीमारी से पीड़ित थे)। उनका मानना था कि यह अमेरिका में दशकों तक चले नस्लवाद और विदेशियों के प्रति होनेवाले भेदभाव को झेलने का नतीजा था। बाद में मुझे पता चला कि वे गलत नहीं थे। क्योंकि अब सेंटर फॉर डिज़ीज़ कंट्रोल (सीडीसी) और अमेरिकन मेडिकल एसोसिएशन (एएमए) भेदभाव को स्वास्थ्य जोखिम मानते हैं। ऐसा पाया गया है कि अफ्रीकी प्रवासियों को अपने खिलाफ जो पक्षपात झेलना पड़ता है, उससे दिल की बीमारी का जोखिम बढ़ जाता है। हमें इन परिस्थितियों को बदलने और फलने-फूलने के लिए असली आत्म और सामुदायिक देखभाल की ज़रूरत है।

आइए अब उन दो कदमों पर नज़र डालते हैं, जिनसे हम आत्म-देखभाल के साथ अपने संबंधों को और मजबूत बना सकते हैं।

पहला कदमः यह समझें कि आप खुद को किन तरीकों से पोषित कर रहे हैं (और किन तरीकों से नहीं)

हममें से ज़्यादातर लोगों की ज़रूरतें जीवनभर पूरी नहीं हुईं और इससे ज़रूरतों

का अभाव पैदा होता है, जो हमारे संबंधों और दुनिया में हमारे तरीके से आगे बढ़ने को प्रभावित करता है। इसका नतीजा यह होता है कि हम अपनी अधूरी ज़रूरतों को बाहरी चीज़ों, संबंधों या काम के मौकों के ज़रिये पूरा करने की कोशिश करते हैं। सुनने में यह बिलकुल कष्टदायी महत्वाकांक्षा जैसा लगता है, है ना?

अक्सर, जब हम खुद को ज़रूरी तरीकों से पोषित नहीं करते, तो उसके पीछे कोई न कोई कहानी होती है। यह कहानी समाज की दी हुई हो सकती है या हमारे परिवार से मिली हो सकती है, या फिर हमने खुद बनाई हुई हो सकती है। हो सकता है कि आप अपनी आर्थिक स्थिति का ध्यान नहीं रख रहे क्योंकि आपको लगता है कि कोई आकर आपको बचा लेगा। या हो सकता है कि आप उचित भोजन नहीं कर रहे क्योंकि आपको लगता है कि आपका शरीर एक खास तरह का होगा, तभी आपको योग्य माना जाएगा। हमें यह समझना ज़रूरी है कि आपके आत्म-देखभाल करने और अपनी ज़रूरतों का सम्मान करने की क्षमता में रुकावट डालनेवाली चीज़ कौन सी है ताकि हम उसे बदल सकें। क्योंकि अगर आपको आपकी मनचाही नौकरी मिल जाए लेकिन अगर वहाँ तक पहुँचते-पहुँचते आप बीमार पड़ जाएँ और फिर आपके पास अपने लिए समय ही न बचे, तो इससे आपको खुद ही अच्छा महसूस नहीं होगा।

अपने क्लाइंट्स के साथ काम करते समय, मैं उन्हें एक पोषण मीटर इस्तेमाल करने को कहती हूँ, जिससे वे उन क्षेत्रों का आंकलन कर सकें, जहाँ वे अपने आपको ज़रूरी संसाधन दे रहे हैं और उन क्षेत्रों का भी, जिन्हें और मज़बूत करने की ज़रूरत है। हम इसमें १३ क्षेत्रों को देखते हैं:

१. समय

२. भोजन

३. समुदाय

४. भावनात्मक स्वास्थ्य

५. पैसा

६. शारीरिक गतिविधि

७. आध्यात्मिकता

८. खुद के साथ आपका संबंध

९. खेल-कूद/मस्ती

१०. काम

११. सीमाएँ

१२. प्रेम-जीवन

१३. यौन-जीवन

अब आप खुद यह अभ्यास करें। सिर्फ वे क्षेत्र चुनें जो आपके लिए मायने रखते हैं और जो महत्वहीन हैं, उन्हें हटा दें। उदाहरण के लिए, अगर आप एसेक्सुअल (किसी के भी प्रति यौन आकर्षक न रखनेवाला) हैं, तो यौन-जीवन आपके लिए पोषण का महत्वपूर्ण स्रोत नहीं है इसलिए आप उसे हटा सकते हैं। अगर आपके पास अपने शरीर को सक्रिय रखने की सुविधा नहीं है, तो शारीरिक गतिविधि को हटा दें। साथ ही, अगर कोई क्षेत्र आपकी जिंदगी में मायने रखता है लेकिन सूची में नहीं है, तो उसे जोड़ लें।

अभ्यासः पोषण मीटर पूरा करें
१. हर उस क्षेत्र के लिए जो आपके लिए महत्वपूर्ण है, यह सवाल पूछें कि इस क्षेत्र में मैं कितना संपूर्ण और पोषित महसूस करता/करती हूँ? इसके लिए १ से १० का पैमाना रखें (जहाँ १० सबसे ज़्यादा पोषित होने का स्तर है) विजुअल रिप्रजेन्टेशन के लिए आप ग्राफ की बार्स को कलर कर सकते हैं। २. उस क्षेत्र पर ध्यान दें, जहाँ आप सबसे कम पोषित या संतुष्ट महसूस करते हैं। इस जगह पर क्या हो रहा है? आपके अंदर की डर या शक की आवाज़ क्या कह रही है? क्या इसके पीछे कोई कहानी है? मैं हर उस क्षेत्र पर नज़र डालना चाहूँगी, जिसे आपने ६ या उससे कम अंक दिए हैं। ३. आपके और इस क्षेत्र में सबसे ज़्यादा पोषित महसूस करने के बीच क्या रुकावट है? कई बार इसके लिए सोचने का तरीका बदलना पड़ता है। अगर ऐसा है, तो सीमित मान्यताओं पर अध्याय-२ को दोबारा पढ़ें। ४. इस क्षेत्र में खुद को और बेहतर तरीके से पोषित करने के लिए आपको क्या करना होगा? ५. इस क्षेत्र में खुद को और बेहतर तरीके से पोषित करने के लिए आपको क्या

नहीं करना होगा? यह सवाल शायद थोड़ा मुश्किल होगा लेकिन इसे आप कुछ ऐसे पूछ सकते हैं – अपनी सीमाओं में रहकर भी ज़्यादा पोषण पाने के लिए, मुझे उन चीज़ों को ना कहना होगा, जिनके लिए हाँ कहना मुझे जरूरी लगता है।

६. अब एक सूची बनाइए – काम से पहले, काम के दौरान और काम के बाद आपको इन क्षेत्रों में पोषित रहने के लिए क्या करना होगा।

७. आपको कौन जवाबदेह ठहराएगा?

दूसरा कदमः अनिवार्य चीज़ें, उपलब्ध होंगी तो अच्छा होगा वाली चीजें और बिलकुल अस्वीकार्य चीज़ें पहचानें

बुनियादी स्तर पर, हम सभी को भोजन, आश्रय और कपड़ों की ज़रूरत होती है। लेकिन इसके अलावा, हममें से हर एक की कुछ अलग-अलग ज़रूरतें होती हैं, जिन्हें पूरा करने से हम पूर्णता के साथ उपस्थित हो पाते हैं। उदाहरण के लिए, आप महँगे महानगरीय क्षेत्र में रहते हैं इसलिए वहाँ अच्छी तरह जीने के लिए आपको ऊँची तनख्वाह की ज़रूरत हो सकती है। अगर आप एक मैक्रो-लेवल विज़नरी हैं, तो आपको अपने माइक्रो आइडिया को हकीकत में बदलने के लिए एक टीम की ज़रूरत हो सकती है। या अगर आप काफी अंतर्मुखी स्वभाव के हैं, तो आपको संतुलन पाने और खुद को रीचार्ज करने के लिए ज़्यादा अकेले समय की ज़रूरत हो सकती है। जब आप यह जान लेते हैं कि आपके लिए क्या महत्वपूर्ण है और फिर आप उन ज़रूरतों को पूरा करने के लिए सोच-विचार कर कदम उठाते हैं, तो यह तय है कि आपकी उपस्थिति में निखार आएगा।

आइए अब आपकी अनोखी ज़रूरतों के बारे में ईमानदारी और स्पष्टता से सोचें। पोषण मीटर का जो भी पहलू आपके लिए मायने रखता है, उसके लिए अपनी ज़रूरी चीज़ों, उपलब्ध होंगी तो अच्छा होगावाली चीज़ों और बिलकुल अस्वीकार्य चीज़ों की सूची बनाइए।

उदाहरण के लिए, पेशेवर रूप से मेरे लिए ज़रूरी चीज़ है, जिन लोगों के साथ मैं काम करता/करती हूँ, उनके बीच आपसी सम्मान हो। दूसरी ओर साथ बैठकर काम करना मज़ेदार और पोषण देनेवाला होता है लेकिन इसे मैं उपलब्ध होंगी तो अच्छा होगावाली चीज़ों की श्रेणी में रखूँगी। वहीं मेरे लिए बिलकुल अस्वीकार्य चीज़ है, मुझसे ऐसा कोई काम करने के लिए कहा जाए, जिसके लिए मुझे अपने

मूल्यों से समझौता करना हो। जैसे किसी ऐसी कंपनी के साथ काम करना जो न्यायपूर्ण कामकाजी वातावरण के लिए प्रतिबद्ध न हो।

यह मेरे क्लाइंट्स के साथ किए जानेवाले सबसे आसान लेकिन सबसे स्पष्ट करनेवाले अभ्यासों में से एक है। यह खासतौर पर सहायक इसलिए है क्योंकि हममें से बहुत से लोग, जिन्हें ऐतिहासिक रूप से हाशिए पर रखा गया है, अपनी ज़िंदगी का बड़ा हिस्सा बिना अपनी बुनियादी ज़रूरतें पूरी किए हुए बिताते हैं, सुरक्षा और अपनापन से लेकर आत्मसम्मान तक और हमें अक्सर यह पता ही नहीं होता कि हम किस चीज़ से वंचित हैं।

उदाहरण के लिए, मेरी क्लाइंट निकोल दो बच्चों की मेहनती सिंगल माँ थी। वह रिसोर्स एलोकेशन में काम करती थी, जहाँ उसकी जिम्मेदारी थी, विभिन्न प्रोजेक्ट्स के लिए आंतरिक टीमों में स्टाफ की नियुक्ति करना।

हालाँकि वह अपने काम में बेहतरीन थी और उसे काफी सम्मान भी मिला हुआ था, फिर भी उसे बहुत कम वेतन और बेहद कम सहयोग मिलता था। जब हमने उसके काम के लिए ''अनिवार्य चीज़ों'' की सूची बनाई, तो उसने लिखा:

* १,५०,००० डॉलर वार्षिक वेतन
* प्रशासनिक सहयोग
* ४० घंटे का साप्ताहिक कार्य समय
* वीकेंड या ओवरटाइम का कोई काम नहीं, सिवाय आपात स्थितियों के
* अपनी भूमिका के बारे में स्पष्टता (एक औपचारिक जॉब डिस्क्रिप्शन)
* अपने निर्णय खुद लेने की स्वतंत्रता
* अपनापन महसूस होना
* ऐसा काम जो मेरी प्रतिभा का उचित उपयोग करे

ये माँगें बहुत ज़्यादा नहीं थी लेकिन निकोल इतने लंबे समय से इनके बिना जी रही थी कि उसे यकीन ही नहीं था कि वह ये सब पा सकती है। लेकिन ये संसाधन मिल जाने का मतलब था कि वह अपने सर्वश्रेष्ठ रूप में सामने आ सकती थी और वैसा योगदान दे सकती थी, जैसा वह चाहती थी।

आपकी ज़रूरतें पूरी होना आपका हक़ है। हम सबका हक़ है। जब हमारी

ज़रूरतें पूरी होती हैं और हम किसी पुरानी चोट से प्रेरित होकर नहीं बल्कि संतुलन से आगे बढ़ते हैं, तो हमारी महत्वाकांक्षा के साथ हमारा संबंध, हम कैसे प्रयास करते हैं और किस चीज़ के लिए प्रयास करते हैं, यह सब बहुत ज़्यादा सोच-समझकर तय होता है।

सामुदायिक देखभाल का अभ्यास करें

हालाँकि, केवल आत्म-देखभाल पर्याप्त नहीं है क्योंकि हममें से कोई भी किसी खाली जगह में अकेले रहते हुए नहीं जीता। हमारी भलाई, उन समुदायों की भलाई का विस्तार ही है, जिनसे हम जुड़े हुए हैं। इसलिए हमें वाकई फलने-फूलने के लिए सामुदायिक देखभाल की ज़रूरत है।

सामुदायिक देखभाल का मतलब है, एक साथ खुद का और अपने व्यापक समुदाय का सहारा बनना। बीआईपीओसी और क्यूटीबीआईपीओसी समुदायों में ऐसा कई पीढ़ियों से होता आया है। सामुदायिक देखभाल का उद्देश्य यह है कि जिन लोगों के पास शक्ति, विशेषाधिकार और संसाधन हैं, वे अपने समुदाय के भीतर और आसपास के लोगों की मदद करें। सामुदायिक देखभाल का एक अहम पहलू यह मानना है कि असमानताएँ मौजूद हैं और वे अक्सर आर्थिक परिस्थितियों, अच्छी स्वास्थ्य सेवा की कमी और हमारे भौतिक परिवेश जैसी प्रणालीगत रुकावटों से जुड़ी होती हैं, जो सीधे किसी व्यक्ति की भलाई पर असर डालती हैं। इन रुकावटों को बदलने के लिए, हमें सामूहिक रूप से उन संसाधनों की उपलब्धता बढ़ानी होगी, जो पूरे समुदाय को प्रभावित करते हैं। सिर्फ खुद की देखभाल करना काफी नहीं है।

चुनौती यह है कि अमेरिका जैसे देशों में अक्सर व्यक्तिगतता को सामूहिकता से ऊपर रखा जाता है। सामाजिक कार्यकर्ता, शिक्षिका और लेखिका डॉ. टेमा ओकुन के अनुसार, ''व्यक्तिगतता के विचार के साथ यह सांस्कृतिक जुड़ाव इस वास्तविकता को खारिज करने के बराबर है कि हमारी बुनियादी पारस्परिक निर्भरता हमारी जरूरत है और इसका प्रभाव हम सब पर पड़ता है।'' लेकिन इस परस्पर व्यवहार को खारिज करने की गुंजाइश सिर्फ उन्हीं के पास होती है, जो समाज में अधिक प्रभुत्व (महत्त्व) रखते हैं। व्यक्तिगतता का मतलब है कि किसी की सफलता पूरी तरह से उसकी व्यक्तिगत मेहनत पर आधारित है। यह नस्ल, वर्ग और लिंग जैसे सामाजिक कारकों के प्रभाव को नज़रअंदाज़ कर देती है। इस तरह व्यक्तिगतता असमान शक्ति-संतुलन को बनाए रखती है।

सच्चाई यह है कि हम अकेले कुछ भी हासिल नहीं करते। यहाँ तक कि हमारी आत्म-देखभाल की आदतें भी दूसरों के सहयोग से बनती हैं, चाहे वह आपके बौद्ध शिक्षक द्वारा सिखाई गई ध्यान साधना हो, आपका बाथ-सॉल्ट बनानेवाले कारीगर हों, या आपको जर्नलिंग सिखानेवाले योग शिक्षक। आपस में जुड़े रहना गलत नहीं है। हम इंसान सामाजिक प्राणी हैं और हमें जिंदा रहने के लिए एक-दूसरे की ज़रूरत है।

सामुदायिक देखभाल अपनाने के कुछ तरीके:

* **अपने समुदाय को पहचानें:** यह सुनने में साधारण सी बात लगती है लेकिन हममें से बहुत से लोग इतने समय से अकेले हैं या व्यक्तिगतता के मिथक पर विश्वास करते हैं कि हमें लगता है हम अपने समुदायों से कट गए हैं। आपका समुदाय आपका जन्म-परिवार या आपका चुना हुआ परिवार हो सकता है। यह आपके धर्म से जुड़ा समुदाय हो सकता है, जैसे आपका चर्च, मस्जिद या मंदिर। ऐसा कोई सांस्कृतिक केंद्र हो सकता है, जो आपके मूल देश से जुड़ा है या फिर आपके जिम, को-वर्किंग स्पेस, ध्यान केंद्र या लाइब्रेरी वगैरह को भी समुदाय के रूप में गिना जा सकता है।

* **मदद माँगें:** अगर आप किसी मुश्किल दौर से गुजर रहे हैं, तो अपने समुदाय को बताइए कि आपको फलने-फूलने के लिए किन संसाधनों की ज़रूरत है, फिर चाहे वह डॉक्टर के अपॉइंटमेंट्स के लिए आना-जाना हो, खाने-पीने में मदद हो, प्रशासनिक सहयोग, थेरेपी या निजी देखभाल के सामान जुटाने में सहायता हो। मदद माँगना आपको असुरक्षित महसूस करा सकता है लेकिन जैसा कि हमने पिछले अध्याय में सीखा, समुदाय नई चीज़ें आज़माने के लिए सबसे सुरक्षित जगह है।

* **मदद के लिए उपलब्ध होने का इशारा दें:** हममें से बहुत से लोग दूसरों से मदद माँगने में संकोच करते हैं क्योंकि उन्हें लगता है कि सबके पास पहले से ही बहुत से काम हैं। अपने समुदाय को बताइए कि आप स्वयं किस तरह योगदान देने के लिए उपलब्ध हैं। फिर चाहे किसी को किराने की दुकान तक छोड़ना हो, साप्ताहिक मुफ्त हीलिंग सर्कल हो या बस लोगों के साथ बैठकर उनका साथ देना हो। यह स्पष्ट कर दें कि आप क्या कर सकते हैं और किसमें खुशी महसूस करेंगे। आप चाहें तो अपने समुदाय के सदस्यों के साथ एक सूची बना

सकते हैं, जिसमें स्पष्ट लिखा हो कि कौन-कौन किस-किस तरह से मदद कर सकता है।

अपनी ज़रूरतें (और चाहतें) पूरी करने के लिए पैसा कमाना

हमारी ज़रूरतों का सम्मान करने का एक बड़ा हिस्सा, खासकर अगर हम ऐतिहासिक रूप से हाशिए पर रहे हैं, इस बात पर निर्भर करता है कि हम उन्हें पूरा करने के लिए पर्याप्त पैसा कमा रहे हैं या नहीं। यहाँ मैं यह देखना चाहती हूँ कि पैसे के साथ एक स्वस्थ संबंध कैसे बनाया जाए ताकि यह हमारी महत्वाकांक्षा के साथ किसी हानिकारक संबंध को बढ़ावा न दे।

पहला कदम है, यह स्वीकार करना कि सभी को बराबर अवसर नहीं मिले हैं। लंबे समय से, ऐतिहासिक रूप से वंचित लोगों की आय में गहन असमानताएँ मौजूद रही हैं, नस्ल और लिंग के आधार पर वेतन में अंतर से लेकर क्वीयर और ट्रांस लोगों द्वारा झेली जानेवाली गहरी खाई तक। इसे सही संदर्भ में रखने के लिए, अलग-अलग पहचानों के लोगों के आँकड़ों पर नज़र डालते हैं (हालाँकि मैं यह स्पष्ट करना चाहती हूँ कि हम सब एक जैसे नहीं होते; यह शोध केवल उन्हीं बातों को उजागर करता है, जो बहुत से लोगों ने अनुभव किया है।):

* औसतन, जहाँ पुरुष एक डॉलर कमाते हैं, वहाँ महिलाएँ सिर्फ तिरासी सेंट कमाती हैं।
* सिर्फ छह प्रतिशत महिलाएँ छह अंकों की सालाना आमदनी तक पहुँचती हैं, जबकि पुरुषों में यह आँकड़ा तेरह प्रतिशत है।
* केवल दो प्रतिशत महिलाएँ सात अंकों की आमदनी तक पहुँचती हैं।
* महिलाओं को वेंचर कैपिटल फंडिंग का तीन प्रतिशत से भी कम मिलता है।
* औसतन, जहाँ अन्य लोग एक डॉलर कमाते हैं, वहाँ एलजीबीटीक्यू+ कर्मचारी को नब्बे सेंट ही मिलते हैं।
* सिसजेंडर-हेट्रोसेक्शुअल स्नातकों की तुलना में, एलजीबीटीक्यू+ स्नातकों की कमाई, डिग्री हासिल करने के दस साल बाद भी बाईस प्रतिशत कम दर्ज की गई है।
* ट्रांसजेंडर पुरुषों में गरीबी दर ३३.७ फीसदी, ट्रांसजेंडर महिलाओं में २९.६ फीसदी और जेंडर-नॉनकनफॉर्मिंग लोगों में २३.८ फीसदी थी; जबकि

सिसजेंडर-हेट्रोसेक्शुअल पुरुषों में यह १३.४ फीसदी और महिलाओं में १७.८ फीसदी थी।

* अमेरिका में विकलांग व्यक्ति का औसत वेतन ४१,७१६ हजार डॉलर है, जबकि बिना विकलांगतावालों का ५०,२४६ डॉलर है।

* अमेरिका में २१.६४ वर्ष के ''अस्पतालों और देखभाल-केंद्रों की सुविधा न पानेवाले विकलांग लोगों'' में से लगभग २८ फीसदी गरीबी सीमारेखा से नीचे रहते हैं, जबकि बिना विकलांगतावालों में यह आँकड़ा १२ फीसदी है।

* अमेरिका में अश्वेत लोगों की गरीबी दर श्वेत लोगों की तुलना में दोगुने से भी अधिक है।

* अमेरिका में श्वेत परिवारों के पास ८४ फीसदी संपत्ति है (जबकि वे जनसंख्या का ६० फीसदी हैं) और अश्वेत परिवारों के पास केवल ४ फीसदी संपत्ति है (जबकि उनकी आबादी लगभग १३.५ फीसदी है।)

पहली नज़र में ये आँकड़े निराशाजनक लग सकते हैं। हममें से बहुत से लोग, जो रोज़ाना इस वित्तीय असमानता में जीते हैं, यह मानने लगते हैं कि हमारी तकदीर में कभी अपनी ज़रूरत पूरी करने जितना पैसा कमाना लिखा ही नहीं है सिर्फ इसलिए कि हमारी पहचान अलग है। हममें से कई लोग खुद को ज़्यादा कमाने लायक नहीं मानते क्योंकि हमने हमेशा अपने जैसे लोगों को भरपूर आर्थिक संपन्नता और बड़े ताकतवर पदों पर नहीं देखा है। इसके अलावा हममें से कुछ लोग वैसे होते हैं, जैसी मैं पहले थी, जो बहुत पैसा कमाती थी लेकिन फिर भी उसने सब छोड़ दिया क्योंकि उसे लगता था कि वह असल में उसकी हक़दार नहीं है। लेकिन सच्चाई यह है कि हमें जितने पैसों की ज़रूरत है और जिसे पाने के हम हक़दार हैं, उसे कमाने के लिए हमें इस बारे में अपने विश्वासों को फिर से गढ़ना होगा कि हमारे लिए क्या संभव है।

मेरी क्लाइंट कियारा इस बात का जीता-जागता उदाहरण है। कियारा एक प्रतिभाशाली सिलिकॉन वैली में सॉफ्टवेयर इंजीनियर थी, जिसने अपना करियर फ़ॉर्च्यून १०० कंपनियों में बनाया। जब वह करीब बीस साल की थी, तो एक साइकिल दुर्घटना में गंभीर मस्तिष्क चोट का शिकार हुई, जिसने अंततः क्रॉनिक फ़टीग सिंड्रोम का रूप ले लिया। अपनी पहली नौकरी में जब उसने अपने मैनेजर को अपनी स्थिति के बारे में बताया, तो उन्हें ये ताना सुनने को मिला, ''गुड लक! कोई ऐसी जगह ढूँढ़ लो, जो तुम्हें सहूलियत दे!'' उसी पल कियारा के भीतर गहरी शर्म

बैठ गई, जो उसे हमेशा महसूस होने लगी। उसने अपना महत्त्व साबित करने के लिए कई उच्च डिग्रियाँ भी हासिल कीं। उस दिन के बाद से, वह अपनी स्थिति के लिए इस हद तक शर्मशार महसूस करने लगी कि कभी साइनिंग बोनस नहीं माँगती थी, वेतन पर बातचीत नहीं करती और न ही बढ़ोत्तरी की माँग करती। वह बस खुद को नौकरी मिलने के लिए ही भाग्यशाली मान लेती थी। यथास्थिति को बदलने से डरती थी और जो भी सामने आता, उसे स्वीकार कर लेती, चाहे वह कोई अपमानजनक और अस्थिर कॉन्ट्रैक्ट ही क्यों न हो। उसका करियर इतना अस्थिर था कि एक समय तो उसने अपना अपार्टमेंट तक गंवा दिया था।

जब कियारा मेरे साथ काम करने आई, वह एक और अपमानजनक और कम-भुगतान वाली नौकरी के अंत दौर में थी और अपनी अगली भूमिका में स्थिरता एवं इंसानियत चाहती थी। हमने उसके मन में बैठी उस गहरी शर्म को खत्म करने पर मिलकर काम किया, जो उसके पहले मैनेजर के नकारात्मक रवैये से उसके मन में बैठ गई थी। यानी यह धारणा कि विकलांग लोग समर्थन पाने के लायक नहीं हैं। हमने साथ में यह भी तय किया कि उसे क्या चाहिए और कितना चाहिए ताकि वह सच में अपने जीवन में फल-फूल सके। यह स्पष्ट हो गया कि अगर वह अपनी सेहत का ध्यान रखना चाहती है और अपने महत्त्व का सम्मान करना चाहती है, तो अब वह कॉर्पोरेट अमेरिका के दिए टुकड़ों को स्वीकार नहीं कर सकती। हमने उसकी अगली भूमिका के लिए ''अनिवार्य चीज़ें'' तय कीं और आखरिकार उसे एक फ़ॉर्च्यून ५० कंपनी में वीपी ऑफ इंजीनियरिंग का प्रतिष्ठित पद मिला। वह उसे पाकर आभारी थी। वहाँ उसे अच्छा इंश्योरेंस भी मिला, जिसके चलते वह दोबारा थेरेपी पर जा पाई और सालों तक अपने स्वास्थ्य की देखभाल टालने के बाद एक बार फिर उस पर ध्यान दे पाई।

हाँ, यह सच है कि हाशिए पर रहे समुदायों की कमाई लगातार कम ही रही है और साथ ही संसाधनों तक उनकी पहुँच भी कम ही रही है लेकिन कुछ अपवाद भी रहे हैं। इन अपवादों को याद रखना, साथ ही अपने समुदायों में काम करना और बदलाव के लिए आवाज़ उठाना, बस इसी से महत्वाकांक्षा के साथ हमारे संबंध बदलना शुरू होते हैं। कमाई, कर्ज देने और पैसों के बारे में शिक्षा, इन सबमें बड़ी गहरी और अन्यायपूर्ण असमानताएँ हैं, फिर भी हम अपने लिए और अपने जैसे अन्य लोगों के लिए समृद्धि हासिल कर सकते हैं।

जब हम लोगों से अच्छी कमाई करने की क्षमता छीन लेते हैं, तो असल

में हम उनकी जीने की क्षमता भी छीन लेते हैं। यह सच में मौत की सजा जैसी हो सकती है। अगर हम हमेशा जीने की जद्दोजहद में ही लगे रहें, तो उद्देश्यपूर्ण महत्वाकांक्षा पर चर्चा तक नहीं कर सकते।

जब ऐतिहासिक रूप से वंचित लोगों के पास ज़्यादा होता है, तो वे ज़्यादा अच्छा करते हैं। उदाहरण के लिए, जब महिलाओं के पास ज़्यादा पैसा होता है, तो वे उसका ९० फीसदी अपने परिवार में फिर से निवेश करती हैं, जबकि पुरुषों के पास ज़्यादा पैसा होने पर यह आँकड़ा सिर्फ ४४ फीसदी होता है। तो आइए बात करते हैं कि आप वह पैसा कैसे कमा सकते हैं, जिसकी आपको चाह और ज़रूरत है ताकि आप अपनी ज़रूरतों का सम्मान कर सकें और इस बदलाव का हिस्सा बन सकें।

मूल चोटें भरें और अपनी कहानी दोबारा लिखें

अगर आपके भीतर ज़्यादा पैसे की चाहत अस्वीकृति, परित्याग, अन्याय, विश्वासघात या अपमान से आ रही है, तो यह पैसों के साथ आपके संबंधों की नींव को डगमगा देगी।

मान लीजिए, बचपन में आप खुद को उपेक्षित महसूस करते थे। आपके माता-पिता ने आपके बजाय बार-बार अपने दोस्तों को चुना। जब आपने अपना करियर शुरू किया, तो आपने सोचा कि अगर मैं इतना पैसा कमा लूँ कि वे देख सकें मैं कितना चमकता सितारा हूँ, तो वे मुझे वैसे ही प्यार करेंगे, जैसी मुझे ज़रूरत थी और फिर सब ठीक हो जाएगा! लेकिन ज़्यादातर मामलों में ऐसा कभी नहीं होता। हमारी मूल चोटों के लिए जो लोग जिम्मेदार होते हैं, वे अक्सर अपने पैटर्न दोहराते रहते हैं इसलिए नहीं क्योंकि वे बुरे लोग हैं बल्कि इसलिए क्योंकि बहुत कम लोग सच में वे महत्वपूर्ण कदम उठाने के लिए तैयार होते हैं, जो उन चोटों को भरने के लिए ज़रूरी है। फिर हम सालों तक इन चोटों को भरने की कोशिश करते रहते हैं, फिर भी भीतर से और खाली महसूस करते हैं।

जब बात पैसों की हो, तो केवल मानसिकता पर ध्यान देना काफी नहीं होता, खासकर उनके लिए जिन्हें पहचान और मान्यता कम मिलती है क्योंकि इसमें आघात, उत्पीड़न और बाहरी व्यवस्थागत बाधाओं का असर शामिल नहीं होता। फिर भी, मानसिकता इसका एक हिस्सा है। हमें उस सोच और कहानियों को देखना होगा, जो हमारी मूल चोटों के साथ पैदा हुई थीं।

इससे पहले भी हमने इस किताब में आपके दृष्टिकोण और मुख्य सीमित मान्यताओं – या हमें अटकाकर रखनेवाली मान्यताओं – की पड़ताल की थी। हमारे पास पैसों के बारे में भी ऐसे ही विचार होते हैं, चाहे हमें एहसास हो या न हो। इन्हें पहचानने के लिए मैंने आगे एक अभ्यास भी दिया है।

अपने पैसों को अपने कारणों से जोड़ें और हक़ीक़त को आधार बनाएँ

जब हम किसी निश्चित धनराशि की चाहत रखते हैं और वह चाहत उद्देश्य की बजाय कष्ट से आई होती है इसलिए यह लालसा कभी नहीं मिटती। हम जो चाहते हैं उसे पाने के लिए हम कभी रुकते नहीं हैं, फिर चाहे हमारी सेहत ही क्यों न दाँव पर लग जाए। लेकिन जब हम पैसों की इच्छा को अपने कारणों, अपने मिशन और अपने मकसद से जोड़ देते हैं, तो वह ज़्यादा टिकाऊ बन जाता है। हम दुनिया से लड़ना छोड़ देते हैं क्योंकि हमें लगता है कि हमें उसे कुछ देना है और हमें यह यक़ीन हो जाता है कि ज़्यादा पैसा हमें ज़्यादा अच्छा करने और अपने कारणों को पूरा करने में मदद करेगा।

जब हमारा पैसा हमारे मकसद से जुड़ जाता है, तो हम लंबे समय तक उस पर टिक पाते हैं। जब हालात कठिन होते हैं और हम अपने बच्चों के चेहरे याद करते हैं, जिनके लिए हम यह सब कर रहे हैं या अपने माता-पिता के बारे में सोचते हैं, जिन्हें हम सुकून से रिटायर होने में मदद करना चाहते हैं या फिर हम उन लोगों को याद करते हैं, जो हमें प्रेरित करते हैं – यह सब हमारी इच्छा को दिमाग से दिल में ले आता है, जो वास्तव में काम करने की एक कहीं अधिक रचनात्मक जगह है।

जब हम ज़्यादा की चाहत को अपने मकसद से जोड़ लेते हैं, तो इसका आधार मजबूत रखना भी जरूरी होता है। यानी फिर यह सोचना होगा कि आप उस पैसे का इस्तेमाल, बचत या निवेश कैसे करेंगे ताकि आपको अपनी जिंदगी में उसकी भूमिका साफ नज़र आए। अक्सर, हम किसी रकम की माँग करने में हिचकिचाते हैं क्योंकि वह हमारी रोज़मर्रा की जिंदगी से जुड़ी हुई नहीं लगती। हम सोचते हैं, क्या मुझे सच में इतनी रकम माँगनी चाहिए? मैं इसका क्या ही करूँगा? इसलिए बेहतर है कि पहले ही स्पष्ट कर लें। एक कोच ने मुझसे कहा था, ''गणना करने से हमारा नर्वस सिस्टम स्थिर होता है।'' मैंने पाया कि मेरे और मेरे क्लाइंट्स के मामले में यह बात बिलकुल सच है। तय करें कि आप अतिरिक्त पैसे को कैसे खर्च, बचत और निवेश करेंगे ताकि यह आपके मकसद को पूरा करने में सहायक हो।

अपने लिए और अपने समुदाय के लिए सौदेबाज़ी करें

किसी ऑफर को लेकर सौदेबाज़ी करना न सिर्फ यह सुनिश्चित करता है कि आपको आपकी क्षमता, अनुभव और योगदान के अनुसार वेतन मिले बल्कि यह उन सभी के दायरे को बढ़ाता है, जिनकी पहचान आपके जैसी ही है। यह ऐतिहासिक रूप से वंचित समूहों के लिए खास मायने रखता है, जिन्हें शुरुआती ऑफर कम ही मिलते हैं। सौदेबाज़ी के ज़रिए हम धीरे-धीरे वेतन अंतर कम करने और सिर्फ वेतन ही नहीं बल्कि बोनस, इक्विटी और अग्रिम भुगतान के मामले में भी एक अधिक न्यायसंगत दुनिया बनाने की दिशा में बढ़ सकते हैं। और हाँ, यह सामुदायिक देखभाल का भी एक रूप है।

सौदेबाज़ी से पहले, अपने कारणों और पैसे की ज़रूरत को याद रखें। अपनी ज़रूरतों और उस सीमा को भी स्पष्ट करें, जिसके आगे आप नाराज़गी महसूस करेंगे। शोध करें कि उस भूमिका का वेतन दायरा क्या है ताकि आपको पता हो कि क्या संभव है। अपनी उद्देश्यपूर्ण महत्वाकांक्षा से जोड़ने के लिए, अपनी माँगों को अपने उपहारों से जोड़ें। अपनी असाधारण क्षमताओं को याद रखें और सोचें कि आप उनके कारण कितना प्रभाव डाल सकते हैं। आपकी वह प्रतिभा ज़्यादा भुगातार पाने योग्य है! अपने दोस्तों के साथ ज़्यादा माँगने का अभ्यास करें ताकि जब आपको असल सौदेबाज़ी करनी हो, तो आप इसे लेकर आत्मविश्वास महसूस करें।

पैसों के मामले में अपने नर्वस सिस्टम को स्थिर करें

जब भी पैसों की बात होती है, तो हमारे नर्वस सिस्टम के अस्थिर होने के कई कारण हो सकते हैं। उदाहरण के लिए, हम पैसों के बिना बड़े हुए हों या हमारे परिवार का पैसों के साथ बहुत उतार-चढ़ाववाला संबंध रहा हो। हम ज़्यादा की चाहत किसी मूल चोट से कर रहे हों या हमें पैसे से जुड़ी चीज़ें भ्रमित करती हों, जैसे लोन और क्रेडिट कार्ड कैसे काम करते हैं, या टैक्स कैसे भरना है (जिसे अक्सर जानबूझकर मुश्किल बनाकर रखा जाता है ताकि हम अनिश्चितता और अस्थिरता से घिरे रहें; यह भ्रम अक्सर उत्पीड़न जारी रखने का हथियार होता है)। अगर हम अस्थिर हैं, तो पैसे मिलने पर भी हम खुद को नुकसान पहुँचा सकते हैं क्योंकि हमारा मन और शरीर उसके साथ सुरक्षित महसूस नहीं करता।

इसलिए, ज़रूरी है कि हम ये जानें कि पैसों की चर्चा में हमारा नर्वस सिस्टम

कमजोर या बंद कब हो रहा है ताकि उसे दोबारा स्थिर किया जा सके। ऐसा करने के कई तरीके हैं, सांस अभ्यास और ध्यान से लेकर बॉडी मैपिंग टूल्स तक। अलग-अलग तरीके आजमाएँ और देखें कि आपके लिए क्या कारगर है। जब भी आप पैसों के बारे में सोचते समय या काम करते समय चिंतित महसूस करें, तो उन तरीकों का इस्तेमाल करें। जब हमारा नर्वस सिस्टम स्थिर होता है, तो हम बिलकुल ही अलग किस्म के फैसले लेने लगते हैं, यह कुछ ऐसा है, जैसे हम अस्थिर महसूस करते समय, अपने पास आए पैसे को रिटायरमेंट अकाउंट में डालने के बजाय अचानक एक नया वार्डरोब खरीद लें, जिसकी हमें कोई जरूरत नहीं है।

अभ्यास: मैपिंग के ज़रिए अपने नर्वस सिस्टम को स्थिर करें

(यह तरीका मैंने एमी बोनाडुची-गार्डनर से सीखा है)

१. सबसे पहले, कुछ श्वास-चक्रों तक सांस लेने के अपने मौजूदा पैटर्न का अवलोकन करें। देखें कि आपकी सांस तेज़ है या धीमी, गहरी है या उथली। बस उस पर ध्यान दें।

२. अपने शरीर से जुड़ें। जब आप पैसों के बारे में सोचते हैं, तो क्या आपको अपने शरीर में कोई संवेदनाएँ महसूस होती हैं? अगर हाँ, तो वे कहाँ महसूस होती हैं?

३. जिस जगह आप वह संवेदना महसूस कर रहे हैं, वहाँ ध्यान केंद्रित करें (अगर आपको शरीर में कुछ महसूस नहीं हो रहा है, तो कोई भी बिंदु चुन लें)। एक बार उस जगह की पहचान करने के बाद, एक बिलकुल सटीक जगह चुनें, जैसे दिल या छाती, भले ही आपके पास उसके लिए कोई नाम न हो। पास का एक दूसरा बिंदु चुनें और फिर अपनी कल्पना में कम से कम दो मिनट तक इन दोनों बिंदुओं के बीच अपना ध्यान आगे-पीछे ले जाएँ। (उदाहरण के लिए, अगर पैसों के बारे में सोचने पर आपको दिल के आसपास तनाव महसूस होता है, तो दो मिनट या उससे अधिक समय तक अपना ध्यान दिल के ऊपरी हिस्से और छाती के ऊपरी हिस्से के बीच ले जाएँ।)

४. कुछ मिनटों के बाद, आपको अपने शरीर की संरचना में बदलाव महसूस होना चाहिए, जो इस बात का संकेत है कि आपके नर्वस सिस्टम में बदलाव आया है। क्या आपको अपनी संरचना या महसूस करने के तरीके में कुछ अलग दिख रहा है? (शायद आप पहले से ज़्यादा सीधा बैठ गए हों। शायद आपके कंधे नीचे आ गए हों। आप क्या नोटिस करते हैं?)

अपनी ऊपरी सीमा और 'कभी काफी नहीं' के बीच संतुलन खोजें

बड़ी-बड़ी इच्छाएँ होने या अपने लिए कुछ ज़्यादा चाहने में कुछ भी गलत नहीं है। महत्वाकांक्षा का मतलब है जीवन में और चाहना, जैसा कि मैं पहले ही साझा कर चुकी हूँ। केवल संपत्ति के पुनर्वितरण के लिए ही, कम प्रतिनिधित्व पानेवाले व्यक्ति के तौर पर, एक मिलियन डॉलर पाने की चाहत रखना पूरी तरह से नैतिक और तार्किक है। लेकिन हम अक्सर ''कभी काफी नहीं'' वाले चक्र में फँस जाते हैं क्योंकि हमारे लिए कोई भी रकम काफी नहीं होती। यही वह समय होता है जब हमारा कष्ट बोल रहा होता है। क्या अरबपति, जो पहले से ही संपत्ति जमा कर रहे हैं, को एक और अरब डॉलर की ज़रूरत होती है? बिलकुल नहीं। यही तो वह दूषित मानसिकता है, जिसने हमारी दुनिया में एक हानिकारक और शोषणकारी असंतुलन पैदा कर रखा है।

लेकिन बहुत ज़्यादा न चाहने और ऊपरी सीमा रखने में क्या अंतर है? हममें से कई लोग अपनी ऊपरी सीमा और ''कभी काफी नहीं सिंड्रोम'' के बीच एक पतली रस्सी पर चल रहे हैं। अगर हम अपनी ऊपरी सीमा तक पहुँच चुके हैं, तो संभावना है कि हम खुद छिपे हुए हैं, जीवन में छोटे दांव लगा रहे हैं। अगर हमारा बैंक खाता एक ऐसा गहरा कुआँ बन गया है, जहाँ कोई भी रकम हमारी चाहत को पूरा नहीं कर सकती, तो यह भी ध्यान देने लायक बात है। ज़िंदगी की ज़्यादातर चीज़ों की तरह, बीच में कहीं एक ''स्वीट स्पॉट'' होता है, जहाँ हम अपने मूल्यों के अनुरूप विस्तार कर रहे होते हैं और अपनी जगह बना रहे होते हैं लेकिन इतने पैसों के भूखे नहीं होते कि दूसरों को कुचलकर ज़्यादा पैसा हासिल करें। क्योंकि इससे महत्वाकांक्षा के साथ एक स्वस्थ संबंध नहीं बन सकता।

अभ्यास: अपने पैसों को उद्देश्यपूर्ण महत्वाकांक्षा के साथ संरेखित करें

१. बचपन में पैसों को लेकर आपकी शुरुआती यादें क्या थीं? उस समय आपने पैसों के बारे में क्या तय किया?

२. शुरुआती दिनों में आपने अपनी पहचान और पैसों के बारे में क्या सीखा? (जैसे महिलाएँ और पैसा..., या प्रवासी और पैसा...)

३. आपके परिवार में पैसों को कैसे संभाला जाता था?

४. आपको काम और पैसों के बारे में क्या संदेश दिए गए थे?

५. क्या कभी आपके या आपके परिवार को पैसों के मामले में कोई भावनात्मक

आघात झेलना पड़ा है? उसके बाद आपने पैसों के बारे में क्या सोच बना ली?

६. पैसों को लेकर आपके माता-पिता या अभिभावकों के मन में क्या डर था? क्या आपने उनके ऐसे ही किसी डर को खुद भी अपना लिया है?

७. पैसों को लेकर आपके माता-पिता या अभिभावकों की क्या कहानियाँ थीं? क्या आपने उनमें से किसी कहानी को अपनी कहानी बना लिया है?

८. क्या पैसों के साथ आपका संबंध पहले अध्याय में बताई गई आपकी मूल चोटों से जुड़ा है? अगर हाँ, तो वह आपके वर्तमान जीवन को कैसे प्रभावित कर रहा है?

९. पैसों को लेकर मेरे वर्तमान डर और कहानियाँ कुछ ऐसे हैं......

१०. मुझे डर है कि अगर मेरे पास ज़्यादा पैसा हुआ तो ---------- होगा। (रिक्त स्थान भरें)

११. नाराज़गी की सीमारेखा से ऊपर रहने के लिए मेरा वेतन/आय इतना तो होनी ही चाहिए...।

१२. नाराज़गी की सीमारेखा से ऊपर रहने के लिए, क्या आपको अपना वेतन या अपना मूल्य बढ़ाने की ज़रूरत है? अगर हाँ, तो कितना?

१३. अगर हाँ, तो आप यह कब तक करेंगे?

१४. क्या ज़्यादा पैसे कमाने की आपकी चाहत आपके उद्देश्य और मिशन से जुड़ी है? अगर नहीं, तो आप इन दोनों विचारों को कैसे जोड़ सकते हैं? नोट: अगर आपको इसमें बहुत विरोध महसूस होता है, तो शायद आपको अपनी मूल चोटों पर और काम करने की ज़रूरत है।

१५. वास्तविकता को अपने पैसों का आधार बनाएँ। अगर आपको नया वेतन या आय मिल जाए तो आप उसका क्या करेंगे? स्पष्ट रहें और अपनी आय को खर्च की श्रेणियों में बाँटें।

१६. आपने पैसों के बारे में अपनी मान्यताओं और आदतों को लेकर क्या सीखा या नोटिस किया?

१७. क्या कोई सीमित मान्यताएँ आपके रास्ते में बाधा बन रही है? (अगर हाँ, तो कृपया सीमित मान्यताओंवाले हिस्से पर फिर से नज़र डालें।)

अपनी ज़रूरतों को आर्थिक न्याय के ज़रिए पूरा करना

यह समझना बेहद ज़रूरी है कि हमारी ज़रूरतें पूरी होना किसी अलग–थलग प्रक्रिया में नहीं होता। इंसान के रूप में हम एक–दूसरे से जुड़े हुए हैं और एक व्यवस्था का हिस्सा हैं। उस व्यवस्था में हमारी वित्तीय ज़रूरतों का पूरा होना ही आर्थिक न्याय कहलाता है।

आर्थिक न्याय तब होता है जब हर व्यक्ति के पास वह सब होता है, जो उसकी उन्नति के लिए ज़रूरी है और हम सारे संसाधनों को एक समाज के रूप में मिलकर ही उत्पन्न करते हैं। लेखक और कोच केली डील्स, जिनका मैंने पहले जिक्र किया था, उन्होंने एक तीन–भागोंवाला ढाँचा बनाया है, जो आर्थिक रूप से न्यायपूर्ण व्यापार मॉडल बनाने में मदद करता है। यह मुझे हमेशा से ही बहुत पसंद रहा है। इस ढाँचे में ज़रूरी है कि कोई भी मॉडल ''अपने लिए अच्छा हो, ग्राहक के लिए अच्छा हो और सामूहिक तौर पर अच्छा हो।'' मुझे लगता है यह ढाँचा विशेष रूप से महत्वाकांक्षा के संदर्भ में बेहद मददगार है और यह केवल उद्यमिता तक ही सीमित नहीं है। आप इसमें अपनी सैलरी के साथ भी भाग ले सकते हैं या फिर किसी संगठन के अंदर बजट संभालनेवाले व्यक्ति के रूप में भी। इसका मतलब है कि हम सब साथ में जीत हासिल करें, न कि वह पुराना दृष्टिकोण, जिसमें माना जाता है कि किसी एक को जीतने के लिए दूसरे को हारना ही होगा। हमारी नौकरियाँ भी अपने लिए, उनके लिए जिनकी हम सेवा करते हैं और और विस्तृत हित के लिए अच्छी होनी चाहिए। आर्थिक न्याय इसलिए महत्वपूर्ण है क्योंकि यह हमारा ध्यान ''मुझे यह अकेले हल करना है'' के विचार से निकालकर ''मैं एक सहभागी के रूप में इसमें योगदान दे सकता हूँ और हम इसे एक समाज के रूप में हल कर सकते हैं'' के विचार की ओर केंद्रित कर देता है।

जब हम पैसों से जुड़े अन्याय (या किसी भी तरह के अन्याय) को खत्म करने का पूरा बोझ अपने कंधों पर ले लेते हैं, अपनी कीमतें कम रखते हैं और हमेशा दूसरों को अपने से पहले रखते हैं, तो अक्सर हम खुद को नुकसान पहुँचाते हैं और अपनी क्षमता को सीमित कर देते हैं। जो संस्कृति–निर्माता बदलाव लाने के लिए आए हैं, अगर उनके खुद के पास जीने के लिए पर्याप्त संसाधन नहीं होंगे क्योंकि उन्होंने पूरा बोझ खुद पर ले लिया है तो यह न्याय के विपरीत होगा। अगर हमारा काम इसलिए बंद हो जाए क्योंकि हम लगातार कम संसाधनों में, ज़रूरत से ज़्यादा काम करते हुए थक चुके हैं, तो इसका मतलब है कि हमने समस्या हल नहीं की।

बतौर व्यवसायी और नेता, हमें आर्थिक न्याय का प्राप्तकर्ता भी होना चाहिए, न कि केवल प्रदाता। यानी असली बात यह है कि यह एक दोतरफा रास्ता है।

आर्थिक न्याय सामूहिक रूप से एक पूरे सिस्टम का मिशन है और हम सभी इसमें सहभागी और योगदानकर्ता हो सकते हैं, चाहे किसी ऐसे संगठन के प्रवक्ता बनकर, जिसे हम गहराई से मानते हों, नियमित दान देकर, अपने समूह कार्यक्रमों और डिजिटल ऑफरों में छात्रवृत्ति की जगह देकर, अपने संगठनों में वेतन समानता के ऑडिट की माँग करके, मेंटरशिप देकर या ऐसे ही अन्य कई तरीकों से। असली उद्देश्य यह है कि हम सामूहिक रूप से योगदान दें ताकि बदलाव लाते समय कोई भी व्यक्ति खुद को नुकसान की स्थिति में न डाले।

गैबी एक फ्रीलांस क्रिएटिव डायरेक्टर है और कुछ बेहद आकर्षक, मिलेनियल-केन्द्रित ब्रांड्स के साथ काम करती है। जब भी किसी कंपनी को सांस्कृतिक रूप से ज़्यादा प्रासंगिक बनाना होता है, लोग गैबी को बुलाते हैं। हाल ही में, गैबी एक ब्यूटी ब्रांड के लिए सीमित रिटेनर पर काम कर रही थी ताकि उसकी छवि को नया रूप दिया जा सके।

उसने पहले ही अपना मासिक शुल्क घटा दिया था क्योंकि वह इस काम का अनुभव अपने पोर्टफोलियो में जोड़ना चाहती थी। समय बीतने के साथ, उन्होंने उससे और जिम्मेदारियाँ पूरी करने की माँग की। जब गैबी ने अपना नया शुल्क (जो अब भी उसकी सामान्य आय से कम था) सीएमओ के सामने रखा, तो उन्होंने पूछा कि क्या वह कम पैसों में और काम कर सकती है। ऐसा इसलिए नहीं हो रहा था कि उनके पास फंड की कमी थी, गैबी उनके फ्रीलांस बजट से भी अच्छी तरह वाकिफ थी। बात सिर्फ ये थी कि वे बस कम कीमत पर ज़्यादा काम कराना चाहते थे। गैबी ने इस अनुरोध को एक ज़ोरदार ''ना'' के साथ ठुकरा दिया। क्योंकि ''हाँ'' कहने का मतलब होता कि वह एक कठिन वित्तीय स्थिति में आ जाती और उसे अपनी इस गंवाई हुई आमदनी की भरपाई के लिए और प्रोजेक्ट लेने पड़ते, साथ ही अपने सब-कॉन्ट्रैक्टर्स की फीस घटानी पड़ती। वह ओवरवर्क्ड और अंडरपेड हो जाती और वह भी सिर्फ इसलिए कि किसी ब्रांड के प्रॉफिट-एंड-लॉस स्टेटमेंट में थोड़ा और मुनाफा दिख सके और इसका असर उसकी टीम पर भी पड़ता। दोस्तों, यह आर्थिक न्याय नहीं है। यह शोषण है।

आप अपनी सभी ज़रूरतों को पूरा करने के हक़दार हैं। हम सब इसके हक़दार हैं और यह हर किसी के लिए अलग होगा। ऐसा ही होना भी चाहिए। और जब बात

आती है हमारी ''ज़्यादा चाहत'' और ''कितना काफी है'' के बीच एक स्वीट स्पॉट यानी सही संतुलन खोजने की, तो सबसे बड़ा लक्ष्य होना चाहिए संतोष। अगले अध्याय में हम इसे और गहराई से समझेंगे।

अध्याय का सारांश

* आपको अपनी ज़रूरत जताने का हक़ कमाने की ज़रूरत नहीं है। अपनी ज़रूरतों का सम्मान करना स्थिरता लाता है।
* नाराज़गी की सीमारेखा से ऊपर जिएँ और हमेशा खुद से पूछते रहें कि वह सीमारेखा कहाँ है।
* अपनी अनोखी ज़रूरतें खोजने और पूरी करने के लिए पोषण मीटर का उपयोग करें।
* अपने जीवन के हर क्षेत्र में अपनी अनिवार्य चीजें, उपलब्ध होंगी तो अच्छा होगावाली चीज़ें और बिलकुल अस्वीकार्य चीज़ें स्पष्ट करें।
* सामुदायिक देखभाल और आत्म-देखभाल समान रूप से महत्वपूर्ण हैं और साथ-साथ चलती हैं।
* हमारी ज़रूरतें पूरी होने का एक बड़ा हिस्सा है कि हमारे पास उन्हें पूरा करने के लिए पर्याप्त पैसा हो। अपना पैसा कमाएँ और पैसों से जुड़ी अपनी कहानी पर काम करें।
* यह सुनिश्चित करना कि हम सबके पास पर्याप्त हो, एक पूरे सिस्टम का सामूहिक प्रयास होता है।

अध्याय ७

संतोष को प्राथमिकता दें

''हमें संतोष तब महसूस होता है, जब हमारे आस-पास जो कुछ भी हो रहा है, उसके साथ हमारा संबंध सहज हो, न कि इस बात से कि उस पर हमारी प्रतिक्रिया क्या है। यानी यह समझ कि हम जैसे हैं, वैसे ही पूर्ण हैं, फिर भले ही कभी-कभी क्रोध, उदासी, खुशी, झुंझलाहट या उत्साह जैसी भावनाएँ मन में आती-जाती रहें।''

- डैनियल कॉर्डारो, पीएचडी

महत्वाकांक्षी लोगों के बारे में एक गलतफहमी यह है कि हमारे लिए कभी कुछ भी काफी नहीं होता यानी कि हम कभी संतुष्ट नहीं होते। लेकिन याद रखिए, यह केवल कष्टदायी महत्वाकांक्षा की पहचान है। अगर हम कष्ट से प्रेरित होकर आगे बढ़ रहे होंगे तो पैसा, पद, पुरस्कार या न्यूयॉर्क टाइम्स जैसी बेस्टसेलर किताबें भी पर्याप्त नहीं होंगी। क्यों? क्योंकि हम भीतर की चोटों को बाहरी और मनमाने पैमानों से भरने की कोशिश कर रहे होते हैं। यह तरीका कारगर नहीं है। मुझ पर विश्वास कीजिए, मैंने इसे आज़माया है। शायद आपने भी आज़माया होगा और हमारे अलावा और बहुत से लोगों ने आज़माया होगा।

इसके बजाय, हमें वह संतोष खोजना होगा, जिसके लिए जरूरी है कि हम बाहर जो चाहते हैं, उसकी ओर जाने से पहले अपने भीतर पूर्णता खोजें। यह जीवन के लिए अधिक टिकाऊ और संतोषजनक दृष्टिकोण प्रदान करता है।

खुशी के बजाय संतोष का चुनाव करना

पश्चिमी दुनिया खुशी की अवधारणा से आसक्त है। वास्तव में, अमेज़न डॉट कॉम पर इस बारे में सर्च करने पर २०,००० से अधिक किताबें सामने आ जाती हैं, जो हमें इस मायावी अवस्था को खोजने में मदद करने का दावा करती हैं। इसी से पता चलता है कि हमारी चाहत कितनी गहरी है। खुशी और संतोष शब्द का अर्थ

अक्सर एक ही मान लिया जाता है और ये दोनों चीज़ें साथ-साथ काम भी करती हैं लेकिन वास्तव में ये एक-दूसरे से अलग हैं और इन दोनों में से केवल एक ही उद्देश्यपूर्ण महत्वाकांक्षा को गहनता से पोषित करता है।

एक ओर, खुशी वह सुख या संतुष्टि की भावना है, जो हमें अपने जीवन की उपलब्धियों या विभिन्न पड़ावों से मिलती है। चूँकि यह एक भावना है इसलिए अस्थायी है। दूसरी ओर, संतोष एक आंतरिक शांति की अवस्था है, जो बाहरी परिस्थितियों से परे हमारा सहारा बनती है। जहाँ खुशी की तलाश हमें हमेशा बदलते लक्ष्य की ओर दौड़ाती रहती है, वहीं संतोष हमें वर्तमान के साथ रहने और अधिक ग्रहण करने के लिए तैयार रहने की क्षमता देता है। दूसरे शब्दों में, खुशी क्षणिक और समाधान स्थिर होता है।

जीवन में हमें खुशी और समाधान दोनों की आवश्यकता होती है, हालाँकि अधिकांश लोग केवल खुशी पर ही अपना ध्यान केंद्रित करते हैं। जबकि ऐसा करना व्यर्थ है क्योंकि मानव भावनाएँ स्वाभाविक रूप से बदलती रहती हैं। हमेशा खुश रहना संभव नहीं है। हमेशा खुश रहने का दबाव केवल निराशा लाता है क्योंकि यह इंसान होने की वास्तविकता से परे है। अगर हम इस आधार पर अपने लक्ष्य निर्धारित करते हैं कि हमें किससे खुशी मिलेगी तो इस बात की संभावना कम ही है कि हमें सच्चा समाधान मिलेगा।

दरअसल यूनिवर्सिटी ऑफ कैलिफोर्निया, सैन फ्रांसिस्को (यूसीएसएफ) में पीडियाट्रिक्स के एंडोक्राइनोलॉजी विभाग के प्रोफेसर डॉ. रॉबर्ट लस्टिग मानते हैं कि हमारी खुशी की खोज ही हमें दुःखी बना रही है। अपनी किताब 'द हैकिंग ऑफ द अमेरिकन माइंड' में वे जोर देकर कहते हैं कि हम एक समाज के रूप में खुशी, सुख और समाधान (happiness, pleasure, and contentment) को आपस में मिलाने की कोशिश कर रहे हैं और यह हमें गहरे संघर्ष में डाल रहा है। अधिक ''लाइक्स'', नए लक्ज़री सामान और अगली पदोन्नति की चाहत डोपामाइन की हमारी खोज से प्रेरित होती है। डोपामाइन एक ऐसा न्यूरोट्रांसमीटर है, जो प्रेरणा और किसी चीज़ को हासिल करने की इच्छा के लिए जिम्मेदार होता है। हमारी यह निरंतर दौड़ हमें लत की ओर ले जा सकती है। दूसरे शब्दों में, हम एक समाज के रूप में अल्पकालिक सुख के आदी हो गए हैं।

बेशक, खुशी कोई बुरी चीज़ नहीं है; हमें बस उस पर अपनी अति-निर्भरता को छोड़ना होगा और अन्य भावनाओं के लिए जगह बनानी होगी। जब ''दुनिया

की पहली हैप्पीनेस हैकर'' पेनी लोकोसो ने बीस से सत्तर वर्ष की उम्र के १०० से अधिक प्रतिभागियों का साक्षात्कार किया। इसमें उन्होंने पाया कि जो लोग सबसे ज़्यादा संतुष्ट महसूस कर रहे थे, वे वही थे जिन्होंने खुद को सकारात्मक भावनाओं के साथ-साथ वे भावनाएँ महसूस करने और व्यक्त करने की अनुमति भी दे रखी थी, जिन्हें हम आमतौर पर नकारात्मक मानते हैं, जैसे उदासी, भय और नाराजगी। असल में क्रोध, शोक और झुंझलाहट जैसी भावनाओं को दबाना हमारे लिए हानिकारक होता है क्योंकि जब हम अपनी भावनाओं के किसी पहलू को दबाते हैं तो वास्तव में अपने मानव अनुभव की पूर्णता को खारिज कर रहे होते हैं। और जैसा हमने ''शैडो'' वाले खंड में सीखा, जब हम एक भावना को दबाते हैं तो उसकी विपरीत भावना को भी दबा देते हैं।

हमें सकारात्मक और चुनौतीपूर्ण दोनों तरह की भावनाओं को महसूस करने की ज़रूरत है क्योंकि वे हमारे जीवन और अनुभवों के बारे में हमें डेटा देती हैं, जो यह तय करने में मदद करता है कि हम जीवन में आगे कैसे बढ़ें। भावनाओं की एक पूरी श्रृंखला का अनुभव करना इमो-डाइवर्सिटी यानी भावनात्मक विविधता कहलाता है। दुर्भाग्यवश, हममें से कई लोगों को लगता है कि हमें अपनी सभी भावनाओं को सामने लाने की अनुमति नहीं है। उस ''खलनायक अरब'' के बारे में सोचिए, जिसने कई लोगों को अपना गुस्सा दबाने पर मजबूर कर दिया या ''हद से ज़्यादा भावुक और बेकाबू महिला'' की छवि के बारे में सोचे। लेकिन दूसरों को सहज बनाने के लिए अपनी भावनाओं को दबाना केवल हमें नुकसान ही पहुँचाता है। हम सबको अपनी भावनाओं की एक पूरी श्रृंखला का अनुभव करने का अधिकार होना चाहिए और यह हमारे स्वास्थ्य के लिए भी अच्छा है। अध्ययनों से पता चला है कि खुद को विभिन्न प्रकार की भावनाओं को महसूस करने की अनुमति देने से अवसाद में कमी आती है और डॉक्टर की विजिट व इलाज के खर्चों में भी कमी होती है। दूसरे शब्दों में, जब हम खुद को अच्छी और बुरी ऐसी सभी भावनाएँ महसूस करने की अनुमति देते हैं तो हम अपनी महत्त्वाकांक्षा के साथ अधिक ईमानदार बातचीत कर सकते हैं।

पश्चिमी समाज जहाँ खुशी को प्राथमिकता देते हैं, वहीं कई पूर्वी परंपराओं में समाधान को सबसे अनुकूल अवस्था माना गया है। ५,००० वर्षों की मानव दर्शन परंपरा और २०० वर्षों के वैज्ञानिक शोध का अध्ययन करते हुए डॉ. डैनियल कॉर्डारो कॉन्टेंटमेंट फाउंडेशन के संस्थापक और सीईओ ने प्राचीन ज्ञान-परंपराओं

के ग्रंथों का गहन अध्ययन किया। आश्चर्य की बात यह रही कि इन परंपराओं में "खुशी" शब्द का शायद ही कभी प्रयोग हुआ। वास्तव में, उन्होंने पाया कि नब्बे प्रतिशत से अधिक बार "संतोष" शब्द का प्रयोग हुआ है। इसे "बेशर्त पूर्णता" के रूप में वर्णित किया गया, फिर चाहे बाहर कुछ भी हो रहा हो। आगे, जब यूनिवर्सिटी ऑफ शिकागो के शोधकर्ता भूटान के पूर्वी हिस्से में भावनाओं का अध्ययन कर रहे थे तो उनके मार्गदर्शक डॉ. दोरजी वांगचुक ने बताया कि यह अवस्था कितनी विशेष है, "इसका ठीक-ठीक अनुवाद करना तो कठिन है लेकिन सबसे नज़दीकी शब्द है, छोक्शे। यह एक गहन आध्यात्मिक शब्द है और इसका अर्थ है, काफी होने का ज्ञान।" मूल रूप से, इसका अर्थ है कि हमें यह बोध हो कि अभी हमारे पास जो भी है, वही संपूर्ण है।

यह बेशर्त पूर्णता हमें महत्वाकांक्षा के साथ एक अधिक उद्देश्यपूर्ण संबंध बनाने की अनुमति देती है। खुद को संपूर्ण बनाने के लिए हम नौकरी, पुरस्कार या बड़े पद जैसे बाहरी साधनों पर निर्भर नहीं हो सकते। क्योंकि पूर्णता भीतर से आती है। यह कितना अद्भुत है! अस्थायी भावनाओं से अपने आपको बाँधने के बजाय हम वर्तमान में रह सकते हैं और उसे पर्याप्त मान सकते हैं। जो हो सकता है, उसकी तलाश करने के बजाय हम इस क्षण में जो है, उसके साथ रह सकते हैं और उसे स्वीकार कर सकते हैं।

नर्वस सिस्टम की मेरी शिक्षिका एमी बोनाडूची गार्डनर ने मुझे यह सिखाया कि जब हम खुद को वर्तमान से बाहर निकालकर भविष्य या अतीत की अवस्थाओं में ले जाते हैं, चाहे वह कल की प्रस्तुति को लेकर चिंता हो या पिछले वर्ष कार्यस्थल पर की गई गलती की शर्मिंदगी को दोहराना हो तो वास्तव में हम अपने शरीर को फाइट ऑर फ्लाइट अवस्था में भेज देते हैं। फाइट ऑर फ्लाइट की अवस्था में हमारा दिमाग उन चीज़ों की पहचान करता है, जो समान हैं और वर्तमान को समझने या भविष्य का अनुमान लगाने के लिए उसे अतीत से जोड़ता है। यह हमें सहानुभूतिपूर्ण मार्ग पर ले जाता है, जिसका वर्तमान में हो रही घटनाओं से बहुत कम लेना-देना होता है। यह हमें अटका सकता है और हमें नए अनुभवों, विचारों और सीखने के अवसरों से वंचित कर सकता है।

अगर मैं जानबूझकर अतीत या भविष्य में उलझी रहूँ तो यह मेरे अवचेतन मस्तिष्क (जिसका काम वर्तमान क्षण की संवेदी जानकारी को ग्रहण करके उसे संसाधित करना है) और मेरे चेतन मस्तिष्क (जिसका काम अवचेतन मस्तिष्क द्वारा

दी गई जानकारी के आधार पर निर्णय लेना है लेकिन अब इस अवस्था में वह किसी और ही क्षण के बारे में सोच रहा है) के बीच असमानता पैदा करता है। जब मेरे दिमाग की वास्तविकता बाहरी वातावरण की वास्तविकता से मेल नहीं खाती तो मेरा सिंपैथेटिक नर्वस सिस्टम सक्रिय हो जाता है, बाद में पछताने से बेहतर है अभी सावधानी बरतना।

संतोष यानी समाधान हमें न केवल वर्तमान में रहने देता है बल्कि यह हमारे नर्वस सिस्टम को रेस्ट एंड डाइजेस्ट अवस्था में भी ले आता है। बोनाडूची गार्डनर के अनुसार, जब हम संतोष की अवस्था में होते हैं, तब हमारा पैरासिंपैथेटिक दिमाग ''हर क्षण के अनोखापन को नोटिस करता है और हमें बताता है कि यह कल से कैसे अलग है और जिज्ञासा के साथ आनेवाले कल की ओर बढ़ता है।'' यह हमें वर्तमान क्षण की वास्तविकता से मिलने का मौका देता है। हो सकता है कि हमें अभी-अभी कोई उत्तेजक ईमेल मिला हो लेकिन वर्तमान क्षण की वास्तविकता यह है कि हमें कोई वास्तविक खतरा नहीं है।

अपने अंदर संतोष का भाव विकसित करें

संतोष हमें इस प्रश्न का उत्तर देने में सक्षम बनाता है कि ''कब पर्याप्त, पर्याप्त होता है?'' जबकि खुशी की लगातार दौड़ हमें कष्टदायी महत्वाकांक्षा के चक्र में फँसा सकती है। आइए देखें कि हम संतोष को विकसित करना कैसे शुरू कर सकते हैं, जो हमें उद्देश्यपूर्ण महत्वाकांक्षा के और करीब लाता है। पहला कदम है, अपने जीवन को उन मूल्यों के अनुसार जीना, जिन्हें हम महत्व देते हैं।

अपने काम को अपने मूल्यों के साथ संरेखित करें

जैसा कि हमने अध्याय ४ में सीखा, आपके मूल मूल्य आपके जीवन के मार्गदर्शक मानदंड हैं। आपके मूल्य आपको यह पूछने की अनुमति देते हैं कि आप जिस साझेदारी, कार्यस्थल, परियोजना, मित्रता या समुदाय में प्रवेश कर रहे हैं, क्या वे और आप एक जैसी बातों की परवाह करते हैं? और ये हममें से प्रत्येक के लिए कितना मायने रखता है? अगर किसी संगठन के मूल मूल्य आपके अपने मूल्यों के सीधे विपरीत हैं, तो एक समय आएगा जब संगठन आपसे आपके किसी हिस्से को छोड़ने या समझौता करने के लिए कहेगा, कभी-कभी हमें उन्हीं मुखौटों के पीछे छिपने के लिए मजबूर करेगा, जिन्हें हमने बचपन में ओढ़ा था। और ऐसा करके आप अपनी उद्देश्यपूर्ण महत्वाकांक्षा का उल्लंघन करेंगे।

मेरी क्लाइंट पेट्रिशिया के साथ कुछ ऐसा ही हुआ था। वह कई वर्षों तक एक एथलीज़र ब्रांड की कमर्शियल सेल्स की वाइस प्रेसिडेंट थीं। हालाँकि वह अपनी टीम को बहुत पसंद करती थीं, उन्हें लगा कि वे कुछ सीख नहीं रहीं और आगे नहीं बढ़ रहीं हैं, जबकि यह उनका एक मूल मूल्य था। लेकिन वे दुविधा में थीं क्योंकि वे अपनी टीम को बीच में छोड़ना नहीं चाहती थीं। हर दिन उन्हें चिंता होती कि वे पहले जैसी तेज़ नहीं रहीं क्योंकि उनकी भूमिका उन्हें उस तरह की चुनौती नहीं दे रही थी, जैसी वे चाहती थीं। शुरुआत में उन्होंने इसे नज़रअंदाज़ किया क्योंकि उनकी टीम अच्छी थी और सहयोगी रवैया रखती थी। लेकिन धीरे-धीरे, उनके भीतर एक आवाज गूँजने लगी, जो उन्हें याद दिला रही थी कि उन्हें सीखना कितना पसंद है और उनकी वर्तमान भूमिका इसमें कितनी कम अनुमति देती है। उन्होंने बाहरी अवसर तलाशे लेकिन फिर भी कुछ खास नहीं हुआ। वे अपने विकास में ठहराव की स्थिति में फँसी हुई थीं लेकिन अपनी टीम की खातिर वहाँ रुककर अपने सपनों की बलि भी दे रही थीं।

आखिरकार, उनके अंदर की आवाज़ इतनी ज़ोरदार हो गई कि उसे नज़रअंदाज़ करना असंभव हो गया। अब उनके काम ने उन्हें जुड़ाव के बजाय बोझिल महसूस कराना शुरू कर दिया और पेट्रिशिया के अंदर काम के प्रति नाराज़गी पैदा होने लगी। वे न तो प्रामाणिक रूप से काम कर पा रही थीं, न ही अपने उपहारों की संपूर्णता को सामने रख पा रही थीं। जब हम वास्तव में यह छिपा रहे हों कि हम कौन हैं, तो फिर हम अपनी महत्वाकांक्षा के साथ एक अच्छा संबंध कैसे रख सकते हैं? जब नाराज़गी हावी होने लगी, तब पेट्रिशिया ने तय किया कि अब वे ऐसी नौकरी ढूँढ़ेगी जो उनके विकास को प्राथमिकता दे। (और उन्होंने ऐसा किया, जहाँ उन्हें भारी वेतनवृद्धि भी मिली। यह उनके लिए हर लिहाज से अच्छा रहा।)

काम में मूल्यों का संरेखण महत्वपूर्ण है। अध्ययनों से पता चला है, कि जब यह अनुपस्थित होता है, तो हमें अधिक संतुष्टि पाने के लिए अन्य कारकों को बढ़ाना पड़ता है। उदाहरण के लिए, जब पॉल इन्ग्राम और यूनजिन चोई नामक दो रिसर्चर्स ने कई सीओओ (चीफ़ ऑपरेटिंग ऑफिसर्स) का विश्लेषण किया तो उन्होंने पाया कि जब सीओओ कंपनी के मूल्यों के साथ संरेखित नहीं होते, तो उन्हें अपने काम से अधिक संतुष्ट होने के लिए ४० प्रतिशत अधिक वेतन की आवश्यकता होती है। मैंने अपने क्लाइंट्स के साथ भी यह देखा है। जब अपने काम में वे उन चीज़ों से जुड़ा हुआ महसूस नहीं करते, जो उनके लिए वाकई मायने रखती हैं, तो वे पोषित

महसूस करने के लिए उस काम से होनेवाली कमाई को ज़्यादा महत्त्व देते हैं। उनके काम से सार्थकता गायब हो जाती है, जिसे वे आर्थिक रूप से भरने की कोशिश करते हैं। लेकिन यह एक अल्पकालिक रणनीति है क्योंकि पैसा अकेले संतोष नहीं लाता, हमें अपने कार्यस्थलों के साथ साझा मूल्यों की आवश्यकता होती है ताकि हम फल-फूल सकें।

आपका काम वर्तमान में आपके मूल्यों के साथ संरेखित है या नहीं, यह जानने के लिए पहले आपको स्पष्ट होना चाहिए कि आपके मूल्य क्या हैं। इसके लिए हम निम्नलिखित अभ्यास का उपयोग कर सकते हैं।

अभ्यास: अपने मूल्यों की खोज

१. इस सूची को देखते हुए आपके अनुसार आपके मूल मूल्य कौन से हैं? अगर आपको सबसे महत्वपूर्ण पाँच मूल्य चुनने हों, तो वे क्या होंगे?

२. अगर आपको अपने मूल्यों को तुरंत पहचानने में कठिनाई हो रही है तो हाल ही में हुई किसी अप्रिय घटना को याद कीजिए। उस समय कौन से मूल्य अनुपस्थित थे?

३. आप अपने काम में किन मूल्यों को सुनिश्चित करना चाहते हैं ताकि वे हर हाल में बने रहें?

४. अगर आप किसी संगठन में काम करते हैं तो संगठन के कौन से मूल्यों को बनाए रखना चाहिए ताकि आपको लगे कि आप उसके साथ तालमेल में हैं?

५. अपने वर्तमान काम में आप किन मूल्यों को और गहराई से अपनाना चाहते हैं?

६. उन मूल्यों को व्यवहार में लाने के लिए आप तत्काल क्या कदम उठा सकते हैं?

इंग्राम और चोई के मूल्यों पर किए गए गहन शोध का निष्कर्ष यह है कि जब किसी कंपनी के मूल्य उसके कर्मचारियों के मूल्यों से मेल खाते हैं, तो पूरा कामकाज कहीं अधिक सहजता से चलता है।

ऐसे मामलों में नौकरी की संतुष्टि अधिक होती है, कर्मचारियों के छोड़कर

जाने की दर कम होती है, संवाद अधिक स्वस्थ और सहयोगी होता है, योगदान ठोस होता है और अपनेपन की भावना पैदा होती है। कंपनियों को मूल्य-सरेखण को प्रोत्साहित करने के लिए प्रेरित महसूस करना चाहिए।

अपनी अपेक्षाओं को छाँटिए

हम खुद से और दूसरों से जो अपेक्षाएँ रखते हैं, वे अक्सर हमारी संतुष्टि के रास्ते में बाधा बन जाती हैं। जब मैंने अपना व्यवसाय शुरू किया, तो मैंने मान लिया था कि उद्यमिता भी स्कूल की तरह होगी, जितना मेहनत करेंगे उतना ही परिणाम मिलेगा। अगर आप पढ़ाई करें और सब कुछ ''जैसा करना चाहिए'' वैसा ही करें, तो आपको ए ग्रेड मिलेगा और आप अपने लक्ष्य हासिल कर लेंगे।

हे भगवान, शुरुआत में ही मुझे भारी झटका लगा! उद्यमिता ने मुझे किसी भी अन्य अभ्यास से अधिक यह सिखाया कि मेहनत करने के बावजूद हमेशा मनचाहा नतीजा नहीं मिलता और परिस्थितियाँ हमेशा न्यायपूर्ण नहीं होतीं। संगठन के संस्थापक के रूप में मेरा पहला साल बहुत निराशाजनक रहा और एक आघात भी हुआ। जिसमें एक पीड़ित बच्चे की तरह मैंने सबसे पहले खुद को यही कहानी सुनाई कि मैं इस काम में अच्छी नहीं हूँ और मुझमें ही कुछ बुनियादी कमी है। लेकिन सच्चाई ये थी कि मुझमें कोई कमी नहीं थी। बस मेरी अपेक्षाओं में बिलकुल भी संतुलन नहीं था।

दूसरों की अपेक्षाएँ भी हमारे संतोष को प्रभावित कर सकती हैं। शायद आपका मैनेजर आपसे एकदम परफेक्ट काम की उम्मीद रखता है, भले ही आप कई प्रोजेक्ट्स संभाल रहे हों और आपके पास अपने काम को निखारने का समय ही न हो। या फिर आपकी टीम किसी चीज़ पर तुरंत प्रतिक्रिया चाहती है, जबकि आपका कैलेंडर मीटिंगों से भरा हुआ है और आप हद से ज़्यादा व्यस्त हैं। या आपका मैनेजर उम्मीद करता है कि आप सप्ताहांत पर कॉल और ईमेल का जवाब देंगे, जबकि आपकी अपनी व्यस्तताओं के कारण यह संभव नहीं है। इन अपेक्षाओं के प्रति जागरूक होना हमारे लिए मददगार भी हो सकता है और बाधक भी। मददगार इसलिए कि हमें पता है, लोग हमसे क्या चाहते हैं और बाधक इसलिए कि इन अपेक्षाओं का बोझ हमें अपनी वास्तविक क्षमता से कहीं अधिक काम करने पर मजबूर कर देता है, बजाय इसके कि हम अपने असली स्वरूप में सामने आएँ।

सच यह है कि अपेक्षाएँ हर जगह हैं। हम उनसे बच नहीं सकते लेकिन उनके

साथ जीना जरूर सीख सकते हैं। तरकीब यह है कि उन्हें काफी ऊँचा रखें (और यहाँ 'काफी' शब्द अहम है) कि हम अपने विकास पर काम करें लेकिन परिणाम को छोड़ दें। उदाहरण के लिए, मैं चाहूँगी कि यह किताब एक बेस्टसेलर बने लेकिन मेरा संतोष इस पर निर्भर नहीं करता। मेरा असली लक्ष्य है ऐसी किताब लिखना, जो आपके जीवन को बदले और उस प्रक्रिया में मैं अपना सर्वश्रेष्ठ दूँ। लेकिन अंतिम नतीजा मेरे हाथ में नहीं है।

वास्तविक अपेक्षाएँ निर्धारित करना मेरे कई महत्वाकांक्षी ग्राहकों के लिए एक कठिन सबक रहा है क्योंकि अक्सर उनकी अपेक्षाएँ उनके असली कारणों के अनुरूप नहीं होतीं। उदाहरण के लिए, ग्रेस, जो दुनिया की शीर्ष कंसल्टिंग फर्मों में से एक की क्षमतावान कर्मचारी थीं। उन्होंने मुझे बताया कि समूह में कुछ एशियाई-अमेरिकियों में से एक होने के नाते, उन्हें "खुद को साबित करने और तेज़ी से सफलता पाने का बहुत बड़ा दबाव" महसूस होता था। करीब पैतींस की उम्र में ही उन्हें उस फर्म में पार्टनर बनने के लिए चुना गया, जो अपने आपमें एक बड़ी उपलब्धि थी; आमतौर पर इसमें लगभग पंद्रह साल का समय लगता है और अधिकतर कंसल्टेंट्स चालीस की उम्र से पहले पार्टनर नहीं बनते। उस पूरे उद्योग में महिला एशियाई पार्टनर्स की संख्या बहुत कम थी और ग्रेस वहाँ तक जल्दी पहुँचने के लिए दृढ़ थीं।

इस कठिन प्रक्रिया में जो साझेदार बनने के लिए आवश्यक होता है, वह सब ग्रेस ने किया। उसने और ज़्यादा मेहनत की, अपने सप्ताहांत त्याग दिए, यहाँ तक कि समीक्षा समिति की तैयारी के लिए एक स्पीकिंग कोच भी रखा। उन्होंने वही किया, जिसमें वे माहिर थीं: ज़रूरत से ज़्यादा तैयारी और प्रतियोगियों से ज़्यादा काम। उन्होंने पहला दौर पार कर लिया। लेकिन दूसरे दौर के बाद उन्हें बताया गया कि वे आगे नहीं बढ़ पाईं। उन्होंने मुझे कॉल किया। वे हताश थी, उलझन में थीं और सबसे बढ़कर गुस्से में थीं। जब हमने उनके गुस्से की पड़ताल की तो समझ में आ गया कि ग्रेस खुद से ही नाराज़ थीं। वे हमेशा मुश्किल चीज़ों को संभव बनानेवाली महिला रही थीं। तो फिर इस बार क्यों नहीं हो पाया?

हमने उनके कारणों पर ध्यान दिया, आखिर वे पार्टनर क्यों बनना चाहती थीं। सोचने पर उन्हें एहसास हुआ कि वे उद्योग की सबसे कम उम्र की महिला एशियाई पार्टनर्स में से एक बनना चाहती थीं ताकि खुद को मूल्यवान और योग्य महसूस कर सकें और अपने माता-पिता, सहकर्मियों और साथियों को दिखा सकें कि वे सक्षम हैं। यानी यहाँ उनका असली उद्देश्य या मूल्य नहीं बल्कि जीतने की चाह उन्हें चला

रही थी। अब तक हमें पता है कि यह पीड़ादायक महत्वाकांक्षा का प्रतीक है और संतोष तक पहुँचने का रास्ता नहीं है।

तब तक, जब तक हमने यह ईमानदार बातचीत नहीं की कि उनकी और उनके माता-पिता की अपेक्षाएँ कितनी असंगत थीं, उन्हें एहसास नहीं हुआ कि वे कितने असंतुलन में थीं। वे उम्मीद कर रही थीं कि खुद को एक पार्टनर की छवि में ढालकर, वे यह पद पा लेंगी। लेकिन उस अपेक्षा के भीतर एक सच्चाई छिपी थी: वहाँ पहुँचने के लिए वे अपना वास्तविक स्वरूप छिपा रही थीं। पार्टनर बनना वास्तव में उनके माता-पिता का सपना था, उनका अपना नहीं। ग्रेस ने सबकुछ दोबारा सोचना शुरू किया और अंतत: कंसल्टिंग छोड़कर स्वास्थ्य हेल्थकेयर इंडस्ट्री में चली गईं, जिसके प्रति वे हमेशा से जुनूनी थीं।

जब हम अपनी अपेक्षाओं की जाँच करते हैं, तो ग्रेस की तरह हमें खुद से पूछना चाहिए कि हमारी चाह के पीछे असली इरादा क्या है? अपेक्षाएँ शायद ही कभी हमारी अपनी होती हैं। वे ज़्यादातर हमारे परिवारों, समुदायों और यहाँ तक कि मैनेजरों द्वारा हम पर डाली जाती हैं। अपने कारणों पर लौटना हमें उद्देश्यपूर्ण महत्वाकांक्षा की ओर केंद्रित होने में मदद करता है। अगर हमारा इरादा सिर्फ इसलिए ज़्यादा पाने का है क्योंकि दुनिया हमसे यही उम्मीद करती है, तो हम शायद कष्टदायी महत्वाकांक्षा में अटके हुए हैं। लेकिन अगर हमारा इरादा हर अनुभव के जरिए आगे बढ़ना और विकास करना है, तो इसका अर्थ है उसके साथ हमारा संबंध ज़्यादा उद्देश्यपूर्ण है।

अपनी अपेक्षाओं को अपने सच्चे इरादे के इर्द-गिर्द रखना, हमें जीने का एक नया, ज़्यादा संतोषजनक और ज़्यादा उद्देश्यपूर्ण तरीका देता है। बार-बार अपने कारणों पर लौटते रहिए।

यह अभ्यास कीजिए ताकि आप दूसरों की अपेक्षाओं से अधिक अपने इरादों से जुड़े रहें।

अभ्यास: अपनी अपेक्षाओं को अपने इरादों के साथ संरेखित कीजिए

१. ऐसे कुछ लक्ष्यों की सूची बनाइए, जिन पर आप इस समय काम कर रहे हैं।

२. हर लक्ष्य के लिए पहचानिए कि आप उसे क्यों पाना चाहते हैं।

३. क्या वे लक्ष्य अध्याय ४ में बताए गए आपके मिशन और उद्देश्य से जुड़े हैं?

४. अगर ये लक्ष्य आपके मिशन और उद्देश्य से जुड़े नहीं हैं, तो ये किसके लक्ष्य हैं? और क्या इनका पीछा करने से आपके संतोष पर असर पड़ा है?

५. आप इन लक्ष्यों को किस तरह अपने अनुरूप बना सकते हैं?

६. किसी ऐसे लक्ष्य को छोड़ना आपके लिए बहुत असहज हो सकता है, जिस पर आप लंबे समय से काम कर रहे हों, फिर भले ही वह किसी और की अपेक्षा ही क्यों न हो। ऐसा करने में सहज महसूस करने के लिए आपके साथ क्या होना चाहिए?

तुलना का खेल बंद कीजिए

संतोष को छीन लेनेवाली सबसे बड़ी चीज़ों में से एक है, तुलना।

अब, इससे पहले कि आप दूसरों से तुलना करके खुद को शर्मिंदा करें, मैं आपको याद दिलाना चाहता हूँ कि यह बिलकुल स्वाभाविक है। हममें से अधिकांश लोग तुलना करते हैं और फिर निराश हो जाते हैं। तुलना वह सबसे आसान तरीका है, जिसके जरिए हम खुद को समझते हैं कि हम किस चीज़ में अच्छे हैं और किसमें नहीं। यही वह तरीका भी है, जिससे इंसान सामाजिक तुलना सिद्धांत के अनुसार अपना व्यक्तिगत और सामाजिक मूल्य तय करते हैं। लेकिन जब हम बहुत देर तक उसी जगह ठहर जाते हैं, तो यह हमें नुकसान पहुँचाता है क्योंकि तुलना हमारी खुद की धारणा को बिगाड़ देती है। और सोशल मीडिया से ज़्यादा यह कहीं असर नहीं डालती। वास्तव में, एक से अधिक सोशल मीडिया प्लेटफॉर्म का उपयोग अवसाद और चिंता के लक्षणों को बढ़ा देता है क्योंकि हम लगातार अपनी तुलना दूसरों की ''हाइलाइट रील्स'' से करते रहते हैं।

लेकिन तुलना का आधार केवल सोशल मीडिया नहीं है। हमारे परिवार भी इसके केंद्र हो सकते हैं। यह मेरी क्लायंट हले के मामले में विशेष रूप से सच था। हले एक असाधारण महिला हैं। एक सफल उद्यमी, प्रतिभाशाली कलाकार और बेहद

प्यारी दोस्त। लेकिन वे यह सब देख ही नहीं पाती थीं। उनका बचपन ऐसे परिवार में बीता जहाँ उनकी बड़ी बहन को "प्रतिभाशाली" बच्ची माना जाता था। क्योंकि उसका आईक्यू स्कोर ऊँचा था और उसे पढ़ाई में हमेशा ए ग्रेड मिलता था। बड़े होते समय, हले की माँ और दादी अक्सर उनकी तुलना उनकी बहन से करती थीं। कभी दोस्तों की संख्या पर, कभी कमर के नाप पर, तो कभी जीते हुए पुरस्कारों पर। चूँकि हले हमेशा किसी और के मानकों पर आँकी जाती थीं इसलिए वे अक्सर खुद को हारा हुआ महसूस करती थीं।

जब उन्होंने मुझे यह बताया तो मैं दंग रह गई। मेरे सामने एक ऐसी महिला थी, जिसे सचमुच लोग बहुत प्यार और सम्मान करते थे और जिसने कई बड़ी उपलब्धियाँ हासिल की थीं। लेकिन क्योंकि मानक किसी और ने तय किया था और वह मानक था बिलकुल अपनी बहन जैसा होना इसलिए वे हमेशा खुद को कमतर महसूस करती रहीं। यह चीज़ संतोष पाने की उनकी क्षमता में बड़ी बाधा बन गई थी।

सच्चाई यह है कि हम कभी किसी और की तरह सफल नहीं हो सकते। अगर हम अपना जीवन तुलना के आधार पर बनाते हैं, तो हम दूसरों की पसंद के कैदी बन जाते हैं। समाज हमें बताता है कि जीने का केवल एक ही मानक या पसंदीदा तरीका है, जबकि यह एक झूठ है और इसका मक़सद हमें छोटा महसूस कराना होता है। हमारा केवल एक काम है (और यह बहुत बड़ा काम है!) अपने सबसे वास्तविक रूप में जीना।

दुर्भाग्य से, हले की तरह हममें से कई लोग तुलना की पारिवारिक परंपरा से आते हैं। अगर परिवार का कोई सदस्य खुद को पर्याप्त अच्छा महसूस नहीं करता, तो वह अक्सर अपनी असुरक्षाएँ हम पर डाल देता है और हम उन्हें ऐसे ढोते हैं मानो वे हमारी अपनी असुरक्षाएँ हों। समय के साथ, हले ने अपनी माँ और दादी के प्रति करुणा विकसित की क्योंकि वे भी इसी तरह जीती आई थीं। उन पर भी अपेक्षाएँ लादी गई थीं और उन्हें यह सिखाया गया था कि जीवन एक प्रतियोगिता है, जिसमें हमें लगातार खुद को साबित करना होता है। सचमुच, कितना कठिन तरीका है जीने का!

जब हम अपने बारे में सुरक्षित और आत्मविश्वासी महसूस करते हैं तो हम दूसरों पर नज़र रखने की संभावना कम रखते हैं। उदाहरण के लिए, एक अध्ययन में खुश और दुःखी, दोनों किस्म के प्रतिभागियों को शामिल किया गया और प्रत्येक

को कहा गया कि वे खुद की तुलना किसी ऐसे साथी से करें जो उनसे ''बेहतर'' या ''बदतर'' हो। दुःखी प्रतिभागियों ने बेहतर साथी से तुलना करने पर और अधिक बुरा महसूस किया और बदतर साथी से तुलना करने पर बेहतर। दूसरी ओर, खुश लोग इस बात से कम ही प्रभावित हुए कि उनकी तुलना किससे की गई। अगर हम खुद को लगातार दूसरों से तुलना करते हुए पाते हैं, तो ज़रूरी है कि हम खुद से पूछें, ''मैं अपने बारे में कहाँ अच्छा महसूस नहीं कर रहा हूँ?''

यह भी सच है कि कभी-कभी तुलना रचनात्मक हो सकती है लेकिन यह इस पर निर्भर करता है कि हम उस जानकारी के साथ क्या करते हैं। उदाहरण के लिए, मैं अपने ग्राहकों से अक्सर कहती हूँ कि ईर्ष्या एक मददगार भावना हो सकती है क्योंकि यह हमें दिखाती है कि हम दूसरों में ऐसी किन चीज़ों की प्रशंसा करते हैं, जो वास्तव में हमारे भीतर भी मौजूद है लेकिन अभी तक प्रकट नहीं हो सकी हैं। जैसे, अगर आप अपने सहकर्मी के भाषण करियर से ईर्ष्या कर रहे हैं तो यह संकेत हो सकता है कि आपके भीतर भी वह प्रतिभा है और आप भी मंच पर खड़े होकर साझा करना चाहते हैं। अगर हम उस अंतर्दृष्टि का उपयोग अपने प्रयासों को समझने और जीवन को सँवारने के लिए करें, तो यह हमारे लिए काफी सहायक साबित होगी। लेकिन अगर हम केवल तुलना में ही डूबे रहेगे तो हम संतोष से दूर ही रहेंगे।

तुलना से बाहर निकलने के सबसे अच्छे तरीकों में से एक है अपनी प्रतिभाओं पर ध्यान देना और यह सोचना कि आप उन्हें किसी किस्म की सेवा में कैसे लगाना चाहते हैं। जब हम अपने उद्देश्य से मोहित होते हैं, तो तुलना में डूबना कठिन हो जाता है। इस जीवन में हमारी जिम्मेदारी है अपने आंतरिक विकास की चाह का सम्मान करना। मुख्य बात यह है कि यह खिंचाव भीतर से आए, बाहर से नहीं। जब हमें स्पष्ट हो जाता है कि हम कौन हैं और दुनिया में हमारी भूमिका क्या है और हम उसे लगातार सँवारते रहते हैं, तो हमारे पास दूसरों को आँकने की ऊर्जा ही नहीं बचती। अपनी अपेक्षाओं और तुलना को छोड़ देने से हम सच्चे बन जाते हैं, वह बन जाते हैं, जो हम सचमुच हैं। जब हम अपना जीवन केवल अपने कष्ट पर प्रतिक्रिया करते हुए जीते हैं, तो हम कभी अपनी आत्मा को बोलने का अवसर नहीं देते।

अभ्यास: तुलना से बाहर निकलना

१. मैं कहाँ और किस तरह दूसरों से अपनी तुलना कर रहा हूँ? यह मेरे भीतर कौन-सी भावनाएँ ला रही है?

२. क्या मैं इन भावनाओं का उपयोग कर इस मामले में कोई सुधार कर सकता हूँ कि मैं अपनी जिंदगी में किस तरह उपलब्ध हो रहा हूँ? मैं इन भावनाओं से क्या सीख सकता हूँ?

३. क्या मेरे भीतर कुछ ऐसा है, जो अब तक अभिव्यक्त नहीं हो पाया और सामने आना चाहता है? मैं कहाँ पूरी तरह स्वयं नहीं हूँ?

४. अनुपयोगी तुलना को कम करने के लिए मुझे सोशल मीडिया (या अन्य मीडिया) के साथ अपने संबंधों में क्या बदलाव करने चाहिए?

५. अपनी महानता को स्वीकार कीजिए और पाँच ऐसी चीज़ों की सूची बनाइए जो आपको खास और अद्वितीय बनाती हैं। रोज़ कुछ मिनट इन उपहारों का जश्न मनाइए।

६. यह सूची बनाइए कि आप अपनी क्षमताओं और उपहारों को और गहराई से किस तरह विकसित कर सकते हैं, बजाय इसके कि आप दूसरों पर ध्यान केंद्रित करें।

सरेखित समुदाय में निवेश करें

काम और जीवन में संतोष पाने के लिए यह सुनिश्चित करना बहुत ज़रूरी है कि हमारे आसपास एक सरेखित समुदाय हो। इसका मतलब केवल कुछेक आपसी संबंधों का होना नहीं है बल्कि उन संबंधों में निवेश करना है, जो वास्तव में सार्थक और सहायक हों। स्वस्थ संबंधों से मज़बूत रोग प्रतिरोधक क्षमता, लंबी उम्र और तनाव से निपटने की क्षमता में बढ़ोत्तरी जैसी चीज़ें जुड़ी हुई हैं, जबकि कुछ अन्य अध्ययन यह भी बताते हैं कि स्वस्थ संबंधों से हमारी मृत्यु का खतरा भी कम हो सकता है।

फिर भी, मेरे क्लाइंट्स जिन सबसे बड़ी चुनौतियों से जूझते हैं, उनमें से एक है आपसी संबंध। और अक्सर इसकी वजह यह होती है कि वे गलत लोगों में निवेश कर रहे होते हैं।

कुछ साल पहले, मैं थेरेसा नामक एक महिला के साथ काम कर रही थी। वह एक शानदार, बेहद सफल अधिकारी और माँ थी, जो हमेशा अपने परिवार यहाँ तक कि अपने दूर के रिश्तेदारों को प्राथमिकता देती थी। एक दिन वह हमारे कॉल पर बेहद दुःखी होकर आई। उसकी भाभी बगल के कमरे में उसके बारे में बुरी बातें कर रही थी। भाभी को यह एहसास नहीं था कि थेरेसा उसकी बातें सुन रही है। थेरेसा को सबसे ज़्यादा चोट इस बात से पहुँची कि वह अपने परिवार के प्रति अच्छे व्यवहार पर गर्व करती थी। वह उनके कामों में मदद करने, उन्हें सोच-समझकर उपहार देने और अच्छा व्यवहार करने में कोई कसर नहीं छोड़ती थी। लेकिन वह कुछ भी करे, उसकी भाभी हमेशा उसके बारे में कुछ न कुछ नकारात्मक बोलती रहती थी।

थेरेसा की कहानी सुनकर मुझे यह एहसास हुआ कि हमें हर किसी के लिए ऐसे उपलब्ध रहने की ज़रूरत नहीं है, जैसे वे हमारे सब कुछ हों। हर कोई इस तरह के संबंधों की माँग नहीं करता। दरअसल, हम अक्सर यह मान लेते हैं कि वे ऐसा चाहते हैं और फिर हम खुद ही उन पर यह अपेक्षा थोप देते हैं।

हमारे सत्र के बाद मैंने अपनी डायरी निकाली और उन लोगों के बारे में सोचा जिन्हें मैं सबसे ज़्यादा प्यार करती हूँ और जिनके लिए मैं पूरी तरह उपलब्ध होना चाहती हूँ। यह सूची छोटी थी। फिर मैंने उन लोगों के बारे में सोचा, जिन्हें मैं बहुत पसंद करती हूँ और सहयोग देना चाहती हूँ लेकिन जिन्हें मैं अपने अच्छा व्यवहार को अनुभव करने का "ऑल-एक्सेस पास" नहीं देना चाहती। यह सूची थोड़ी लंबी थी लेकिन बहुत ज़्यादा नहीं। इसके बाद मैंने उन लोगों पर विचार किया, जिन्हें मैं जानने की प्रक्रिया में थी या जिन्हें मैं केवल परिचित मानती थी। यह सबसे लंबी सूची थी। धीरे-धीरे, मैंने पाँच-स्तरीय ढाँचा तैयार किया ताकि यह तय कर सकूँ कि मैं अपने समुदाय के लिए किस तरह उपलब्ध होना चाहती हूँ।

अपने समुदाय को पाँच स्तरों में बाँटा जा सकता है

१. **पहले स्तर के लोगः** ये हमारे अपने होते हैं। हम इनके लिए सब कुछ करते हैं और वे भी हमारे लिए वही करेंगे।

२. **दूसरे स्तर के लोगः** ये शानदार होते हैं। हमें ये बहुत पसंद होते हैं लेकिन हमें हमेशा इनके आसपास रहने की ज़रूरत नहीं होती।

३. **तीसरे स्तर के लोगः** ये बिलकुल ठीक-ठाक होते हैं। हम इनके साथ अभी

जुड़ाव बना ही रहे होते हैं। इस स्तर पर ये हमें प्रेरित नहीं करते लेकिन अस्थिर भी नहीं करते।

४. **चौथे स्तर के लोगः** ये हमारे मूल्यों से मेल नहीं खाते और हमारी ऊर्जा को खत्म कर देते हैं।

५. **पाँचवें स्तर के लोगः** ये हमारे लिए नकारात्मक होते हैं क्योंकि ये हमें बुरी तरह थका देते हैं और हमारे लिए असंगत किस्म के होते हैं।

कभी-कभी हमारी महत्वाकांक्षा हमारे संबंधों में भी फैल जाती है और हमें लगता है कि हमें दोस्ती में भी सबसे अच्छा होना है ताकि हमें महत्त्व मिले। लेकिन यह झूठा दृष्टिकोण है, जो अक्सर नाराज़गी पैदा करता है। सच्चाई यह है कि हमारे पास अपने दायरे के हर व्यक्ति पर खर्च करने के लिए असीमित समय और ऊर्जा नहीं होती। हर किसी को हमारे अच्छे व्यवहार को अनुभव करने का ''ऑल-एक्सेस पास'' नहीं मिलता। हमें यह चुनने का अधिकार है कि किन्हें अपने भीतरी दायरे में रखना है और किन्हें दूर। यह लोगों को तौलने-आँकने या हिसाब-किताब का खेल नहीं है। यह इस बारे में ईमानदार होने का मामला है कि हम अपनी जिंदगी में किसे चाहते हैं, उनके लिए कैसे उपलब्ध होना चाहते हैं और उनसे अपने लिए क्या चाहते हैं। हम अपनी दोस्तियों और रिश्तों पर भी वही उद्देश्यपूर्ण ढाँचा लागू कर सकते हैं, जैसा हम अपने काम पर करते हैं ताकि वे सचमुच हमारे साथ और हमारी इच्छाओं के अनुरूप हों।

थेरेसा के साथ मेरा यह सत्र मुझे निम्नलिखित अभ्यास तक ले आया, जो आपको अपने सरेखित समुदाय की पहचान करने में मदद करेगा।

अभ्यास: अपना सरेखित समुदाय पहचानिए

मैं आपको आमंत्रित करता हूँ कि आप इसे लचीलेपन के साथ अपनाएँ क्योंकि यह समय के साथ बदल सकता है। यह कोई अटल नियम नहीं है बल्कि एक ढाँचा है, जो समुदाय और संतोष का सहारा देता है।

१. कौन

– पहचानिए कि आपकी जिंदगी में कौन लोग पहले, दूसरे, तीसरे, चौथे और पाँचवें स्तर में आते हैं।

- पहले स्तर के लोग
- दूसरे स्तर के लोग
- तीसरे स्तर के लोग
- चौथे स्तर के लोग
- पाँचवें स्तर के लोग

२. कैसे

– आप प्रत्येक समूह के लिए किस तरह उपलब्ध होना चाहते हैं? आप उन्हें क्या देते हैं? वे आपके किस पहलू तक पहुँच सकते हैं?

– आप प्रत्येक समूह से कितनी बार संपर्क करना चाहते हैं?

- पहले स्तर के लोग
- दूसरे स्तर के लोग
- तीसरे स्तर के लोग
- चौथे स्तर के लोग
- पाँचवें स्तर के लोग

३. क्या

– आप इन समूहों से बदले में क्या पाना चाहते हैं? आप उनसे किस तरह के व्यवहार की अपेक्षा रखते हैं? वे आपके लिए किस तरह उपलब्ध होते हैं?

- पहले स्तर के लोग
- दूसरे स्तर के लोग
- तीसरे स्तर के लोग

- चौथे स्तर के लोग
- पाँचवें स्तर के लोग

४. यह सब कैसा लगता है? क्या इससे आपको सशक्त महसूस होता है या फिर ये आपके अंदर किसी तरह की नकारात्मक प्रतिक्रिया पैदा करता है? और क्यों?

क्या यहाँ सीमित करनेवाले विश्वास हैं, जो आपको अटकाकर रखते हैं या छोटा बनाकर रखते हैं?

५. क्या आपको अपने समुदाय के साथ एक सीमारेखा निर्धारित करने के लिए कोई बातचीत करने की ज़रूरत है ताकि इस ढाँचे का सम्मान हो?

सरेखित समुदाय न केवल हमारे लिए अधिक संतोष पैदा करता है बल्कि यह हमें उस अनुभव को दुनिया में प्रसारित करने की अनुमति भी देता है। दीपा पुरुषोत्तमन के शब्दों में, ''व्यवस्था को गहराई से बदलने और अपनी व्यक्तिगत शक्ति को बनाए रखने के लिए हमें 'सामूहिक शक्ति' की भी ज़रूरत होती है। हमें ऐसे लोगों को ढूँढ़ने की ज़रूरत है, जो हमारी शक्ति को पोषित करें, जो हमें यह जानने दें कि हम अकेले नहीं हैं और जो हमारी संघर्षों के साक्षी बनें ताकि हमें पूरी तरह देख सकें।''

मेरी क्लाइंट केट एक बौद्ध ध्यान-शिक्षिका, लेखिका और सामाजिक कार्यकर्ता हैं। वे कहती हैं, ''मित्रता एक आध्यात्मिक साधना है और यह न केवल हमारे भीतर के जीवन को विकसित और समृद्ध करने में मदद करती है बल्कि हमें एक साझा मुक्ति के मार्ग पर एक-दूसरे का सहारा देने में भी सहयोग करती है।'' हम यह काम अकेले नहीं कर सकते और सबसे गहरे व सार्थक संबंध, जो हमें सबसे गहराई से देखते और सँभालते हैं, वे ही सबसे रूपांतरकारी हो सकते हैं। हार्वर्ड यूनिवर्सिटी के पचासी साल तक चले एक अध्ययन में पाया गया कि जीवन में हमें संतुष्ट करनेवाली सबसे अहम चीज़ मजबूत मित्रताएँ और समुदाय हैं। ये हमें हमारी महानता की याद दिलाकर हमारे भय को कम कर सकते हैं। ये अपने साहस से हमें भी साहसी बना सकते हैं। ये जोखिम उठाकर और हमारे साथ-साथ परिवर्तन कर संस्कृति में बदलाव लाने में हमारी मदद कर सकते हैं। संतोष और उद्देश्यपूर्ण महत्वाकांक्षा के लिए ''सामूहिक शक्ति'' की आवश्यकता होती है और इसके लिए हमें अपने साथ ईमानदार होना पड़ता है कि उस ''समूह'' में कौन शामिल है।

खेल की कला का अभ्यास कीजिए

बचपन में, मेरी माँ के पास अपने पाँच बच्चों की परवरिश करने के लिए बेहद सीमित संसाधन उपलब्ध थे। वहीं मेरे पिता को हर रोज बहुत देर तक काम करना पड़ता था और वे अपने मानसिक स्वास्थ्य से जूझते रहते थे। उन दोनों को संघर्ष करते देख मैंने जल्द ही एक वयस्क की भूमिका अपना ली और उनका हाथ बँटाने लगी। मैं अपनी बहनों को स्कूल के लिए तैयार करती, उन्हें दोपहर में वापस घर लेकर आती और उनके साथ होमवर्क करती। मैं खाना बनाती, घर की साफ-सफाई करती और माता-पिता की अनुपस्थिति में उनकी कमी को पूरी करती। मुझे इससे कुछ मिला भी। यही वह तरीका था, जिससे मैंने अपने महत्त्व को महसूस किया और "अच्छी लड़की" की छवि बनाए रखी। लेकिन जैसा कि आप समझ सकते हैं, इसके चलते मेरा बचपन मुझसे छिन गया। और बाद में इस अनुभव ने मेरे पेशेवर जीवन को भी प्रभावित किया।

बड़े होने पर, मुझे अक्सर यह फीडबैक मिला कि "मैं सिर्फ काम करती हूँ और मस्ती नहीं करती।" मैं ये बात हज़ारों बार सुन चुकी थी। एक दिन मैं इससे सचमुच परेशान हो गई और मैंने एक क्रिएटिविटी कोच रख लिया। हमारी पहली बैठक में उन्होंने मुझसे कहा कि मैं अपने अपार्टमेंट में एक "प्ले स्टेशन्स" यानी खेल-कूद के कोने सेट करूँ। यह सुनकर मुझे पलभर के लिए लगा जैसे मुझ पर कोई संकट आ गया है और मैं उनसे चिढ़ गई। "क्या मतलब? किसलिए? खेलने के लिए?" फिर मैंने पूछा कि "आखिर ये प्ले स्टेशन्स दिखने में कैसे होंगे?" तब उन्होंने मुझे अपने घर का वर्चुअल टूर दिखाया, जहाँ उनके अलग-अलग प्ले स्टेशन्स यानी खेल-कूद के कोने बने हुए थे। मैंने देखा कि वहाँ ढोल बजाने का एक कोना था। नृत्य करने की जगह थी। लिखने का कोना था। पेंटिंग के लिए एक चित्रफलक रखा था। उन्होंने मुझे आमंत्रित किया ताकि मैं उसे देखकर यह तय कर सकूँ कि ये मेरे लिए कैसा हो सकता है।

शुरुआत में मुझे बहुत अटपटा लगा। मुझे पता ही नहीं था कि कैसे खेलना है या कहाँ से शुरू करना है। मैं पास ही स्थित दवा की दुकान ड्यूएन रीड के स्टेशनरी सेक्शन में गई। मैंने ग्लिटर मार्कर, एक स्पाइरोग्राफ सेट (क्या आपको वे रिंग और पहिए याद हैं, जिनसे डिज़ाइन बनाते थे?) और एक स्केचबुक खरीदी। घर आकर मैं फर्श पर बैठी, बैग खाली किया और चीज़ों से छेड़छाड़ शुरू की। करीब दस मिनट बाद मैंने अपनी बेतरतीब रेखाओं को देखा, पन्ना फाड़ा और स्केचबुक से निकाल

दिया। वह इतना बदसूरत था कि मुझे ज़रा भी अच्छा नहीं लगा।

अगले तीन महीने तक मैं हर हफ्ते अपने क्रिएटिविटी कोच से ज़ूम पर मिलती और वे मुझे मेरे उस भीतरी बच्ची तक लौटाने की कोशिश करते, जो लकड़ी और पत्थर जैसी साधारण चीज़ों में भी अपने लिए कोई खेल ढूँढ़ लेती थी। वह बच्ची जिसे यह परवाह नहीं थी कि चीज़ें परफेक्ट हैं या नहीं, बस मज़ेदार होनी चाहिए। हालाँकि मैंने प्ले स्टेशन्स के विचार का काफी विरोध किया। पहला महीना तो बस अपने कोच और अपनी प्रवृत्ति से लड़ने में गुज़रा। और फिर कुछ बदल गया। मैंने हमारे सत्रों से खुलनेवाली चीज़ों के ज़रिए खेल की शक्ति देखनी शुरू की। मैं कम तनावग्रस्त और कम चिड़चिड़ी महसूस करने लगी। जब मैं ऊब जाती और काम नहीं करना चाहती थी, मेरे पास कुछ और था करने को। मैं ज़्यादा हँसने लगी। मुझे बचकानी चीज़ें करने की आज़ादी मिली। मैं वर्तमान क्षण में रह पा रहा थी क्योंकि खेल हमसे यही माँगता है।

कई अध्ययन खेल की शक्ति को रेखांकित करते हैं। यह एंडॉर्फ़िन्स रिलीज करके हमारे तनाव का स्तर घटा सकता है और हमारी भलाई को बढ़ा सकता है। यह हमारे संबंधों को मज़बूत कर सकता है। यह हमारी रचनात्मकता को भी बढ़ा सकता है। फिर भी, हममें से कई को पता ही नहीं है कि खेलना कैसे है और मजे कैसे करने हैं। अच्छी खबर यह है कि इसे करने का कोई गलत तरीका नहीं है!

लेकिन शुरू करने का एक अच्छा तरीका जरूर है, खेल की चार मुख्य शैलियों को देखना, जिन्हें प्रोफेसर और मनोविज्ञान शोधकर्ता डॉ. रिने प्रोयर ने परिभाषित किया है, ''दूसरों पर केन्द्रित, हल्का-फुल्का, बौद्धिक और चंचल।'' दूसरों पर केन्द्रित खेल का मतलब है, दूसरों के साथ खेलना। यह बैडमिंटन का खेल हो सकता है या किसी दोस्त द्वारा बनाए गए खेल को हाँ कहना। हल्के-फुल्के खेल शैलीवाले लोग आरामदेह खेल पसंद करते हैं, जहाँ प्रतिभागियों को स्वतः स्फूर्त होने की आज़ादी होती है और नतीजों की चिंता नहीं होती। एक बार मैंने एक कीर्तन में भाग लिया था। यह एक कॉल और रिस्पॉन्स शैली का भजन था, जो हरे कृष्णा मूवमेंट, हिंदू धर्म, सिख धर्म, बौद्ध धर्म और कई अन्य परंपराओं का हिस्सा है। इसमें गानेवाला व्यक्ति बार-बार अपना स्वर और लय बदलता है। मैंने इसे हल्का-फुल्का खेल ही माना क्योंकि इसमें इम्प्रूवाइज़ेशन था और किसी को परफेक्ट लगने की चिंता नहीं थी।

बौद्धिक खिलाड़ी समस्याएँ हल करना और आलोचनात्मक सोच का उपयोग

करना पसंद करते हैं, जैसे "किसने किया" वाले खेलों में। जबकि चंचल खिलाड़ी "असाधारण या असामान्य चीज़ों" को पसंद करते हैं, जैसे परीकथा-प्रेरित खेल। यहाँ आमंत्रण यह है कि आप अपने लिए खेल का आदर्श रूप खोजें और उसमें बिना किसी अपेक्षा या नकाब के हिस्सा लें, अपने भीतरी बच्चे को इन स्वतंत्र गतिविधियों का नेतृत्व करने दें, बिना इसके कि आपका अहंकार हावी हो।

अब मैं जानता हूँ कि आप क्या कहेंगे, 'मेरे पास सोने का समय नहीं है, खेलने का कहाँ से निकालूँ?' लेकिन मैं कहूँगा कि ध्यान की ही तरह हम खेल से भी दूर रहने की स्थिति में नहीं हैं। दिन के केवल पाँच मिनट भी हमारे संतोष में बड़ा योगदान दे सकते हैं। जैसे अपनी प्रतिभा को विकसित करने के लिए भी शुरुआत में हमें बस कुछ ही मिनटों का समय देना चाहिए और फिर धीरे-धीरे उसे बढ़ाना चाहिए। यकीन मानिए सिर्फ काम करना और कभी कोई खेल न खेलना, मजे न करना वास्तव में कष्टकारी महत्वाकांक्षा को ही पोषित करता है।

खेल को अपने दैनिक जीवन में कैसे शामिल करें, इसके लिए यहाँ कुछ सुझाव दिए गए हैं-

- **अपने बच्चों, भतीजों-भतीजियों, भाँजों-भाँजियों या यहाँ तक कि सहकर्मियों के साथ सवाल-जवाब का खेल खेलिए।** "बीस प्रश्न" या "दो सच और एक झूठ" का खेल खेलिए। (यह मेरा पसंदीदा खेल है और इसी से मुझे "मज़ेदार बुआ/चाची" की उपाधि मिली है!)
- **अपने घर में एक रचनात्मकता का कोना बनाइए।** कुछ मार्कर और एक स्केचपैड, बुनाई की सूइयाँ, ऊन, मोती और धागा या जो भी आपको अच्छा लगे, वह सब ले आइए। केवल पाँच मिनट का टाइमर लगाइए और इन चीज़ों से कुछ बना डालिए।
- **ऐसी म्यूजिक-प्लेलिस्ट बनाइए, जिस पर आप खुद को नाचने से रोक न सकें।** रोज़ कम-से-कम पाँच मिनट उसके साथ नाचने का टाइमर सेट कीजिए। अगर आप इसे अजीब और बिना तालमेल के होने देंगे और बस अपने मन में छिपे बच्चे को नाचने देंगे तो इसके लिए आपको अतिरिक्त अंक मिलेंगे!
- **अपने दोस्तों को हर महीने गेम नाइट के लिए आमंत्रित कीजिए।** कार्ड्स अगेन्स्ट ह्यूमैनिटी या कोई मर्डर मिस्ट्री जैसा गेम खरीदिए, जिसे कई लोग मिलकर आसानी से खेल सकें।

हममें से कई महत्वाकांक्षी लोग, जिन्होंने दशकों से खुद को खेलने की, मजे लेने की अनुमति नहीं दी है, उनके लिए खेल की धारणा अक्सर प्रतिस्पर्धात्मक पक्ष को जगा देती है। अगर आपका झुकाव हमेशा जीतने के लिए खेलने का है, तो खुद से पूछिए कि आखिर ऐसा क्यों है? जीतने या हारने का आपके लिए क्या मतलब है? फिर खुद से पूछिए, कैसा हो, अगर आप केवल खेलने के आनंद के लिए खेलें?

एक ऐसी दुनिया में जो खुशी को प्राथमिकता देती है, संतोष को खुशी से ऊपर रखना विरोधाभासी लग सकता है। मुझे याद है, जब मैंने पहली बार संतोष के बारे में पढ़ा, तो मेरे भीतर हल्की उदासी सी उठी। मैंने सोचा, क्या इसका मतलब यह है कि मैं अब कभी भी उल्लास के चरम क्षणों को महसूस नहीं करूँगी?

आशा है कि इस अध्याय के अंत तक आप जान चुके होंगे कि इसका यह मतलब बिलकुल नहीं है। संतोष पर ध्यान केंद्रित करने का अर्थ है कि हमने खुशी और असहज भावनाओं दोनों के लिए जगह बनाई है, समुदाय और अपने मूल्यों को केंद्र में रखा है। और इन सबमें, हमने भीतर की वह शांति और संतुष्टि बनाए रखी है, जिसे हम महसूस करते हैं, फिर भले ही हमारे चारों ओर कुछ भी हो रहा हो। यह इस बात की गहन आंतरिक समझ है कि अगर सब कुछ बिखर भी जाए, तब भी हमारे भीतर की स्थिरता हमें सँभाले रखेगी।

अध्याय का सारांश

- संतोष ''निर्विरोध संपूर्णता'' है, जो ''पर्याप्त होने के ज्ञान'' पर आधारित है।
- जीवन में हमें संतोष और खुशी दोनों की ज़रूरत होती है लेकिन ये एक जैसी चीज़ें नहीं हैं। खुशी आती-जाती रहती है। इस अस्थायी अवस्था को पकड़कर रखने की कोशिश ही हमें दुःखी करती है।
- सबसे संतुष्ट लोग भावनात्मक विविधता को स्वीकारते हैं यानी भावनाओं की पूरी श्रृंखला का अनुभव करते हैं।
- अपने जीवन को मूल्यों पर आधारित करने से उच्चतम संतोष पाना आसान हो जाता है।
- तुलना और अपेक्षाओं से बाहर निकलिए। ये दोनों ही आपकी संतुष्टि को खोखला कर रही हैं।

- अनेक अध्ययनों से यह सिद्ध हुआ है कि संरेखित समुदाय अधिक संतोष और कल्याण का स्रोत होता है। अपने लोगों का चुनाव सोच-समझकर कीजिए।
- खेलना और मजे करना मत भूलिए!

अध्याय ८

सरेखित कदम उठाइए

''मैं एक बड़ी जिंदगी चाहती हूँ। मैं सब कुछ अनुभव करना चाहती हूँ। मैं हर नियम तोड़ना चाहती हूँ। कहते हैं कि महत्वाकांक्षी महिला आकर्षक नहीं होती लेकिन क्या आप जानते हैं असली अनाकर्षक चीज़ क्या है? हाथ पर हाथ धरकर बस बैठे रहना और इंतज़ार करना कि कुछ बेहतर हो जाएगा। खिड़की से बाहर देखते रहना और सोचना कि आपकी असली जिंदगी कहीं बाहर है लेकिन दरवाज़ा खोलकर उसे पाने की हिम्मत न करना। भले ही कोई कहे कि आप जो चाहते हैं, वह नहीं कर सकते। सच तो ये है कि कायरता केवल 'द विज़ार्ड ऑफ ओज़' में ही अच्छी लगती है।''

- मिसेज़ मेज़ल, द मार्वलस मिसेज़ मेज़ल

जब मैंने कोचिंग का काम शुरू किया था तो मेरा एक ही लक्ष्य था, अपनी प्रतिभा का उपयोग करना और अपनी मार्केटिंग की नौकरी से मिलनेवाली सैलरी की जगह अपनी प्रतिभा से कमाई करना। शुरू में यह लगभग असंभव लगता था। मैं लगभग दस साल की नौकरी के बाद जिस कमाई तक पहुँची थी, उसे इतनी जल्दी किसी और तरह की कमाई से कैसे बदल सकती थी? मैंने अपने नेटवर्क के ज़रिए एक अकेला कोचिंग क्लाइंट हासिल कर अपने इस काम की शुरुआत की। फिर एक और जुड़ा, फिर एक और। इस तरह हर दिन मैं अपने सपने के और क़रीब आती गई। और एक साल के अंदर मैंने नौकरी से होनेवाली कमाई को अपने नए व्यवसाय की कमाई से बदल दिया।

जब मैंने यह कर लिया तो और चीज़ें भी संभव लगने लगीं इसलिए मैंने एक सहायक रखने और उसे अच्छा भुगतान देने का लक्ष्य रखा। यह भी हो गया। फिर मुझे लगा कि अब मैं बड़े कॉरपोरेट कॉन्ट्रैक्ट हासिल करने के लिए तैयार हूँ। यह लक्ष्य भी पूरा हो गया। और जब ऐसा हुआ तो मुझे एक बड़ी टीम की ज़रूरत महसूस

हुई। तो वह भी कर लिया। आखिरकार, मैंने किताब लिखने का मन बनाया और अब आप जानते हैं कि उसका क्या हुआ।

मेरा कहना ये है कि जिंदगी को एकदम नया और अद्‌भुत बनाने के लिए हमें एक बार में केवल एक स्वस्थ महत्वाकांक्षी कदम उठाने की ज़रूरत होती है। आपके अंदर वे सारी योग्यताएँ, क्षमताएँ और सहायक समुदाय मौजूद हैं, जिनके जरिए आप किसी ऐसी स्थिति से बाहर निकल सकते हैं, जो आपके लिए ठीक नहीं है। इस तरह आप एक बेहद सफल भविष्य की ओर जा सकते हैं। जिंदगी में नाइंसाफी हो सकती है लेकिन उसके बावजूद हम अपने सबसे बड़े सपनों को जी सकते हैं। ये दोनों बातें एक साथ सच हो सकती हैं। अगर मैं और मेरे क्लाइंट्स यह कर सकते हैं तो आप भी कर सकते हैं। क्योंकि हम भी उतने ही असाधारण हैं, जितने अन्य लोग।

इस अध्याय में हम यह समझेंगे कि ऐसे लक्ष्य कैसे बनाएँ, जो हमारी सार्थक महत्वाकांक्षा से सरेखित हों और हमें सबसे संतोषजनक जीवन की ओर ले जा सकें और फिर ऐसी आदतें कैसे बनाएँ, जो हमें उन लक्ष्यों को पाने में मदद करें। इस प्रक्रिया में हम 'ऐसा तो होना ही चाहिए' और 'ये तो ज़रूरी होगा'वाली सोच को छोड़ रहे हैं, जिससे आमतौर पर हमारे लक्ष्य संचालित होते हैं। इसके बजाय हम अपनी सच्चाई और उद्देश्य को आगे रख रहे हैं। पहला कदम यह समझना है कि हमारे लक्ष्य ऐसे हैं या नहीं, जो हमें फलने-फूलने दें, फिर भी हमारे लिए मनोवैज्ञानिक रूप से सुरक्षित हों, संवेदनशील हों और सार्थक महत्वाकांक्षा को बनाए रखते हों। आइए इन्हें एक-एक करके समझते हैं। तो क्या आप तैयार हैं?

क्या आपका लक्ष्य मनोवैज्ञानिक रूप से सुरक्षित है?

याद है, पिछले किसी अध्याय में मैंने आपको एक चित्र दिखाया था? उसमें ऐसे तीन क्षेत्र बताए गए थे, जिनमें हम काम करते हैं, हमारा आरामदायक क्षेत्र, जहाँ सब सुरक्षित लगता है लेकिन हम विकसित नहीं हो रहे होते; हमारे फलने-फूलने का क्षेत्र, जहाँ हम विकास की सीमा पर होते हैं; और घबराहट क्षेत्र, जहाँ हम उस सीमा से आगे निकल जाते हैं और डर, चिंता व कई बार गहरी दहशत में चले जाते हैं। जैसा कि हमने सीखा, हमें फलने-फूलनेवाले क्षेत्र में अधिक समय बिताना चाहिए क्योंकि वहाँ जवाबदेही का स्तर ज़्यादा होता है, जिससे हम सचमुच वही करते हैं, जो कहते हैं और सबसे अहम यह कि वहाँ उस मनोवैज्ञानिक सुरक्षा का अहसास होता है, जिससे हम जोखिम उठाने के लिए पर्याप्त सुरक्षित महसूस करते

हैं। लेकिन हमेशा वहीं रहना ज़रूरी नहीं है। फलने-फूलनेवाले क्षेत्र में अद्‌भुत चीज़ें होती हैं लेकिन इसके लिए हर समय खुद को उत्साहित करना आवश्यक नहीं है। याद कीजिए, मैंने इस किताब के परिचय में आपसे एक चित्र साझा किया था, जिसके पीछे मूल विचार ये था कि महत्वाकांक्षा एक बारहमासी फूल की तरह है। कभी-कभी हमारी महत्वाकांक्षा ज़मीन के भीतर अंकुरित होती रहती है।

कभी-कभी उसे आराम और दोबारा ऊर्जा पाने की ज़रूरत होती है, जो आरामदायक क्षेत्र जैसा ही है। फलने-फूलने के लिए हमेशा खुद को उत्साहित करने का प्रयास तकलीफदेह महत्वाकांक्षा का रूप ले सकता है। लेकिन जब वह उत्साह बढ़ाने का समय आता है तो मनोवैज्ञानिक सुरक्षा आगे बढ़ने की स्वस्थ प्रक्रिया का ज़रूरी हिस्सा है इसीलिए स्वस्थ महत्वाकांक्षा को बनाए रखने के लिए यह आवश्यक है।

मेरी क्लाइंट आयला का अनुभव दिखाता है कि मनोवैज्ञानिक सुरक्षा इतनी महत्वपूर्ण क्यों है। आयला एक वैश्विक खाद्य कंपनी में मानव संसाधन अधिकारी थीं और पिछले कुछ सालों से उन्होंने अपनी विशाल अंतरराष्ट्रीय टीम के लिए सीखने और प्रगति करने पर ध्यान दिया था। इस काम ने उनके भीतर एक रोशनी पैदा की और वह भी इस हद तक कि अब उनकी इच्छा ये है कि वे अपनी कोचिंग प्रैक्टिस शुरू करें और अपनी कंपनी के बाहर करियर बदलनेवालों के साथ काम करें। तीन महीने में हमने उनका पाठ्यक्रम, कोचिंग ऑफर, बिक्री और मार्केटिंग रणनीति और वह सबकुछ तैयार किया, जो उन्हें व्यवसाय शुरू करने के लिए चाहिए था।

शुरुआत में आयला ने योजना बनाई थी कि वह अपनी नौकरी छोड़ देंगी और सीधे अपनी कोचिंग प्रैक्टिस में उतर जाएँगी। लेकिन जब वास्तव में नौकरी छोड़ने का समय आया तो वे सीधे घबराहट के क्षेत्र में चली गईं। नौकरी छोड़ना उनके नर्वस सिस्टम के लिए बहुत बड़ी छलाँग थी। वे डर से भर गईं और कोई कदम नहीं उठा पाईं। इसलिए हमने उनके लिए मनोवैज्ञानिक रूप से सुरक्षित एक तरीका तैयार किया, जिससे वे अपना व्यवसाय शुरू कर सकें। हमने एक न्यूनतम व्यावहारिक ऑफर तैयार किया, जिससे वे अपने कोचिंग प्रोग्राम की ताकत को परख सकें और साथ ही अपनी नौकरी भी जारी रख सकें। आयला ने सिर्फ तीन कोचिंग सेंटर्स शुरू किए। इस तरह वे इस बात के लिए सुरक्षित महसूस करने लगीं कि वे अपनी गलतियों से सीख सकती हैं। फिर हमने आय के लक्ष्य और मुख्य मापदंड तय किए, जिनके पूरा होने का अर्थ ये होगा कि अब आयला अपनी नौकरी छोड़कर पूरी तरह

इस व्यवसाय में उतर सकती हैं। कृपया मुझे गलत मत समझिए। अब भी कभी–कभी ऐसा होता था, जब उन्हें खुद पर संदेह होने लगता और वे खुद को कमज़ोर समझने लगतीं। लेकिन उन पलों में उन्होंने मुझ पर जवाबदेही और सहारे के लिए भरोसा किया और एक–एक करके मनोवैज्ञानिक रूप से सुरक्षित कदम उठाती रहीं।

मैंने एक बार एक कोच के साथ काम किया था, जिन्होंने कहा था कि वे ''सुरक्षा के व्यवसाय में नहीं हैं।'' मैं समझ गई कि उनका मतलब क्या था। वे चाहते थे कि लोग साहसी बनें और ऐसे काम करें, जिन्हें करने के विचार से ही उन्हें डर लगता हो। मैं भी यही चाहती हूँ। लेकिन इसमें भी एक संतुलन होना चाहिए। अगर हम डरे हुए हों तो कोई कदम उठाना असंभव लग सकता है क्योंकि हमारा शरीर फाइट, लाइट, फ्रीज, फॉन (लड़ना, भागना, सुन्न पड़ जाना, खुशामद करना, डर या खतरे की स्थिति में शरीर की चार बुनियादी प्रतिक्रियाएँ) वाली अवस्था में चला जाता है। फिर हम या तो प्रगति से बचते हैं, खुद को नुकसान पहुँचाते हैं, कुछ नहीं करते या फिर कष्ट को स्वीकार कर अपनी बड़ी महत्वाकांक्षाओं के पीछे भागने की दिशा में लौट जाते हैं। क्योंकि ज़्यादातर हमें सबसे अच्छी तरह यही करना आता है। मनोवैज्ञानिक सुरक्षा और अपने शरीर और नर्वस सिस्टम में सुरक्षित महसूस करना, स्थायी परिवर्तन लाने के लिए आवश्यक है।

क्या आपका लक्ष्य संवेदनशील है?

हममें से ज़्यादातर लोग ''स्मार्ट'' लक्ष्य बनाने के आदी होते हैं, ऐसे लक्ष्य जो विशिष्ट हों, जिन्हें मापा जा सके, हासिल किया जा सके, जो प्रासंगिक हों और निश्चित समय–सीमा के भीतर पूरे होते हों। इस विचार पर आधारित कार्यों की शुरुआत जॉर्ज डोरन, आर्थर मिलर और जेम्स कनिंघम ने १९८१ के अपने लेख ''प्रबंधन के लक्ष्य और उद्‌देश्य तय करने का एक स्मार्ट तरीका होता है'' (There's a S.M.A.R.T. way to write management goals and objectives) में की थी लेकिन बाद में इसकी आलोचना की गई कि यह बेकार है और कई बार उल्टा असर डालता है। मेरा मानना है कि इन मानकों में से कुछ ऐसे हैं, जो हमारे लक्ष्यों के लिए सहायक हैं लेकिन मैं इसमें एक और विचार जोड़ना चाहती हूँ।

अक्सर जब हम लक्ष्य बनाते हैं तो यह पूछना भूल जाते हैं कि क्या यह अपने आपसे पूछने के लिए एक संवेदनशील बात है? हमारी महत्वाकांक्षा हमें सबसे बड़े लक्ष्य का पीछा करने पर मजबूर करती है और हम यह देखना भूल जाते हैं कि क्या यह हमारे लिए और उस जीवन के अनुसार सरेखित है, जिसे हम जीना

चाहते हैं। इसलिए जब मेरे क्लाइंट्स लक्ष्य तय कर रहे होते हैं तो मैं अक्सर उनसे पूछती हूँ, क्या यह संवेदनशील है? 'संवेदनशील' शब्द की जड़ें पुरानी अंग्रेज़ी और प्रोटो-जर्मैनिक भाषा में हैं, जिनका अर्थ है ''स्वाभाविक'' और ''करुणामयी।'' जब हम अपने लिए लक्ष्य तय कर रहे होते हैं तो क्या वे इतने बड़े होते हैं कि हमसे कोई अस्वाभाविक माँग करते हैं? क्या इसके लिए खुद को उत्साहित करने की कोशिश इतनी तीव्र होती है कि उसमें कोई करुणा नहीं रह जाती? अपने लक्ष्यों को पाने के चक्कर में खुद को ही दाँव पर लगा देना सही नहीं है।

कुछ साल पहले मेरी क्लाइंट लैला ने एक बड़ा लक्ष्य तय किया, अपने बिज़नेस को सालाना चार लाख डॉलर से बढ़ाकर एक मिलियन डॉलर तक ले जाना। जब हम बैठकर यह हिसाब लगाने लगे कि इस लक्ष्य तक पहुँचने के लिए उसे क्या-क्या करना होगा तो रास्ता इतना सहज नहीं लग रहा था। लैला कंसल्टिंग के क्षेत्र में काम करती थी और उसके एक प्रोजेक्ट की औसत फीस पच्चीस हज़ार डॉलर थी। जब भी वह सेल्स कॉल करती तो उनमें से करीब चालीस प्रतिशत ही क्लाइंट बनते थे। इसका मतलब यह हुआ कि उसे एक साल में चालीस क्लाइंट चाहिए होते यानी करीब सौ सेल्स कॉल करने पड़ते। आमतौर पर वह महीने में सिर्फ चार-पाँच कॉल ही करती थी तो इस लक्ष्य को पाने के लिए उसे लगभग दुगनी मेहनत करनी पड़ती। लेकिन असल चुनौती यह थी कि उसी समय लैला को एक ऑटो-इम्यून बीमारी का पता चला था और वह तलाक की प्रक्रिया से भी गुज़र रही थी।

एक कोच के तौर पर मेरा काम बस आईना दिखाना है। यह तय करना कि किसी का लक्ष्य उनके लिए बड़ा है या छोटा, यह मेरा काम नहीं। असल में सबसे ज़्यादा ज़रूरी बात यही है कि मेरे क्लाइंट्स खुद अपने लिए यह फैसला लें। वरना वे फिर से अपने फैसले और अपनी महत्वाकांक्षाएँ किसी और के हाथों में सौंप देंगे। तो जब हमने हिसाब लगाया और लैला की जिंदगी की बाकी परिस्थितियों को देखा तो मैंने उससे सिर्फ एक सवाल किया, ''क्या वह संवेदनशील है?'' यह सुनते ही वह फूट-फूटकर रो पड़ी। उसने मिलियन-डॉलरवाला लक्ष्य इसलिए रखा था क्योंकि उसे लगा कि यही उसका अगला बड़ा मुकाम ''होना चाहिए।'' लेकिन सच तो यह था कि इस साल उसकी सबसे बड़ी चाहत खुद का खयाल रखना थी। वह व्यक्तिगत रूप से बहुत कुछ झेल रही थी और चाहती थी कि इस बार वह अपनी ऊर्जा सेल्स कॉल्स से ज़्यादा खुद को देने में लगाए। हाँ, वह अब भी अपनी आय बढ़ाना चाहती थी ताकि खुद की देखभाल में निवेश कर सके लेकिन जब उसने देखा

कि एक मिलियन डॉलर के लक्ष्य तक पहुँचने के लिए कितनी कीमत चुकानी पड़ेगी तो उसे समझ आया कि उसकी जिंदगी के इस दौर में यह उसके लिए सबसे स्वस्थ या सही लक्ष्य नहीं है।

संवेदनशीलता का विचार महत्वाकांक्षा विरोधी या लक्ष्य विरोधी नहीं है। मैं इस बात की पक्षधर हूँ कि आप जो चाहते हैं, वह सब पाएँ। असल में मैं अक्सर अपने क्लाइंट्स को ज़्यादा से ज़्यादा हासिल करने की ओर प्रोत्साहित करती हूँ क्योंकि उनकी सीमित मान्यताएँ उन्हें बहुत कम माँगने पर मजबूर करती हैं। मेरी एक क्लाइंट तो मुझे ''क्वीन ऑफ डेलुलु''[1] भी कहती है क्योंकि मैं चाहती हूँ कि वह बड़े सपने देखें। लेकिन यह भी उतना ही सच है कि हम अपनी इच्छाएँ किस तरह पूरी करते हैं, उसमें मानवीयता और संवेदनशीलता का बड़ा योगदान होना चाहिए। लैला को एक मिलियन डॉलर की कमाई नहीं चाहिए थी, अगर उसकी कीमत उसे अपनी सेहत और मानसिक संतुलन से चुकानी पड़ती। उसकी बाकी जिंदगी की परिस्थितियों को देखते हुए ऐसा करना उसे अपने साथ अन्याय जैसा लगा। इसलिए उसने अपना लक्ष्य घटाकर एक मिलियन के बजाय छह लाख डॉलर कर दिया और साथ ही इस साल खुद का खास खयाल रखने का संकल्प लिया। इसमें शामिल था, एक पर्सनल ट्रेनर के साथ वर्कआउट करना, हफ्ते में एक बार थेरेपी लेना, पौष्टिक भोजन करना और हर हफ्ते अपने लिए समय निकालना और दोस्तों के साथ समय बिताना ताकि सेरामिक्स क्लास या रोलर स्केटिंग पर जाकर आनंद उठा सके।

क्या आपका लक्ष्य सार्थक महत्वाकांक्षा का सम्मान करता है?

जब बात स्वस्थ लक्ष्य बनाने की आती है तो हमें यह भी सुनिश्चित करना होता है कि वे हमारी सार्थक महत्वाकांक्षा से सरेखित हों और वे कष्टकारी न हों। आपको याद होगा, इस किताब में पहले एक चार्ट दिया गया था, जिसमें सार्थक महत्वाकांक्षा और कष्टदायी महत्वाकांक्षा के बीच अंतर बताया गया था? जब आप अपने लक्ष्य के बारे में सोचें तो कष्ट और सार्थक महत्वाकांक्षा के हर पहलू से गुज़रें ताकि देख सकें कि आपका लक्ष्य आपकी सच्चाई से मेल खाता है या आप उसे इसलिए हासिल करना चाहते हैं क्योंकि समाज कहता है कि यही अगला बड़ा मील का पत्थर है।

---

[1] डेलुलु एक इंटरनेट स्लैंग शब्द है जिसका प्रयोग इस विश्वास को वर्णित करने के लिए किया जाता है कि व्यक्ति अपनी इच्छाशक्ति के माध्यम से अपने भाग्य को प्रभावित कर सकता है।

उद्देश्यपूर्ण महत्वाकांक्षा: महत्वाकांक्षा के साथ एक सजग संबंध	**कष्टदायी महत्वाकांक्षा: महत्वाकांक्षा के साथ एक अचेतन संबंध**
उन तंत्रों पर प्रश्न करना जो हमारी महत्वाकांक्षा को आकार देते हैं - इस बात से अनजान रहने के बजाय कि किन तंत्रों और विचारधाराओं ने हमें गढ़ा है, आप उन पर प्रश्न करते हैं। इससे स्पष्ट हो जाता है कि हम सभी की शुरुआत समान अवसरों के साथ नहीं होती।	**उन तंत्रों से अनभिज्ञ रहना जो हमारी महत्वाकांक्षा को आकार देते हैं** - आप उन तंत्रों से अनजान ही रहते हैं, जिन्होंने आपको और आपके आस-पास के लोगों को आकार दिया है। आप मानते हैं कि हम सभी के पास अपनी मंजिल तक पहुँचने के लिए समान अवसर हैं।
एक व्यापक मानसिकता - आप यह समझते हैं कि हमारे जीवन में हर अवसर आगे बढ़ने का एक मौका है और परफेक्शन एक मिथक है। - आप अपनी सीमित मान्यताओं पर प्रश्न करते हैं। - आप संवेदनशीलता और करुणा के साथ नेतृत्व करते हैं। - आप समृद्धि के केन्द्र में रहते हैं। - आप सक्रिय रूप से स्वयं को मान्यता देने और सम्मान करने के लिए काम करते हैं। आप अपनी आंतरिक मान्यता पर निर्भर करते हैं।	**एक संकीर्ण मानसिकता** - आप असफलता से डरते हैं। आप परफेक्शनिस्ट यानी पूर्णतावादी हैं और स्वयं तथा दूसरों की खामियों को माफ नहीं करते। - आप काले-सफेद यानी अति वाली सोच में विश्वास करते हैं। - आप अक्सर अपनी सीमित मान्यताओं के साथ जीते हैं। आप आलोचना करते हुए आगे बढ़ते हैं। - आप कमी की भावना से काम करते हैं। - आपको देखे जाने, सुने जाने और दूसरों द्वारा मान्यता पाने की आवश्यकता होती है। आप बाहरी मान्यता पर निर्भर रहते हैं।
उद्देश्य द्वारा संचालित - आप किसी भी कीमत पर जीतने पर ध्यान केन्द्रित करने के बजाय, उद्देश्य से जुड़ने, सकारात्मक प्रभाव डालने और बेहतरी के लिए बदलाव लाने की इच्छा रखते हैं; और संपूर्णता की अवस्था से बढ़ने की तत्परता रखते हैं। आप अपने चुनाव सरेखण पर आधारित होते हैं।	**किसी भी कीमत पर जीतने की प्रवृत्ति** - आपको नाम, शोहरत या पसंद किए जाने के लिए जीतने और सफल होने की लालसा रहती है और सबसे अच्छा बनने की आवश्यकता महसूस होती है। आप अपनी हीन-भावनाओं से प्रेरित होकर सफलता पाने की कोशिश करते हैं। आप ''ऐसा ही करना चाहिए'' जैसी सोच के आधार पर निर्णय लेते हैं।

उद्देश्यपूर्ण महत्वाकांक्षा: महत्वाकांक्षा के साथ एक सजग संबंध	**कष्टदायी महत्वाकांक्षा: महत्वाकांक्षा के साथ एक अचेतन संबंध**
सहयोग पर केन्द्रित और अपनी प्रतिभा का उपयोग दुनिया की बेहतरी के लिए करना - आप अपनी प्रतिभाओं को प्रतिस्पर्धा पर केन्द्रित करने के बजाय उनका उपयोग व्यापक भलाई के लिए करते हैं। आप पूरी तरह से सहयोग, विविधता, समानता और समुदाय के पक्षधर हैं।	**व्यक्तिवाद और शक्ति जमा करने पर केन्द्रित** - आप केवल स्वयं पर ध्यान देते हैं और व्यक्तिगत रूप से सफल होने पर केंद्रित रहते हैं। आप मानते हैं कि शोहरत और संसाधन सीमित हैं या केवल कुछ चुनिंदा लोगों के लिए ही होते हैं इसलिए आप उन्हें अपने लिए जमा कर लेते हैं।
अपनी आवश्यकताओं का सम्मान करना - आप अपने मन और शरीर के साथ एक सहज संतुलन रखते हैं। आप अपनी देखभाल और अपने समुदाय की देखभाल को केन्द्र में रखते हैं। आप स्वयं को साधन के रूप में उपयोग नहीं करते।	**स्वयं और दूसरों का साधन रूप में उपयोग करना** - आप आगे बढ़ने के लिए अपने मन और शरीर का हद से ज़्यादा इस्तेमाल करते हैं। आप स्वयं और दूसरों के साथ अमानवीय हो जाते हैं। आप आत्म बलिदानी बन जाते हैं।
संतोष-आधारित - आप सभी भावनाओं और अनुभवों का स्वागत करते हैं और समता पर ध्यान केन्द्रित करते हैं, विषाक्त सकारात्मकता को अस्वीकार करते हैं।	**विषाक्त सकारात्मकता** - आप केवल खुशी की तलाश करते हैं, कठिन या चुनौतीपूर्ण भावनाओं से बचते हैं या। उन्हें नकारते है।
आप संरेखित कार्य करते हैं – आप विश्वास की गति से आगे बढ़ते हैं। आप समय–सीमाओं और पारस्परिक निर्भरताओं के प्रति सजग हैं लेकिन उन लोगों और प्रक्रियाओं का सम्मान करते हैं जो महान कार्य करने के लिए जरूरी हैं। – आप गति और भय के बजाय मनोवैज्ञानिक सुरक्षा को प्राथमिकता देते हैं।	**स्वयं थोपे हुए आपातकालीन दबाव** – आप अपनी काबिलियत और दक्षता को साबित करने के लिए अस्थिर गति से आगे बढ़ते हैं। – आप भय के आधार पर चलते हैं और स्वयं तथा दूसरों में घबराहट पैदा करते हैं। आप भय–आधारित तरीकों से प्रेरित होते हैं।

अभ्यास: मनोवैज्ञानिक रूप से सुरक्षित, संवेदनशील और उद्देश्यपूर्ण लक्ष्य निर्धारित करें

१. पिछले वर्ष आपने कौन से लक्ष्य तय किए और पूरे किए? उनका जश्न मनाइए।

२. पिछले वर्ष आपने कौन से लक्ष्य तय किए जो पूरे नहीं हुए? उन्हें विकासवादी सोच के साथ देखिए। ऐसा क्या हुआ, जिसके चलते आप लक्ष्य तक नहीं पहुँच पाए और इस वर्ष के लक्ष्यों की ओर बढ़ते हुए आप इस अनुभव क्या सीख सकते हैं?

३. इस वर्ष आपके लिए कौन से आकर्षक स्ट्रेच गोल हो सकते हैं जो आपकी ज़िंदगी के व्यापक संदर्भ में संवेदनशील और करुणामय भी महसूस हों? आप कौन से संवेदनशील लक्ष्य तय करना चाहते हैं?

४. नीचे मैंने आपके लिए जो स्कोरकार्ड बनाया है, उसका इस्तेमाल कीजिए ताकि यह सुनिश्चित हो कि ये लक्ष्य सहयोगी हैं और आपकी उद्देश्यपूर्ण महत्वाकांक्षा के साथ संरेखित हैं।

किसी लक्ष्य का सम्मान करने का सबसे अच्छा तरीका है उसे एक स्वस्थ और महत्वाकांक्षी आदत में बदल देना। आदतें हमारे उद्देश्यों को पूरा करने के लिए आवश्यक होती हैं। वे बदलाव को धीरे-धीरे शुरू करती हैं, हमें अपने कार्यों को अपनी दैनिक जिंदगी में पिरोने और उन्हें एक अनुष्ठान बनाने की दिशा में आगे बढ़ाती हैं, जिससे आपके लक्ष्य तक पहुँचने की संभावना बहुत बढ़ जाती है।

बेस्टसेलिंग किताब 'एटॉमिक हैबिट्स' के लेखक जेम्स क्लियर कुछ तकनीकें बताते हैं, जिनका इस्तेमाल करके हम सुनिश्चित कर सकते हैं कि हमारी आदतें टिक सकें ताकि हम अपने उद्देश्यों तक पहुँच सकें। आइए इन्हें देखते हैं।

संकेत तय करें

संकेत वे मुख्य स्रोत हैं, जो किसी आदतन व्यवहार की शुरुआत करते हैं। संकेत तय करते समय हमें सुनिश्चित करना चाहिए कि वे नज़रअंदाज़ न किए जा सकें। जब मैंने रोज़ाना अपने माइंडसेट-रीफ्रेम्स के साथ काम करने की आदत शुरू की तो मुझे इसे याद दिलाने के लिए एक दृश्य संकेत चाहिए था। घर पर, मेरे शयनकक्ष के एक कोने में मेरी रेडलाइट के पास एक छोटा सा मेडिटेशन कुशन रखा

है। जब मैंने अपने माइंडसेट–रीफ्रेम्स पर काम शुरू किया तो अपने मेडिटेशन कुशन पर इंडेक्स कार्ड्स का एक सेट रख दिया ताकि ध्यान के बाद हर दिन माइंडसेट रीफ्रेम्स के साथ काम करने की दृश्यात्मक याद दिलाने वाला संकेत मिल सके। आप भी ऐसा ही कुछ कर सकते हैं। मान लीजिए आप हर सुबह अपना जर्नल लिखना चाहते हैं। तो अपने लिए एक संकेत इस तरह बना सकते हैं कि अपना जर्नल अपने बिस्तर के पास रखें ताकि जागते ही सबसे पहले वही नज़र आए।

रुकावटें हटाना

संकेतों का लगातार उपयोग करने के लिए, हमें जितनी हो सके उतनी रुकावटें हटानी होंगी। महामारी के कुछ साल बाद, मेरा क्लाइंट नोआ खाना पका–पकाकर तंग आ चुका था, यह आदत उसने तब अपनाई थी, जब न्यूयॉर्क सिटी में वायरस तेज़ी से फैला और रेस्तराँ बंद हो गए। फिटनेस की पृष्ठभूमिवाले व्यक्ति के रूप में, वह पौष्टिक खान–पान को लेकर सजग था। लेकिन बारह महीनों तक दिन में तीन बार खाना पकाने के बाद, वह इस मेहनत से तंग आ गया और उसने खाना बनाना छोड़ दिया। नोआ को एहसास हुआ कि अगर वह अपने लिए स्वस्थ और पौष्टिक भोजन करने की आदत बनाए रखना चाहता है तो उसे एक बड़ी रुकावट हटानी होगी और वह रुकावट थी, खाना पकाने की तैयारी में लगनेवाला समय। इसलिए उसने एक मील डिलिवरी सर्विस ले ली, जो ऐसी सब्जियाँ और प्रोटीन देती थी, जिन्हें मिलाकर आप अपना भोजन बना सकते हैं। ऐसा करके उसने खाना बनाने की तैयारी में लगनेवाला ढेर सारा समय बचा लिया, जिससे उसकी परेशानी खत्म हो गई। इस तरह वह बिना किसी रुकावट के अपना पसंदीदा पौष्टिक भोजन करना जारी रख सका, जिससे वह अच्छा महसूस करता था। (नोट: वह ऐसा इसलिए कर सका क्योंकि उसके पास पैसे थे। पैसा बहुत–सी रुकावटें हटा सकता है और यही एक कारण है कि मैं इस बात की हिमायती हूँ कि आपके पास ज़्यादा पैसा हो ताकि आपको सहूलियतें मिल सकें।)

टेम्पटेशन बंडलिंग शुरू करें

जेम्स क्लियर का एक और सुझाव, जिसे मैंने अपने क्लाइंट्स के साथ इस्तेमाल किया है, वह है ''टेम्पटेशन बंडलिंग'' का उपयोग करना। दरअसल टेम्पटेशन बंडलिंग हमारी प्रेरणा के लिए जिम्मेदार न्यूरोट्रांसमीटर डोपामीन को हमारे पक्ष में इस्तेमाल करती है यानी जिस आदत को हम करना पसंद करते हैं, उसे ऐसी आदत के साथ जोड़ना, जिसे हम अभी उतना आनंद लेकर नहीं करते। अगर आप

रोजाना विटामिन पाकर अपनी स्पंदन पैदा करनेवाली लय (सरकैडियन रिदम्स) को सहारा देने के लिए बाहर जाना पसंद करते हैं लेकिन आप अभी रोज़ाना मेडिटेशन के लिए पूरी तरह प्रतिबद्ध नहीं हो पा रहे तो इन दोनों को एक साथ जोड़ दीजिए। बाहर जाइए, धूप लीजिए जो आपको पसंद है और एक वॉकिंग मेडिटेशन कीजिए, जिसे आप अपने सेल फोन पर सुन सकें।

अपनी सफलताओं का जश्न मनाइए

जब हम अपनी आदतों को छोटे-छोटे जश्न से जोड़ते हैं तो उन्हें निभाए रखना आसान हो जाता है। महत्वाकांक्षी और मेहनती लोगों के तौर पर हम अक्सर अगले पड़ाव पर नज़र गड़ाए रहते हैं और यह भूल जाते हैं कि यहाँ तक पहुँचने के लिए हमने कितनी मेहनत की है। लेकिन जश्न मनाना सहायक होता है, खासकर तब, जब हमारे लक्ष्य पूरे होने में समय लगे। क्योंकि नतीजे हमेशा हमारे हाथ में नहीं होते इसलिए मैं अपनी क्लाइंट्स से कहती हूँ कि सिर्फ मंजिल मिलने पर ही नहीं बल्कि मंजिल तक पहुँचने की दिशा में उठाए गए हर कदम और अपनाई गई आदत का भी जश्न मनाएँ।

जब मैं लैला के साथ उसके सालाना छह लाख डॉलर के लक्ष्य को पूरा करने की दिशा में काम कर रही थी तो हम हर हफ्ते उसके काम का जश्न मनाते थे। कभी वह एक शानदार नेल आर्ट करवाकर खुद को खुश करती, कभी अपने ट्रैवल फंड में सौ डॉलर डालती तो कभी दोस्तों के साथ एक बढ़िया डिनर पर जाती। ये छोटे-छोटे जश्न उसकी आदतों पर चार चाँद लगा देते और उसे आगे बढ़ने की प्रेरणा देते थे। अगर हम अपनी सफलताओं का जश्न नहीं मनाते तो वर्तमान की संतुष्टि खो देते हैं क्योंकि हमारा ध्यान हमेशा भविष्य पर टिका रहता है। और इस तरह हम अनजाने में अपनी महत्वाकांक्षा को बोझ बना देते हैं।

आप कुछ इस तरह ये जश्न मना सकते हैं-

- किसी म्यूजियम, कॉन्सर्ट या बढ़िया डिनर पर जाना।
- अपने लिए फूल खरीदना।
- अपने लिए एक बढ़िया केक बनाना या खरीदना। उस पर मोमबत्तियाँ लगाएँ और उन्हें फूँककर बुझाएँ।
- अपने सबसे करीबी दोस्तों के साथ एक छोटा-सा जश्न मनाना, जहाँ हर कोई बताए कि वह आपकी किस बात को सबसे ज़्यादा पसंद करता है।

अति मत कीजिए

नई आदतों को स्थायी बनाने का दूसरा तरीका है कि उन्हें ज़रूरत से ज़्यादा बड़ा या जटिल न बनाएँ। हम इंसान अक्सर सरल चीज़ों को भी बेवजह पेचीदा बना देते हैं। जब हम अपने बड़े लक्ष्य के बारे में सोचते हैं, तो अक्सर अपने मन में अगले सौ कदमों की तस्वीर बना लेते हैं, जबकि ध्यान सिर्फ पहले कदम पर होना चाहिए। हममें से कई लोग सिर्फ इसलिए शुरुआत ही नहीं कर पाते क्योंकि उनकी नज़र अपने रास्ते के बहुत आगे तक चली जाती है और यह भूल जाते हैं कि शुरुआत तो यहीं से करनी होगी, जहाँ हम फिलहाल हैं।

मुझे यह बात अनब्रेकेबल किम्मी शिमट नाम की टीवी सीरीज़ की याद दिलाती है। इसके पहले सीजन में दिखाया गया है कि किम्मी कई साल तक एक पादरी के अजीब बंकर में कैद रही। वहाँ उसे और अन्य कैदियों को चौबीस घंटे एक रहस्यमयी क्रैंक घुमाना पड़ता था। एक एपिसोड में किम्मी बताती है कि वह यह सब कैसे सह पाई। वह कहती है, ''देखो, कोई भी चीज़ दस सेकंड तक तो झेली ही जा सकती है। फिर अगले दस सेकंड का नया दौर शुरू हो जाता है। अब ऐसे में चाहे आप कोई भारी क्रैंक घुमा रहे हों, जिसका मक़सद आज तक पता नहीं या बस किसी गिफ्ट खोलने का इंतज़ार कर रहे हों, आपको बस इसे दस सेकंड से दस सेकंड करके झेलना है।''

इस शो में वह क्रैंक दरअसल इस बात का प्रतीक है कि औरतों से रोज़मर्रा की जिंदगी में कितनी सहनशीलता दिखाने और कितना अन्याय झेलने की उम्मीद की जाती है। लेकिन किम्मी ने यहाँ एक और बात सिखाई, हम कुछ भी सह सकते हैं, अगर उसे छोटे-छोटे हिस्सों में बाँट लें। गे हेंड्रिक्स कहते हैं कि अपने ''प्रतिभा क्षेत्र'' को सम्मान देने की शुरुआत हमें दिन में सिर्फ दस मिनट देकर करनी चाहिए। किम्मी कहती है, ''दस सेकंड से शुरू करो।'' असली बात यही है, छोटी शुरुआत कीजिए और धीरे-धीरे वहीं से आगे बढ़ते जाइए।

अपनी ऊर्जा का सम्मान कीजिए

मैं अक्सर सोचती हूँ कि अगर लोगों को यह आज़ादी होती कि वे अपना काम (और अपनी आदतें) अपनी अनोखी ऊर्जा के हिसाब से तय कर सकें तो हमारे कामकाज की दुनिया कितनी अलग होती। हम सबके दिमाग और शरीर अलग-अलग हैं इसलिए यह सोचना कि सब लोग एक ही तरीके और एक ही रफ्तार से

काम करेंगे, न तो संभव है और न ही उचित। जब हम अपनी प्राकृतिक ऊर्जा के खिलाफ जाकर काम करने की कोशिश करते हैं तो अक्सर थककर चूर हो जाते हैं या अनजाने में ही खुद को नुकसान पहुँचाते हैं क्योंकि तब हम अपनी ऊर्जा के मामले में, बहाव की दिशा में जाने के बजाय विपरीत दिशा में जाने के लिए संघर्ष कर रहे होते हैं।

उदाहरण के लिए औरतों को ही लीजिए। उनके शरीर में एस्ट्रोजेन बनता है और वे इनरेडियन रिद्म से गुजरती हैं, जिसे आम भाषा में मासिक चक्र कहते हैं। यह चक्र आमतौर पर २३ से ३५ दिन का होता है लेकिन इसमें उनके हार्मोन्स में रोज़ाना बदलाव होता रहता है। इसका मतलब यह है कि हर दिन ऊर्जा, मूड और शरीर की प्रतिक्रिया अलग होती है। मुझे यह हमेशा अजीब लगता है कि ऐसे में भी समाज हमसे हर दिन समान उत्पादकता की उम्मीद करता है, जबकि जैविक रूप से यह संभव ही नहीं है।

मान लीजिए आपने हफ्ते में पाँच दिन स्ट्रेंथ ट्रेनिंग करने का लक्ष्य तय किया है। लेकिन जैसे ही आपका चक्र ल्यूटियल फेज़ (पीरियड्स से पहले वाला समय) में पहुँचता है, आप इतनी थकी हुई महसूस करती हैं कि उस समय ज़्यादा वर्कआउट करना शरीर को नुकसान पहुँचा सकता है। ऐसे में ट्रेनिंग छोड़कर एक हल्की सैर या योगा करना शारीरिक रूप से बेहतर होगा। यह कोई बहाना नहीं है बल्कि अपने शरीर और अपने लक्ष्यों, दोनों का सम्मान करना है। अगर हमें अपने शरीर को असंभव तरीकों से तोड़-मरोड़कर नतीजे निकालने पड़ें तो यह कुछ और नहीं बल्कि वही पुरानी कष्टदायी महत्वाकांक्षा ही है।

अब इन चीज़ों का हमारे कामकाज पर कैसा प्रभाव पड़ता है? मुझे दो अलग-अलग बीमारियाँ हैं इसलिए मुझे यह ध्यान रखना पड़ता है कि कब मेरा शरीर अच्छे से काम करता है और कब उसे आराम की ज़रूरत है। मुझे पता है कि मेरा दिमाग हफ्ते की शुरुआत और सुबह के समय सबसे अच्छा काम करता है। इसलिए सोमवार को मैं अपने सीईओवाले काम करती हूँ, जैसे कोर्स डिज़ाइन करना या आर्टिकल लिखना। जब मैं यह किताब लिख रही थी तो लेखन के लिए मैंने सोमवार और मंगलवार की सुबह का समय तय कर रखा था। जब मुझे दिनभर एकाग्रता के साथ काम करना पड़ता है तो मेरा दिमाग शाम के चार बजे तक काफी थक जाता है इसलिए ईमेल का जवाब देने के काम मैं इसके बाद ही करती थी। बुधवार और गुरुवार को मैं कोचिंग देती थी और शुक्रवार को हल्के काम निपटाती थी, जैसे

पॉडकास्ट एडिट सुनना, ईमेल पढ़ना या बुककीपर के लिए कागज़ात व्यवस्थित करना। अगर मैं अपने आपको हर रोज़ लिखने के लिए मजबूर करती तो किताब कभी पूरी नहीं होती क्योंकि मेरे दिमाग को ज़रा ठहरकर हर चीज़ को प्रॉसेस करने का वक्त चाहिए।

हो सकता है आप ऐसे इंसान हों, जिसकी सबसे बेहतरीन और रचनात्मक सोच रात को निकलती हो। बढ़िया! अपने काम का ढाँचा उसी हिसाब से बनाएँ। या फिर हो सकता है कि आप सुबह जल्दी उठनेवाले व्यक्ति हों और चाहते हों कि पूरी दुनिया के जागने से पहले आप अपना गहन एकाग्रतावाला काम पूरा कर लें। शानदार! तो आप इसी आधार पर अपनी दिनचर्या बनाएँ।

जब भी मैं यह बात वर्कशॉप में कहती हूँ, कोई न कोई यह सवाल ज़रूर उठाता है कि कॉर्पोरेट टाइमटेबल में इतना लचीलापन लाना असंभव है। हाँ, यह कठिन ज़रूर है क्योंकि वहाँ पहले से बनी संरचना होती है। लेकिन फिर भी, ऐसा करना नामुमकिन नहीं। मेरे कई क्लाइंट्स ने कॉर्पोरेट ढाँचे के भीतर रहते हुए भी अपने लिए आज़ादी ढूँढ़ी है। राज़ यह है कि अपने शेड्यूल के उन हिस्सों पर ध्यान दें जहाँ आपके पास नियंत्रण है और वहीं अपनी आदतें गढ़ें।

उदाहरण के लिए, मैंने एक बार लियम नाम के व्यक्ति को कोच किया, जो एक ग्लोबल टीवी नेटवर्क में सेल्स हेड के तौर पर काम करता था। वह काफी बड़ी टीम संभालता था और उसे लगता था कि उसका शेड्यूल उसके हाथ में नहीं है। लेकिन जब हमने उसके कैलेंडर पर गौर किया तो पता चला कि उसकी ज्यादातर मीटिंग्स दोपहर में होती थीं। तो हमने तय किया कि वह अपनी सारी मीटिंग्स सोमवार और मंगलवार की दोपहर में रखे और सुबह का समय ब्लॉक कर दे ताकि रणनीतियाँ बनाने संबंधी काम कर सके। भले ही यात्राओं की वजह से हर हफ्ता ऐसा न हो पाता लेकिन अस्सी प्रतिशत मौकों पर यह योजना कारगर होती और उसका काम कहीं ज़्यादा संतोषजनक बनने लगा।

जवाबदेही बनाए रखिए

आखिर में, किसी भी स्वस्थ महत्वाकांक्षी आदत के लिए सबसे ज़रूरी है जवाबदेही। चाहे आप इसे खुद निभाएँ, किसी ट्रैकिंग सिस्टम से या फिर किसी दोस्त या कोच के साथ चेकइन करके। जवाबदेही आपके लक्ष्यों तक पहुँचने की राह को बहुत आसान बना देती है। याद रखिए, बड़े लक्ष्य तभी पूरे होते हैं जब वे मानसिक

रूप से सुरक्षित हों और उनके प्रति स्पष्ट जवाबदेही सुनिश्चित की जाए। अपनी आदतों को निभाने के लिए नीचे दिए गए ट्रैकर्स का उपयोग कीजिए।

डर से दोस्ती करना

कुछ साल पहले, मैं अपनी क्लाइंट इमानी को उनके अकाउंटिंग करियर से धीरे-धीरे बाहर निकलकर पब्लिक स्पीकिंग की दुनिया में आने में मदद कर रही थी। हालाँकि वे एक सीपीए थीं लेकिन उनमें स्वाभाविक रूप से कम्युनिकेशन की प्रतिभा थी और वे उसे बेहतर बनाना चाहती थीं। हमने तय किया कि बिना नौकरी छोड़े, उनकी जिज्ञासा को सुरक्षित तरीके से आगे बढ़ाने का एक तरीका यह होगा कि वे एक अनौपचारिक स्पीकिंग टूर शुरू करने की कोशिश करें। इमानी को दूसरों से जुड़ना, गहरे और सार्थक संवाद करना और वे बातें बोलना पसंद था, जिन्हें बोलने से ज़्यादातर लोग घबराते थे। अच्छी पब्लिक स्पीकिंग उनका नैसर्गिक गुण था इसलिए यह उनके लिए एक सही साधन साबित हो सकता था। जब हमने उनकी पब्लिक स्पीकिंग सीरीज़ को तैयार किया तो उनकी कहानी को एक ब्लैक-अमेरिकन कॉर्पोरेट टैक्स अकाउंटेंट के तौर पर उनके अपने अनुभवों के इर्द-गिर्द बुना। वे इस बात को समझने की कोशिश कर रही थीं कि उन्होंने जो कुछ भी चाहा और हासिल किया, उसने उन्हें भीतर से इतना असंतुष्ट क्यों कर दिया।

जब हमने सोचा कि इसे न्यूनतम स्तर पर कैसे शुरू किया जा सकता है तो हमने उनका ब्रांड स्टोरी, विजुअल्स, सिग्नेचर टॉक्स और उनके ड्रीम स्टेजेस तैयार किए। लेकिन जब इमानी अपने टॉक्स बुक करने के लिए आगे बढ़नेवाली थीं, तभी डर का एहसास उन पर हावी हो गया। हालाँकि हम तीन महीने से यह सब कर रहे थे लेकिन अब अचानक उन्हें यह चिंता सताने लगी कि ये सब देखकर उनकी माँ और दोस्त क्या कहेंगे। उन्होंने खुद को यह विश्वास दिलाना शुरू कर दिया कि यह एक भयावह विचार है और उन्हें लोगों से बात करना पसंद ही नहीं है। उन्हें डर लगने लगा कि जब वे सार्वजनिक तौर पर आकर भाषण देंगी तो निशाना बन जाएँगी। मैंने उनकी हर आशंका को ध्यान से सुना। इमानी को अपने विचार साझा करना और अपनी सोच को दुनिया के सामने लाना बहुत अच्छा लगता था, शुरुआत में वे इस विचार को लेकर बेहद उत्साहित भी थीं। लेकिन जैसे-जैसे डर हावी होता गया, उनके भीतर की शुरुआती जुनून और उत्साह धुंधले पड़ने लगे।

क्या आपने इंडियाना जोन्स: द लास्ट क्रूसेड देखी है? इस मशहूर फिल्म में एक प्रतीकात्मक दृश्य है, जहाँ अपने पिता की जान बचाने के लिए इंडियाना को

खुद पर विश्वास कर एक लंबी छलाँग लगानी होती है और एक ऐसी खाई पार करनी होती है, जिसके ऊपर कोई पुल नहीं है। जब वह बेचैनी से अपने पिता को बचाने की कोशिश करता है तो खुद को एक ऊबड़-खाबड़ चट्टान के किनारे खड़ा पाता है। उसे वहाँ से दूसरी ओर पहुँचने की ज़रूरत होती है। नीचे झाँकने पर सिर्फ एक गहरी खाई दिखती है, जिसका कोई अंत नज़र नहीं आता। वह सोचता है कि क्या किया जाए। वह डरा हुआ है और जानता है कि छलाँग लगाकर खाई को पार नहीं किया जा सकता। तभी उसे अपने पिता की दर्दभरी चीख सुनाई देती है और उसे एहसास होता है कि आगे बढ़ने के अलावा कोई और विकल्प नहीं है। वह खुद को तैयार करता है और बुदबुदाता है, ''यह विश्वास की छलाँग है।'' इंडियाना गहरी साँस लेकर पहला कदम आगे बढ़ाता है, यह मानते हुए कि छलाँग लगाते ही वह खाई में गिरकर मरनेवाला है। और फिर क्या होता है? जैसे ही वह आगे बढ़ता है, एक पुल अचानक प्रकट होता है और उसे गिरने से बचा लेता है। वह हैरान रह जाता है। वास्तव में यह एक ऑप्टिकल इल्यूज़न था, पुल तो पहले से ही वहाँ था, बस नज़र नहीं आ रहा था।

कई मायनों में, जाने-पहचाने रास्ते को छोड़कर नए और अधिक सार्थक जीवन में कदम रखना भी विश्वास की ऐसी छलाँग लगाने जैसा लग सकता है। लेकिन अक्सर, रास्ता पहले से ही मौजूद होता है। जब मैं क्लाइंट्स को एक कष्टदायी महत्वाकांक्षा से चुने गए करियर से निकालकर एक अधिक उद्देश्यपूर्ण पेशे में जाने में उनकी मदद करती हूँ तो इस प्रक्रिया में डर लगना स्वाभाविक है। यह डर आमतौर पर उसी समय हावी होता है, जब हम ज़्यादातर तैयारी कर चुके होते हैं, अपनी दिशा तय कर चुके होते हैं और कुछ नया शुरू करने के लिए तैयार होते हैं। अचानक डर और असहजता की आवाज़ दस्तक देने लगती है, ''क्या तुम वाकई वही करने जा रहे हो, जो सोच रहे हो? क्या तुम सचमुच इसके लायक हो? शायद तुम्हारे पास कौशल नहीं है, शायद यह समय भी सही नहीं है।'' हमारे डर की आवाज़ें अलग-अलग हो सकती हैं लेकिन उनका मकसद एक ही होता है, हमें अपने कम्फर्ट ज़ोन में अटका देना।

याद है मैंने सबकॉन्शियस सबोटाज को सेटी रेस्टोरेशन कहा था? ऐसा इसलिए क्योंकि कभी-कभी सच में ऐसा ही होता है। जब हम अपने अगले महत्वाकांक्षी स्तर की ओर बढ़ते हैं तो डर इसलिए उभरता है क्योंकि हमारा दिमाग हमें सुरक्षित रखने के लिए बना है और विकास डरावना लग सकता है। एक हालिया शोध से पता चला है कि भावनात्मक पीड़ा महसूस करना, शारीरिक पीड़ा जैसा ही होता है।

एक अन्य अध्ययन में पाया गया कि अस्वीकृति की भावनात्मक अनुभूति दिमाग के उन्हीं हिस्सों को सक्रिय करती है, जो शारीरिक कष्ट में सक्रिय होते हैं। दूसरे शब्दों में, डर हमारे शरीर में गहरे दर्द जैसा महसूस हो सकता है। यही वजह है कि हम अपने चारों ओर सुरक्षात्मक दीवारें खड़ी कर लेते हैं ताकि सुरक्षित रहें और अपने कम्फर्ट ज़ोन में बने रहें।

हमारे भीतर का सबसे डरा हुआ हिस्सा हमारा असली सेल्फ नहीं है। वह छोटी, सुरक्षात्मक डर की आवाज़ को हम सुनें, जो हमें हमारे सबसे बड़े सपनों से रोक रही होती है। सच तो यह है कि हमारी अधिकांश कठिन भावनाएँ, हमारे डर की ही अभिव्यक्ति हैं। जब हम किसी ऐसे व्यक्ति से जलते हैं, जिसने वह किया हो, जो हम करना चाहते हैं तो यह हमारा डर ही होता है, जो कह रहा होता है कि हम वह सब करने योग्य नहीं हैं। जब हमारी चिंता कहती है कि सब गड़बड़ हो जाएगा तो इसके पीछे का डर ये होता है कि हमें नुकसान होगा। जब हम सोचते हैं कि हम व्यावहारिक या यथार्थवादी बने रहें तो अक्सर इसके पीछे हमारा डर होता है, जो हमें हमारे सपनों से दूर कर रहा होता है। सच तो यह है कि हम सब डरते हैं। यह बिलकुल स्वाभाविक है। लेकिन डरने का मतलब यह नहीं कि हम साहसी नहीं हो सकते बल्कि अक्सर डर का मतलब यह होता है कि हम अपने सबसे बहादुर पहलू की ओर बढ़ रहे हैं।

यह भी सच है कि डर उपयोगी हो सकता है क्योंकि वास्तव में ये एक जानकारी जैसा होता है। यह उस भावना की ओर इशारा करता है, जिसे हमें व्यक्त करने की ज़रूरत है या उस ज़रूरत की ओर जिसका हमें ध्यान रखना है। डर कभी-कभी आलस, गुस्सा, चिंता या यहाँ तक कि अवसाद का रूप तक ले लेता है। यहाँ मकसद यह नहीं है कि हम इतने साहसी बन जाएँ कि कभी डर महसूस ही न करें (मैं ऐसे किसी इंसान को नहीं जानती, जिसके अंद कोई डर न हो) बल्कि हमारा मकसद यह है कि हम डर को महसूस करें, समझें कि वह हमें क्या संकेत दे रहा है। यह पहचानें कि असली खतरा क्या है और भ्रम क्या है और फिर भी आगे बढ़ते रहें। डर का मकसद हमें खतरे से आगाह करना है लेकिन हम पर कोई जंगली भालू हमला नहीं कर रहा है। हम डर-आधारित विचारों से घिरे रहते हैं, जो अक्सर वास्तविक तथ्यों पर आधारित नहीं होते। बेशक, सभी भावनाएँ मान्य हैं, चाहे वे तथ्यों पर आधारित हों या नहीं। लेकिन तथ्य और कल्पना को अलग-अलग रखना, हमें उस जीवन की ओर बढ़ने में मदद कर सकता है, जिसे हम सच में चाहते हैं, बजाय इसके कि हम अपनी डर की कहानी में अटके रहें।

अगर हमने ट्रॉमा या आघात का अनुभव किया है तो हमारा डर और भी गहरा हो सकता है। शोध बताते हैं कि जिन बच्चों ने ट्रॉमा सहा है, उनका दिमाग डर के लिए विशेष रूप से संवेदनशील हो जाता है। ट्रॉमा एक आम अनुभव है, लगभग तीन-चौथाई लोग अपने जीवन में कम से कम एक बार इसे झेलते हैं। लेकिन सबसे अधिक जोखिम हाशिये पर रखे गए लोगों को होता है। रंगभेद झेलने वाले युवाओं को अपने श्वेत साथियों से अधिक ट्रॉमा का सामना करना पड़ता है। क्वीयर युवाओं को अपने हेट्रोसेक्सुअल साथियों से अधिक एडवर्स चाइल्डहुड एक्सपीरियंस (एसीईएस) का सामना करना पड़ता है। महिलाओं में पोस्ट ट्रॉमेटिक स्ट्रेस डिसऑर्डर (पीटीएसडी) का खतरा पुरुषों से अधिक होता है और विकलांग लोगों के साथ दुर्व्यवहार की संभावना भी अधिक होती है। ऐतिहासिक रूप से बहिष्कृत लोगों के लिए यह सिर्फ माइंडसेट बदलने की बात नहीं होती क्योंकि वे अक्सर पूरे शरीर में प्रतिक्रिया का अनुभव करते हैं। और यह शारीरिक प्रतिक्रियाएँ आमतौर पर हमारे ट्रॉमा से जुड़ी होती हैं और हमारी आगे बढ़ने की क्षमता को रोक सकती हैं।

मशहूर किताब 'द बॉडी कीप्स द स्कोर: ब्रेन, माइंड, एंड बॉडी इन द हीलिंग ऑफ ट्रॉमा' में लेखक बेसल वैन डेर कोलक एम.डी. लिखते हैं, ''हम जैसा महसूस करते हैं, उसे बदलने का एक ही तरीका है, अपने भीतर चल रही अनुभूतियों को पहचानना और उनके साथ दोस्ती करना सीखना।'' अगर हम डर को दबाने की कोशिश करें या उसे सिर्फ अपनी सक्रियता से किनारे कर दें या तर्क देकर समझा दें तो यह कारगर नहीं होगा क्योंकि ट्रॉमा हमारे शरीर में संग्रहित होता है और हम उसके अस्तित्व या प्रभाव को नकार नहीं सकते।

जब इमानी ने अपनी पब्लिक स्पीकिंग सीरीज़ शुरू करने से जुड़ी सारी चिंताएँ मुझसे साझा कीं तो हमने सबसे पहले उसके मानसिक दृष्टिकोण को देखा। लेकिन जल्दी ही यह साफ हो गया कि उसके भीतर ट्रॉमा भी था। उसके माता-पिता ने अपने शहर में कई सफल रेस्तराँ खोलकर बड़ी पहचान बनाई थी लेकिन अचानक परिस्थितियाँ बदल गईं और उन्होंने सब कुछ खो दिया। नतीजतन, इमानी अपने असली सामर्थ्य का उपयोग करने और किसी मंच पर जाकर गैठने से डरती थी। यह ट्रॉमा उसके शरीर में संग्रहित था और हर बार जब वह मंच पर जाने के बारे में सोचती तो वही भावनाएँ जाग जातीं जो उसने तब महसूस की थीं, जब उसके माता-पिता ने अपनी मेहनत से बनाई हर चीज़ खो दी थी।

जब किसी क्लाइंट का ट्रॉमा उसकी इच्छाओं के रास्ते में बाधा डाल रहा हो तो मैं अक्सर उसे डॉक्टर की मदद लेने की सलाह देती हूँ। कष्ट हमारे शरीर में संग्रहित होते हैं इसलिए केवल अपने माइंडसेट पर काम करके हम उसे बदल नहीं सकते। और यही काम आगे चलकर इमानी ने किया।

हमारी प्रगति की अगली मंजिल अक्सर ऐसी होती है, जिसका हमने पहले कभी अनुभव नहीं किया होता। और नए अनुभव हमारे शरीर को असुरक्षित महसूस करा सकते हैं। चूँकि हमारी तंत्रिका-प्रणाली (नर्वस सिस्टम) हमारे भावों और व्यवहारों के लिए जिम्मेदार होती है इसलिए हमें यह सुनिश्चित करना होता है कि वह प्रगति के लिए सुरक्षित महसूस करे। हालाँकि मैं ट्रॉमा के विषय में प्रशिक्षित हूँ लेकिन मैं कोई डॉक्टर नहीं हूँ। इसलिए जब मेरे क्लाइंट अपने ट्रॉमा से जुड़े अनुभव सामने रखते हैं तो मैं उन्हें सलाह देती हूँ कि वे कोचिंग के साथ-साथ ईएमडीआर या सॉमैटिक वर्क जैसी चिकित्सीय विधियों को भी अपनाएँ। कुछ अभ्यास हमें ट्रॉमा से जुड़ी संवेदनाओं को सँभालने और उस समय के अनुभवों से गुजरने में मदद करते हैं। समय के साथ ये हमें आगे बढ़ने के उपकरण दे सकते हैं। लेकिन जब कोई व्यक्ति आगे नहीं बढ़ पा रहा होता है तो इसका मतलब यह नहीं है कि वह कठिन चीज़ें करने में सक्षम नहीं है बल्कि अक्सर इसका कारण यह होता है कि कठिन अनुभव उनके शरीर और मस्तिष्क में दर्ज हैं और उसे लगातार याद दिला रहे हैं कि ऐसा करना असुरक्षित है। महत्वाकांक्षी इंसान जब आगे नहीं बढ़ पाते तो इसके पीछे उनकी क्षमता की कमी नहीं होती बल्कि अधिकांश मामलों में कारण यह होता है कि ट्रॉमा उनकी कोशिकाओं में घर कर चुका होता है।

मानसिक फिल्टर सँभालना

कभी-कभी जब हमारा डर बहुत बढ़ जाता है तो हम मानसिक फिल्टर या सोचने की विकृतियों (कॉग्निटिव डिस्टॉर्शन) का इस्तेमाल करने लगते हैं। इनमें नकारात्मक बातों को बढ़ा-चढ़ाकर देखना और सकारात्मक को कम महत्त्व देना शामिल है। उदाहरण के लिए, असलियत यह है कि हम डर पैदा करनेवाले समय में जी रहे हैं और इनमें से कई डर बिलकुल वास्तविक हैं। लेकिन हमें यह भी देखना चाहिए कि कहीं हम कुछ क्षेत्रों में ज़रूरत से ज़्यादा तो नहीं उलझ रहे और क्या हम कुछ डर छोड़ सकते हैं ताकि हमारी जिंदगी थोड़ी कम चिंताजनक लगे। यहाँ संज्ञानात्मक व्यवहार चिकित्सा (कॉग्निटिव बिहेवियरल थेरेपी) में बताए गए आम मानसिक फिल्टर दिए गए हैं:

* **विपत्ति-निर्माण (कैटास्ट्रोफाइज़िंग):** इसमें आप स्वयं ही सबसे बुरा नतीजा निकाल लेते हैं। जैसे अगर आपको मनचाही नौकरी के लिए एम्पलॉयर से जवाब जल्दी नहीं मिलता तो आप सोच लेते हैं कि उन्हें आप बिलकुल पसंद नहीं आए और अब आपको कभी नौकरी नहीं मिलेगी। यह बहुत आम सोच है, खासकर हमारे आज के दौर में। यह सोच गैर-तार्किक डर को और बढ़ाती है। इतिहास की ओर पलटकर देखें तो हाँ, सबसे बुरे हालात कभी-कभी सच हो जाते हैं लेकिन ऐसा बहुत कम ही होता है।

* **अति-आमकरण (ओवरजनरलाइज़िंग):** इसमें हम मान लेते हैं कि क्योंकि कोई चीज़ एक बार हुई, तो वह बार-बार ज़रूर होगी। यह धारणा हमेशा व्यक्तिगत अनुभव से जुड़ी नहीं होती। कभी-कभी दूसरों को देखकर या समाचारों में सुनकर भी यह विश्वास गहराता है। जैसे आप सोचते हैं कि जब भी आप सीईओ के सामने अपनी प्रेजेन्टेशन रखेंगे, वे उसमें आपकी कमियाँ निकालने लगेंगे क्योंकि आपने अपने साथियों के साथ ऐसा होते देखा है।

* **अंधविश्वास:** इसमें हम मान लेते हैं कि अगर हमने कोई खास चुनाव किया तो कुछ बुरा हो जाएगा, भले ही उसका उस स्थिति से कोई लेना-देना न हो। अंधविश्वास अक्सर सांस्कृतिक धारणाओं से जन्म लेते हैं और डर व चिंता को बढ़ा देते हैं। जैसे कोई कहे कि आपको प्रमोशन ज़रूर मिलेगा और अगर उस समय आप टचवुड नहीं कह पाए तो आप सोचने लगते हैं कि अब आपको प्रमोशन नहीं मिलेगा।

कभी-कभी हमें यह तक पता नहीं चलता कि हमारे पास कोई मानसिक फिल्टर है, जब तक कोई और हमारा ध्यान इस ओर नहीं खींचता। मैं एक अरब परिवार में पली-बढ़ी और मुस्लिम संस्कारों के साथ बड़ी हुई। शायद इसीलिए मैंने बुरी नज़र के बारे में काफी मज़बूत धारणाएँ आत्मसात कर लीं थीं। हमारे घर में यह माना जाता था कि लोगों की जलन-भरी भावनाएँ सचमुच हमें नुकसान पहुँचा सकती हैं। असल में, मेरे पापा को लगता था कि मेरी बहन को कम उम्र में डायबिटीज़ होना बुरी नज़र का असर था, जबकि वे खुद एक डॉक्टर थे। वे अक्सर मुझे और मेरी बहनों से कहते कि अपने घने बालों को पोनीटेल बनाकर ढक लिया करो ताकि लोग उन्हें देखकर जलन न करें और अपनी बुरी नज़र न डालें। यह विश्वास इतना गहरा था कि जब मैं सत्रह साल की उम्र में कार दुर्घटना का शिकार हुई तो मेरा सबसे पहला विचार था, ''भगवान का शुक्र है मैं ज़िंदा हूँ'' और उसके

तुरंत उसके बाद अगला विचार था, ''यह ज़रूर किसी की बुरी नज़र के कारण हुआ है।'' (न कि यह कि मै अपनी पसंदीदा गायिका मारिया कैरी के गानों की सीडी में उलझी हुई थी और सड़क पर ध्यान नहीं दे रही थी)।

मैंने यह विश्वास हर जगह ढोया। मैं अच्छे कपड़े पहनती थी लेकिन बहुत ज़्यादा अच्छे नहीं क्योंकि डर था कि लोग नज़र लगा देंगे। मै अपनी उपलब्धियाँ साझा करती थी लेकिन सबसे बड़ी उपलब्धियाँ नहीं क्योंकि लोग बुरी नज़र डालकर मुझे नुकसान पहुँचा सकते थे। अंधविश्वास कई संस्कृतियों में गहराई से मौजूद होता है और हमें विकृत सोच में जीने पर मजबूर करता है। क्योंकि इन्हें हमारा परिवार और समाज मज़बूत करता है इसलिए इन्हें छोड़ना आसान नहीं होता।

कई साल पहले, जब मैंने पहली बार एक माइंडसेट कोच के साथ काम किया तो उन्हें बुरी नज़र के बारे में सब कुछ बताया कि कैसे यह मेरी ज़िंदगी बिगाड़ चुकी थी या बिगाड़ सकती थी। मैं इस पर उनकी प्रतिक्रिया कभी नहीं भूल सकती, वह बिलकुल चौंक गईं। मुझे समझ आ गया कि शायद मैं पहली इंसान थी, जिसने उन्हें जिन्न के बारे में बताया। मैंने उन्हें एक के बाद एक किस्से सुनाए कि कैसे किसी की बुरी नज़र ने मुझे नुकसान पहुँचाया था, मेरी कार दुर्घटना और ऑटोइम्यून बीमारी से लेकर, मेरा पसंदीदा हार खोने तक और बाल झड़ने तक। उन्होंने धैर्य और सम्मान से मेरी हर बात सुनी और फिर स्पष्ट शब्दों में कहा, ''आप जानती हैं कि यह पूरी तरह अंधविश्वासी सोच है, है न?'' फिर उन्होंने पूछा, ''इन घटनाओं के और कौन से संभावित कारण हो सकते हैं, जिनका बुरी आत्माओं से कोई संबंध न हो?''

उनके साथ यह एक सत्र करने के बाद मैंने इस बात को समझना शुरू किया कि शायद पूरी दुनिया मेरे पीछे नहीं पड़ी हुई है। शायद मुझे गाड़ी चलाते समय मारिया कैरी का बटरलाइ एल्बम बदलने की कोशिश नहीं करनी चाहिए थी! हो सकता है मेरी बीमारियाँ मेरे जीन्स, मेरे माहौल और मेरी मान्यताओं से जुड़ी हों, न कि किसी बुरी नज़र से। मेरा पसंदीदा हार बहुत पुराना हो गया था और बहुत घिस चुका था। और सबको पता है कि बाल झड़ना हाशिमोटोज़ थायरॉयडाइटिस की समस्या का आम लक्षण है। लेकिन जब तक कोच ने ये सब बातें मेरे सामने नहीं रखीं, मैं बुरी नज़र के डर में जीती रही और मेरे लिए वह डर बिलकुल असली था।

शायद आप भी, मेरी तरह किसी अंधविश्वास के हिसाब से जिए हों या इमान की तरह अपनी मंजिल तक पहुँचने से ठीक पहले रूक गए हों। हम सबकी जिंदगी

में ऐसे पल आए हैं जब हमने डर या मानसिक फिल्टरों को हावी होने दिया और उन्हें हमारी महत्वाकांक्षी जिंदगी के रास्ते में बाधा बनने दिया। इन्हें छोड़ने के लिए हमें इस बात को समझना होगा कि हमारे डर की कहानियाँ हमारी जिंदगी में आकर कैसे हमें आगे बढ़ने से रोक रही हैं।

अभ्यास: अपने डर की कहानियाँ पहचानें

१. खुद से पूछें, ''मेरे अगले स्तर की अभिव्यक्ति के मामले में मुझे अभी किस बात से डर लग रहा है?'' एक सूची बनाइए, कहानी लिखिए, जितने भी कारण आपको डरावने लगते हैं, सब नोट कीजिए। कुछ भी मत छोड़िए। यह आपका स्थान है, जहाँ आप बिना किसी जजमेंट के सब कुछ लिख सकते हैं।

२. जाँचिए कि क्या आप मानसिक फिल्टर का इस्तेमाल कर रही हैं जैसे कि विपत्ति-निर्माण अति-आमकरण या अंधविश्वास।

३. आपने जो भी डर लिखे हैं, उन्हें तीन हिस्सों में बाँटिए- सबसे कम संभावना, कम से मध्यम संभावना और बहुत अधिक संभावना।

४. जिन डरों के सच होने की संभावना ज़्यादा है, उनके लिए एक योजना बनाइए ताकि उनके असर को घटाया जा सके। ऐसा क्या किया जा सकता है, जिससे उनका असर कम हो या सबसे बुरी स्थिति के लिए कोई बैकअप योजना तैयार हो? वह डर चुनिए जो आपको सबसे ज़्यादा महसूस होता हो और नीचे दिए तीन सवालों का जवाब दीजिए:

- मैं इसे रोकने के लिए क्या कर सकता हूँ?
- मैं इसके असर को कम करने के लिए क्या कर सकता हूँ?
- सबसे बुरी स्थिति में मेरी योजना क्या होगी?

५. अगर हम अपने कर्मों में ईमानदारी रखें तो अपने डर और मानसिक विकृतियों से निकल सकते हैं। आप कौन से कदम उठाएँगे ताकि डर से बाहर निकलकर सच्चाई और ईमानदारी की ओर बढ़ सकें?

६. अपनी ताकतों और साहसिक क्षणों की सूची बनाइए और अपने मस्तिष्क को अपनी ही दृढ़ता व साहस पर विश्वास करने के लिए आमंत्रित कीजिए, यहाँ तक कि सबसे कठिन क्षणों में भी। यह अभ्यास आपको याद दिलाता है कि सबसे मुश्किल पलों में भी आप सक्षम हैं।

आंतरिक स्थिरता हासिल करना

जब मैं अपने क्लाइंट्स के साथ उनके करियर, उद्देश्य या किसी बड़े बदलाव पर काम करती हूँ तो उन्हें अक्सर यह बहुत डरावना लगता है, कभी वित्तीय कारणों से और कभी-कभी व्यक्तिगत सुरक्षा से जुड़े कारणों से। बड़े बदलावों के परिणाम स्पष्ट होते हैं, जिनका सामना खासकर महिलाओं (और ऐतिहासिक रूप से वंचित अन्य लोगों) को करना पड़ता है, जो हमारी प्रगति की क्षमता पर असर डालते हैं। वास्तव में, अध्ययनों से पता चला है कि महिलाएँ जोखिम उठाने पर नकारात्मक परिणामों का अधिक सामना करती हैं, जबकि पुरुषों को अधिकतर सकारात्मक परिणाम मिलते हैं। ऐसे में डर को महसूस करते हुए भी आगे कैसे बढ़ें?

जब हम संपूर्णतावाली सोच रखते हैं और कुछ बड़ा करना चाहते हैं तो हमें आंतरिक स्थिरता का विकास करना पड़ता है और ''अविचलित'' ऊर्जा लानी पड़ती है। अविचलित ऊर्जा का मतलब है - खुद को गहराई से जानना और इतनी आंतरिक स्थिरता हासिल करना कि बाहर कुछ प्रतिकूल होने पर भी हमारा आत्मबोध न हिले। आप अपने गुण रूपी उपहारों का संपूर्णता से उपयोग करना चाहते हैं और हर पल अपने भीतर की श्रेष्ठतम चीज़ को सामने लाना चाहते हैं, है न? यह आसान नहीं है। यह मुझे मेरी पसंदीदा किताब 'द वेल्वेटीन रैबिट' की एक पंक्ति की याद दिलाता है। खरगोश चमड़े के घोड़े से पूछता है कि असली होना क्या होता है। इस पर घोड़े ने जो जवाब दिया, उसने मेरे दिल को छू लिया:

इसमें समय लगता है। यही वजह है कि यह अक्सर उन लोगों के साथ नहीं होता, जो आसानी से टूट जाते हैं या जिनका स्वभाव कठोर होता है या जिन्हें बहुत सावधानी से सँभालना पड़ता है। सामान्यत:, जब तक आप सचमुच असली बनते हैं, आपके अधिकांश बाल झड़ चुके होते हैं, आपकी आँखें धुँधली पड़ जाती हैं, आपके जोड़ ढीले हो जाते हैं और आप काफी जीर्ण-शीर्ण दिखने लगते हैं। लेकिन इन बातों का कोई महत्व नहीं होता क्योंकि असली बनने के बाद आप कभी कुरूप नहीं हो सकते सिवाय उन लोगों की नज़र में जो इस बात को नहीं समझते।

जब हम असली बनते हैं, जब हम अपने महत्वाकांक्षा के संपूर्ण रूप से मेल खाते हैं और प्रदर्शन-आधारित जिंदगी की जगह उद्देश्य चुनते हैं, तो कुछ होता है। दोस्तियाँ बदल जाती हैं, लोग दूर चले जाते हैं और कभी-कभी जो वास्तव में हमें देख सकते हैं और सहारा दे सकते हैं, उनकी संख्या घट जाती है। मेरे कई क्लाइंट्स इस क्षण से डरते हैं और यही अक्सर उन्हें प्रगति करने से रोकता है। लेकिन लोगों

का दूर जाना उस चीज़ की तुलना में बहुत छोटा नुकसान है, जो हमें मिलती है। जो हमारे साथ नहीं आते, वे वही लोग होते हैं जो हमारी प्रगति को कुरूप मानते हैं। मेरी नज़र में हमारी इंसानियत का खिलना सबसे सुंदर चीज़ है। इसलिए उन लोगों को प्रेम से अलविदा कहें और जाने दें।

हममें से कई लोग अपनी प्रगति रोक देते हैं क्योंकि हम असफल होने और जज किए जाने से डरते हैं। लेकिन सच्चाई यह है कि हम अपने जीवन में चाहे कुछ भी करें, हमें जज तो किया ही जाएगा। हम चिंतित रहते हैं कि हमारे माता-पिता या इंटरनेट पर मौजूद अजनबी क्या कहेंगे। जबकि सच्चाई ये है कि आप चुप होकर किसी कोने में बैठ जाइए, तब भी लोग आपको जज करेंगे, तो क्यों न आप वही बनें जो आप सचमुच हैं। दूसरों द्वारा आपका मूल्यांकन उनके उन पहलुओं से जुड़ा होता है, जहाँ वे खुद को अधूरा महसूस करते हैं। उनका आपको जज करना उनका ही प्रोजेक्शन है। जब आप दूसरों की राय से कम प्रभावित होंगे तो बहुत कम पीड़ा का अनुभव करेंगे। और हाँ, यह करना कठिन है और हम सब यह सीखने की प्रक्रिया में हैं कि ऐसा कैसे करें। लेकिन जैसा मैंने कहा, चाहे आप कुछ करें या न करें, लोग राय तो बनाएँगे ही। तो बेहतर यही है कि आप अपने सबसे सच्चे स्वरूप में रहें। अपनी जिंदगी की कहानी के मुख्य पात्र बनें। मुख्य पात्र हर परिस्थिति में अपनी ऊर्जा के साथ उपस्थित रहते हैं। आप अपनी सबसे बड़ी स्थिरता के स्रोत हैं। दुनिया हमेशा बाधाएँ खड़ी करेगी, यही जीवन का स्वभाव है। लेकिन यदि आपकी आंतरिक नींव मज़बूत है तो आपके पास असाधारण काम करने की शक्ति होगी। और अपनी जड़ों से जुड़ी, उज्ज्वल आत्मा बने रहने की आपकी अटल प्रतिबद्धता दूसरों का भी मार्गदर्शन करेगी।

अभ्यास: कहानी के मुख्य पात्रवाली ऊर्जा और स्थिरता हासिल करना

१. अपनी कॉपी में दो कॉलम बनाएँ। पहले कॉलम के ऊपर लिखें ''सेल्फ'' और दूसरे कॉलम के ऊपर लिखें ''नॉट सेल्फ।''

२. ''सेल्फ'' कॉलम में अपने मूल गुण लिखें। दुनिया आप पर अपने विचार थोपती, इससे पहले आप इस धरती पर क्या बनकर आए थे? अपने बाल-स्वरूप की कल्पना कीजिए। उसमें कौन सी खूबियाँ सहज थीं?

३. ''नॉट सेल्फ'' कॉलम में वे सब मौके दर्ज करें, जब आप डर, चिंता, आलोचना और पीड़ा से संचालित स्वरूप में रहते हैं।

४. अगले सप्ताह ध्यान दें कि आप ''सेल्फ'' ऊर्जा में हैं या ''नॉट सेल्फ'' ऊर्जा में।

५. जब भी आप खुद को ''सेल्फ'' ऊर्जा में देखें, अध्याय ७ में दिए गए बॉडी–मैपिंग टूल का इस्तेमाल करें ताकि अपने नर्वस सिस्टम को संतुलित कर सकें और वापस ''सेल्फ'' ऊर्जा में आ सकें। इसका अभ्यास तब तक करें, जब तक यह आपका स्वाभाविक तरीका न बन जाए। यही आंतरिक स्थिरता हासिल करने का तरीका है।

याद रखें, डर और बाधाएँ हमेशा रहेंगी। लेकिन हमारी प्रतिक्रिया कभी भी महत्वाकांक्षा को छोड़ना या सरेखित कदम उठाने से पीछे हटना नहीं होनी चाहिए। इसका उत्तर है, अपने लिए आंतरिक स्थिरता हासिल करना, फिर अपने समुदायों को बुलाना, अपने साथियों को जोड़ना और फिर उस सुंदर जीवन की ओर पूरे आत्मविश्वास से आगे बढ़ना, जिसके हम हकदार हैं।

अध्याय सारांश:

- जब सरेखित कदम उठाने की बात हो तो आपके लक्ष्य दयालु और मनोवैज्ञानिक रूप से सुरक्षित होने चाहिए।
- स्वस्थ आदतें विकसित करें, संकेत तय करके, प्रलोभन को सही चीज़ों से जोड़कर और अपने रास्ते में आनेवाली रुकावटें हटाकर।
- अति करने से बचें। अपनी अनूठी ऊर्जा का सम्मान करना ही सबसे अच्छा प्रवाह है।
- डर हमेशा रहेगा, खासकर बड़े कदम उठाते समय। डर को वर्गीकृत करनेवाले अभ्यास का उपयोग करें और डर को अपना दोस्त बनाएँ।
- अपने नर्वस सिस्टम के साथ काम करके आंतरिक स्थिरता हासिल करें।

निष्कर्ष

जब आप एक बड़े स्तर पर अपनी प्रतिभा दिखाने के लिए मैदान में उतरें तो मैं चाहती हूँ कि आप यह बात याद रखें, यह आपकी अपनी महत्वाकांक्षा है। आप जो हासिल करना चाहते हैं, उसका सपना आपने स्वयं देखा है। बाहर की दुनिया में आपने अब तक जो भी देखा है, आपकी महत्वाकांक्षा उससे अलग ही दिखेगी क्योंकि हमें आमतौर पर दुनिया जो भी दिखाती है, वह अक्सर विकृत और यहाँ तक कि हानिकारक भी होता है, खासकर उनके लिए जो हाशिये पर रहे समुदायों से आते हैं। यदि आपकी महत्वाकांक्षी कल्पनाएँ आम धारा से अलग दिखती हैं तो यह बहुत अच्छी बात है, उन्हें अलग दिखना ही चाहिए। मैं चाहूँगी कि आप अपनी उद्देश्यपूर्ण महत्वाकांक्षा का इस्तेमाल किसी क्रांतिकारी काम के लिए करें। आखिरकार, अगर हमें नस्लवाद, पितृसत्ता, समर्थवाद (विकलांगों के प्रति पूर्वाग्रह और भेदभाव) को ध्वस्त करना है और उत्तर-पूंजीवाद के दुष्प्रभावों से उबरना है तो हमारे उद्देश्यपूर्ण योगदान में गहनता और सार्थकता होनी चाहिए।

इस किताब को पढ़ने के बाद शायद आपके लक्ष्य बदल गए होंगे या शायद उनके पीछे का ''कारण'' बदल गया होगा। हो सकता है आप इस किताब को यह जानने के लिए पढ़ने बैठे हों कि प्रमोशन कैसे पाएँ क्योंकि आप चाहते थे कि आप ऐसे पहले व्यक्ति बनें, जो अपनी कंपनी में सिर्फ कर्मचारी न रहे बल्कि एक दिन पार्टनर बने। लेकिन जैसे-जैसे आप इस किताब के अध्यायों को एक-एक कर पढ़ते गए, शायद आपको अहसास हुआ होगा कि असल में यह आपका सपना था ही नहीं। या शायद आप इन पन्नों को इस सोच के साथ पलट रहे थे कि आपको अपने ऑफिस में और सशक्त बनने के तरीके पढ़ने को मिलेंगे लेकिन फिर आपको समझ में आया कि सचमुच प्रभावशाली बनने का एक ही तरीका है, खुद का बिजनेस शुरू करना। बात जब जीवन को नए सिरे से देखने और ऐसे लक्ष्य चुनने की आती है, जो हमारी स्वस्थ महत्वाकांक्षाओं के साथ मेल खाते हों तो आपको जबरदस्ती कुछ करने की आवश्यकता नहीं है। आपकी यात्रा का सार यह है कि आप रोज़ाना ऐसे

सरेखित कदम उठाएँ, जो आपको अपने सच के और करीब ले जा सकें।

आपके भीतर बहुत अधिक प्रतिभा, तीव्रता और चमक है। आप अपने पूर्वजों, मार्गदर्शकों और उन लोगों के कंधों पर खड़े हैं, जिन्होंने आपसे प्रेम किया है। हाँ, हर वह व्यक्ति जो ऐसा कर रहा है, उसने संघर्ष देखा है, शायद दूसरों से भी अधिक। तो आइए, इसे व्यर्थ न जाने दें। मैं चाहती हूँ कि आप किसी भी प्रतिरोध को ईंधन की तरह, आग की तरह और एक ऐसे अवसर की तरह इस्तेमाल करें, जिससे आप एक बिलकुल अलग दुनिया बना सकें।

अब इस किताब के अंतिम भाग में मैं चाहती हूँ कि जब आप अपनी उद्देश्यपूर्ण महत्वाकांक्षा के साथ और गहराई से मैदान में उतरें तो अपना दृष्टिकोण ऊँचा रखें और कुछ महत्वपूर्ण विचारों को याद रखें।

आगे बढ़ते रहें

मेरे करियर के सबसे कठिन पलों में से एक पल कुछ साल पहले तब आया, जब मैं यह किताब भी लिख रही थी। मैं अपने सामान्य बिजनेस मॉडल के साथ आगे बढ़ रही थी लेकिन अचानक सब गड़बड़ होने लगी। मेरे परखे हुए तौर-तरीके काम नहीं आ रहे थे। मैंने झल्लाहट में पैर पटक रही थी, अपनी सारी प्रणालियों को फिर से देखा और साथ ही कई मनोचिकित्सकों, कोचों और दोस्तों से बात की। और जानते हैं, सबने मुझसे क्या कहा? अमीना, तुम बहुत छोटे दाँव लगा रही हो। तुम इस क्षेत्र में काफी काम कर चुकी हो और ऐसी परिस्थितियाँ पहले भी संभाल चुकी हो। तो अब आगे क्या? उसे हासिल करने का समय आ चुका है।

सतही तौर पर देखें तो यह पूरी तरह सच नहीं लगता था। मैंने कुछ काफी साहसी कदम उठाए थे और अवसर मिलने पर खुद को पूरी तरह झोंक दिया था। आखिर, मैंने दुनिया के सबसे बड़े प्रकाशकों में से एक के साथ किताब लिखने का समझौता कर रखा था! लेकिन गहराई से देखने पर समझ आया कि उनका कहना बिलकुल सही था। मैंने जो भी करने की ठानी थी, उसमें से ज़्यादातर चीज़ें मैं हासिल कर चुकी थी। लेकिन असलियत में, मैं अपनी उपलब्धियों पर टिककर सुस्ता रही थी और इसे संतोष का नाम दे रही थी, जबकि मेरे भीतर कहीं न कहीं यह चाह बनी हुई थी कि मैं और आगे बढ़ूँ। खुद को महत्वाकांक्षा में डूबा राक्षस बनने से बचाने के चक्कर में उतनी ही अनुपयुक्त कुछ बन गई थी। दूसरे शब्दों में कहें तो आत्मसंतुष्ट हो गई थी।

खुद को याद दिलाते रहें कि आपको लगातार आगे बढ़ना है और अपनी प्रतिभा के नए-नए पहलुओं को सामने लाना है। कभी-कभी हम उस मंजिल तक पहुँच जाते हैं, जहाँ पहुँचने की चाह हमारे मन में लंबे समय से थी। और फिर हम उसका आनंद लेने में ही कुछ इस तरह अटक जाते हैं कि अपने भीतर की उस आवाज़ को सुनना भूल जाते हैं, जो कहती है कि मैं और भी बहुत कुछ करने योग्य हूँ। चूँकि हमेशा हाशिए पर रखे गए हमारे जैसे लोगों का अपनी एक मंजिल तक पहुँच पाना अपने आपमें ही इतना क्रांतिकारी होता है कि हम खुद को इस धोखे में रखने लगते हैं कि इतना ही काफी है। या फिर हमें ये लगता है कि विकास की धारा से जुड़ना बस एक बार करनेवाला काम है। जबकि वास्तविकता ये है कि जब तक आपकी साँस चल रही है, आप लगातार आगे पढ़ने और अपनी प्रतिभा के नए-नए पहलुओं को दुनिया के सामने रखने के लिए बने हैं। हर दिन अपने उद्देश्य की ओर बढ़ते रहें। जहाँ भी हों, वहाँ के सबसे रोशन, सबसे ऊर्जावान व्यक्ति बनें और अपने दिल की आवाज़ को खुलकर बोलने का मौका दें।

अगर आप अपने दिल की आवाज को सुनें और उसे अपनी उद्देश्यपूर्ण महत्वाकांक्षा के अगले स्तर की दिशा तय करने दें तो वह आपसे क्या कहेगी?

अपने विकास को समर्पित करें

चूँकि हम यहाँ तक आ ही गए हैं तो अब हम अपनी दृष्टि को पूरी तरह समर्पित करेंगे। आप सोच रहे होंगे, ''क्या मतलब? मैं तो हर जिम्मेदारी पूरा करनेवाला, उच्च उपलब्धियाँ हासिल करनेवाला और सब कुछ संभव बनानेवाला व्यक्ति हूँ। मैं समर्पण नहीं करता!''

मैं समझ सकती हूँ कि आप ऐसा क्यों सोच रहे हैं। मैं खुद भी आपके जैसी ही थी।

हममें से बहुत से लोग अपने लक्ष्यों का इस्तेमाल अपने जीवन को नियंत्रित करने के साधन के रूप में करते हैं। लेकिन अगले स्तर तक पहुँचने के लिए हमें विश्वास, समर्पण और सहज-शांत ग्रहणशीलता की जरूरत होती है। यहाँ समर्पण का अर्थ सफेद झंडा लहराना या हार मान लेना नहीं है; यहाँ इसका अर्थ है, प्रतिरोध का अभाव। समर्पण का अर्थ क्रिया रोक देना नहीं है। यह मनोवृत्ति का बदलाव है, जो हमें उच्चतम शक्ति में पूर्ण विश्वास की दिशा में ले जाता है और हमारी क्रिया भी चलती रहती है। इसके पीछे का विचार ये है कि सारे सही कदम उठाने के बाद

भी, हो सकता है कि चीज़ें वैसी न हों जैसी हम चाहते हैं। लेकिन ऐसे में आपको परेशान होने की जरूरत नहीं है क्योंकि यही जीवन है और यही जानकारी है। जब हम नियंत्रण पाने के लिए संघर्ष करना छोड़ देते हैं और बहाव के साथ चलना शुरू करते हैं तो जीवन का अनुभव बिलकुल अलग हो जाता है। असली जादू तो उसी तरलता में घटित होता है, जहाँ निष्क्रिय और सक्रिय ऊर्जा दोनों मौजूद हों। एक की अधिकता और दूसरे की कमी हमारे प्रयासों का संतुलन बिगाड़ देती है। बहुत अधिक निष्क्रिय ऊर्जा हमें जड़ बना सकती है, जबकि बहुत अधिक सक्रिय ऊर्जा हमें विनाशकारी बना सकती है। इनके बीच एक संतुलन बनाना अपने आपमें बहुत क्रांतिकारी होता है।

यह याद रखना भी ज़रूरी है कि कभी-कभी समर्पण का विचार आध्यात्मिक समुदायों में इस तरह इस्तेमाल होता है कि वह हमारी आलोचनात्मक सोच को कुंठित कर देता है। यह आध्यात्मिक पलायन का एक रूप है। शायद हम सब कभी न कभी किसी ऐसी बातचीत का हिस्सा रहे हैं, जहाँ हमें कहा गया हो कि ''खुद को ईश्वर या ब्रह्मांड को सौंप दो'' और यह सुनना हमें ऐसा लगा हो कि हमारी शक्ति और क्षमता छीन ली गई हो। मैं जो कह रही हूँ, वह इससे बिलकुल अलग है। हम परिणाम के प्रति समर्पित रहना चाहते हैं लेकिन हर कदम पर अपनी आंतरिक विवेक और क्षमता का भी इस्तेमाल करना चाहते हैं।

आस्था बनाए रखें

जब हम इस बात को स्वीकार कर लेते हैं कि जो होना है वही होगा, तब आस्था हमारे लिए सबसे गहन शांति का स्रोत बन जाती है। जब मैं ''आस्था'' शब्द कहती हूँ तो बहुत से लोग उससे चिढ़ जाते हैं। लेकिन आस्था से मेरा मतलब किसी खास धार्मिक संदर्भ में नहीं है। मैं धार्मिक नहीं हूँ। मैं एक मुस्लिम परिवार में पली-बढ़ी लेकिन जैसे-जैसे बड़ी हुई, मुझे समझ आया कि मेरे और ईश्वर के बीच का रिश्ता बहुत ही व्यक्तिगत है। मेरे लिए आस्था किसी धर्म का पालन करने का नाम नहीं बल्कि इस भरोसे का नाम है। एक उच्चतम शक्ति हमेशा हमारे साथ है और हमें सहारा देने का काम करती है। आस्था हमसे कहती है कि हम कुछ चीज़ों को तर्क से नहीं बल्कि विश्वास से स्वीकार करें।

उस ऊर्जा पर भरोसा करना, जो फूलों को खिलाती है, धरती को अपनी धुरी पर घुमाती है और जो हमें इस संसार में लाई है, बस यही आस्था है। आस्था एक बहुत दूरदर्शी सोच है, जिस पर विश्वास करना आसान नहीं होता। आस्था का मतलब

है, इस बात पर भरोसा करना कि कोई उच्चतम शक्ति जानती है कि वह हमारे साथ और हमारे लिए क्या कर रही है, भले ही हालात बिगड़ते हुए नज़र आ रहे हों। जब हम उस ऊर्जा पर अपना नियंत्रण बनाने की कोशिश करते हैं तो असल में हम उसे रोक रहे होते हैं। बिना आस्था के हम जबरदस्ती उसी चीज़ में अटके रहते हैं, जो हमारी नहीं है।

आस्था तक पहुँचना मेरे लिए हमेशा आसान नहीं रहा। अपनी शुरुआती स्वास्थ्यसंबंधी समस्या के बाद, मैं ईश्वर, ब्रह्मांड या किसी भी उच्चतम शक्ति से बहुत नाराज़ थी। मैंने इतना कठिन समय देखा था कि मुझे लगा, जैसे ब्रह्मांड ने मुझे भुला दिया हो या उसके पास मेरे लिए समय ही न हो। (क्या आपको भी ऐसा कभी लगा है?) लेकिन खुद को यह कहानी सुनाते रहना कि मैं इस दुनिया में अकेली हूँ, मेरे भीतर की पीड़ा को और बढ़ा रहा था।

एक दिन मैं अपनी कोच से मिली, जो पहले एक वैष्णव संन्यासी रह चुके थे। मैंने उनसे अपनी तब की चुनौतियाँ साझा करते हुए जी भरकर शिकायत की। करीब दस मिनट तक मैं बोलती रही और वे बस सुनते रहे। जब मैं चुप हुई तो वे कुछ पलों तक मौन ही रहे। मैं उनका जवाब सुनने के लिए इतनी उतावली थी कि मुझे उनके मौन के वे कुछेक पल कई घंटों जैसे महसूस हुए। फिर उन्होंने कहा, ''अगर यह सब ईश्वर ही कर रहा हो, तो?'' फिर उन्होंने आगे कहा, ''अगर तुम्हारे जीवन की हर चुनौती और तुम्हारा उस चुनौती का डटकर सामना करने का दूसरा नाम ही ईश्वर हो तो?'' पलभर ठहरकर उन्होंने आगे कहा, ''आखिर, चुनौती भी तो दिव्य उपहार ही है।''

मैंने उनकी इस बात पर बहुत सोचा। डायरी लिखी। ध्यान किया। बातचीत की। और फिर मुझे समझ में आया कि वे बिलकुल सही कह रहे थे। अगर मेरा बचपन वैसा न होता तो मैं दुनिया के सामने वैसे नहीं आती, जैसे आई थी। अगर मैं दुनिया के सामने वैसे न आती तो खुद को करीब-करीब मौत की कगार पर न पहुँचाती। और अगर मैंने खुद को मौत की कगार पर न पहुँचाया होता तो मैं जीवन बदलने के साधन न ढूँढ़ती। अगर मैं वे साधन न ढूँढ़ती तो पेशे से एक कोच न बनती। अगर कोच न बनती तो यह किताब न लिख रही होती, न ही कोई सेमिनार ले रही होती, न लीडर्स को प्रशिक्षित कर रही होती। यानी मेरी चुनौतियाँ मेरे लिए उपहार ही सिद्ध हुई हैं।

क्या आप ऐसा सोचती हैं कि काश जीवन कम कठिन होता? हाँ, बिलकुल।

मुझे पता है, आप भी ऐसा ही सोचते होंगे। लेकिन साथ ही, मेरी आत्मा गहराई से जानती है कि मेरी सबसे बड़ी चुनौतियों ने ही मुझे सबसे गहरे सबक दिए हैं और मैं उन्हें खोना नहीं चाहूँगी। आज भी, जब मैं खुद को कठिन और थका देनेवाली परिस्थितियों में पाती हूँ तो खुद से पूछती हूँ, क्या इसके पीछे भी ईश्वर ही है? मुझे पता है, यह सुनने में ''विषाक्त सकारात्मकता'' जैसा लग सकता है कि चाहे कितना भी बुरा हो, सब कुछ हमारे भले के लिए ही होता है। सच्चाई यह है कि कई चीज़ें वाकई बुरी होती हैं और उनका कोई तर्क नहीं होता। लेकिन यह मानना कि ईश्वर मेरी देखभाल कर रहा है और इसमें भी कोई भलाई छिपी है, यह विश्वास मुझे बहुत सहारा देता है, बजाय इसके कि मैं मान लूँ कि वह मुझे भूल गया है। इसलिए आप भी अपनी सारी भावनाओं का स्वागत करें और आस्था बनाए रखें।

और हाँ, दुःख का भी स्वागत करें, शायद सबसे ज़्यादा।

मेरे नाना, जिन्हें मैं अपने पिता-तुल्य मानती थी, ४ नवंबर २०१८ को चल बसे। उन्हें प्रोस्टेट कैंसर था, जो पहले उनके पूरे शरीर और फिर आखिरी हफ्तों में दिमाग तक फैल गया था। यह कहना कि मैं उनसे बहुत प्यार करती थी काफी नहीं होगा। वे बड़े ही स्थिर, हद से ज़्यादा दयालु, समझदार व्यक्ति थे और मुझे व मेरी बहनों को बिना शर्त प्रेम करते थे। वे इस दुनिया में मेरा आधार थे। उनका और मेरी नानी का घर ही हमारा असली घर था क्योंकि बचपन में हमें दर्जनों बार घर बदलना पड़ा था। चाहे कुछ भी हो जाए, वे हमेशा मेरे साथ खड़े रहते थे। मेरे लिए वह इंसान के रूप में ईश्वर थे। जब उनका निधन हुआ तो मैं पूरी तरह बिखर गई। मैं इस हद तक टूट चुकी थी कि मुझे रोज़-रोज़ रोना बंद करने में छह महीने से ज़्यादा का समय लग गया। हर दिन मन में गहरी पीड़ा उठती थी। यह दुःख इतना गहरा और निरंतर था कि मैंने ठान लिया कि अब मुझे इसे करीब से जानना होगा। मैंने अपने दुःख का सामना इतनी गहराई से किया कि वह मेरे जीवन का एक कार्य बन गया।

दुःख सार्वभौमिक है और अगर हम उसे जगह दें तो वह हर जगह मौजूद है। नौकरी छोड़ने में भी दुःख है, किसी नए शहर जाकर बसने में, अपने किसी प्रिय को खोने में भी, अपने सपनों का घर छूटने में या व्यापार का परिणाम उम्मीदों से अलग निकलने में भी दुःख होता है। क्योंकि दुःख हर जगह है। और अगर मैंने उसका इतनी गहराई से सामना न किया होता तो मैं उसके बारे में दूसरों को कुछ भी नहीं सिखा पाती। मेरे लिए दुःख ईश्वर के करीब पहुँचने का और अपने काम के करीब आने का द्वार था। इस विचार को स्वीकार करना कि मेरे जीवन के सबसे कठिन पल ही मुझे

सबसे गहन समझ तक लेकर आए हैं, मेरे लिए यही आस्था है।

भक्ति-भाव विकसित करें

जिन आध्यात्मिक परंपराओं के अंतर्गत मैंने अध्ययन किया है, वहाँ डिवोशन यानी भक्ति की बहुत चर्चा होती है। काम के प्रति भक्ति, बदलाव के प्रति भक्ति, उपचार के प्रति भक्ति, अपनी साधना के प्रति भक्ति। जब मैंने ''डिवोशन'' शब्द की जड़ें तलाशीं तो एक बात स्पष्ट हुई। ''डिवोशन'' लैटिन शब्द डिवोवेर से आया है, जिसका अर्थ है, किसी दिव्य उद्देश्य के लिए समर्पित करना। कितना सुंदर है यह! अब जब हमारी ये चर्चा अपने अंतिम चरण में है, मैं आपसे पूछना चाहती हूँ कि अब अपने जीवन में आगे बढ़ते हुए आप किसके प्रति भक्ति-भाव रखेंगे?

उद्यमिता और करियर से जुड़े कई संगठनों का हिस्सा बनने के दौरान मैंने बार-बार एक बात सुनी है, डिसिप्लिन यानी अनुशासन। हमें ''अपने अनुशासन को अपनाने के आसान तरीकों'' की कहानियाँ सुनाई जाती हैं और बताया जाता है कि जो सबसे अनुशासित होते हैं, अंततः वही ''विजयी'' होते हैं। अनुशासन को सबसे बड़ा मूल्य बताते हुए सिखाया जाता है। अगर हम इसकी परिभाषा देखें तो यह कुछ इस तरह से है, ''लोगों को नियमों या आचरण-संहिता का पालन करने के लिए प्रशिक्षित करना।'' यह परिभाषा हमेशा मुझे मेरी असली प्रकृति के खिलाफ लगी है। लेकिन ''डिसिप्लिन'' शब्द वास्तव में ''डिसाइपल'' शब्द से निकला है, जिसका अर्थ होता है, ''शिष्य'' या विद्यार्थी। तो क्या हो, अगर हम खुद को जबरदस्ती उन नियमों और व्यवहारों में ढालने की बजाय, जिन्हें शायद हमारे जैसे लोगों के लिए बनाया ही नहीं गया, अपने आपको एक विद्यार्थी मानकर अपने दिव्य उद्देश्य के लिए समर्पित कर दें? मेरे विचार में विद्यार्थी या शिष्य होना सबसे सुंदर भूमिकाओं में से एक है क्योंकि यह हमसे पूछता है कि हम किसके प्रति समर्पित हैं? और अगर हम सब अपने जीवन को दिव्य उद्देश्य पूरा करने के लिए समर्पित कर दें तो यह दुनिया कितनी सुंदर हो जाएगी।

आइए अपनी भक्ति को साथ मिलकर जगाते हैं। जितना हम अपने संदेहों के प्रति समर्पित हो जाते हैं, हमें उससे कहीं ज़्यादा समर्पित, दुनिया में बदलाव लानेवाले अपने मिशन के प्रति होना होगा। हमें अपनी आस्था के प्रति अपनी सीमित मान्यताओं से अधिक समर्पित होना होगा। हमें खुद और दूसरों की मदद करने के प्रति अपने कष्ट से अधिक समर्पित होना होगा। हमें अपने उपचार के प्रति, उन व्यवस्थाओं और उनसे मिले आघातों से अधिक समर्पित होना होगा, जिन्होंने हमें

नुकसान पहुँचाया है। इस पूरी प्रक्रिया में अपने अंदर के भक्ति-भाव को अपना मार्गदर्शक बनाएँ।

मैं तो यही चाहती हूँ कि आप अपनी उद्देश्यपूर्ण महत्वाकांक्षाओं को उस जीवन की सेवा में लगाएँ, जिसे आप जीना चाहते हैं। इस दुनिया को आज सबसे ज्यादा जरूरत उन्हीं लोगों की है, जो हम जैसे दिखते हैं और हमारे जैसी पहचान रखते हैं और जो शक्ति को इस तरह परिभाषित करते हैं कि वह हर इंसान की और इस पूरे संसार की सेवा करे। एक ऐतिहासिक रूप से उपेक्षित इंसान के रूप में उद्देश्य के साथ जीना और उससे जुड़े रहना एक तरह का प्रतिरोध है और यह हमारे संसार में एक अलग ही तरह का बदलाव लाता है। जब महत्वाकांक्षा, सफलता और उद्देश्य के साथ हमारे संबंध सहज होते हैं तो हम सिर्फ अपनी आत्मा की पुकार से जुड़े नहीं होते बल्कि अपनी वंशावली का सम्मान भी कर रहे होते हैं, भ्रष्ट व्यवस्थाओं को सुधार रहे होते हैं और संस्कृति में आवश्यक बदलाव ला रहे होते हैं।

हमारे पास वे सारे साधन हैं, जो हमें चाहिए और अपने सपनों को अपना आधार बनाकर हम इस अन्यायी दुनिया का सामना कर सकते हैं। अगर हमें अपने जीवन की वास्तविकता को बदलना चाहते हैं तो हमें एक अलग राह चुननी होगी। इसका मतलब है कि अब तक किए गए सारे कार्यों के साथ आगे बढ़ना और कुछ ऐसा करना, जो सचमुच इस पूरे खेल को बदलकर रख दे।

यह किताब आपके जीवन जीने के ढंग को ऊँचा उठाने और उसके जरिए आपके काम और जीवन के हर हिस्से को बेहतर बनाने के लिए लिखी गई है। जिंदगी में अक्सर एक पल आता है, जब हमें लगता है कि हम उस ऊँचाई तक पहुँच गए हैं, जिसके आगे जाना हमारे लिए संभव नहीं है। यानी हमारे पास जो साधन हैं, उनका इस्तेमाल करके हम सब कुछ कर चुके हैं और अब हम अगले स्तर पर नहीं जा सकते। लेकिन सच्चाई ये है कि हम उन्हीं पुराने विश्वासों, विचारों और तरीकों से कोई नया नतीजा नहीं पा सकते, जिनसे हम यहाँ तक पहुँचे हैं। इसके लिए अपने दृष्टिकोण में बदलाव लाने की जरूरत है। जिसकी बुनियाद हम इस किताब में रख चुके हैं। विकास के मामले में, मेरा मानना है कि कुछ दौर ऐसे होते हैं, जब हमें धीरे-धीरे बढ़ना होता है और कुछ दौर ऐसे आते हैं, जब हमें छलाँग लगाकर तीव्र विकास करना होता है। और अगर आप इन सब चीज़ों को अब व्यवहार में लाने को तैयार हैं तो मैं आपको तीव्र विकास से जुड़ी चर्चा के लिए आमंत्रित करना चाहूँगी।

तीव्र विकास की खूबसूरती यह है कि इसमें हमें अपने लिए वे सब चीज़ें माँगनी होती हैं, जिन्हें हमने हमेशा दूसरों के लिए सोचा था। इसका मतलब है एक बड़ा प्रमोशन माँगना, उस नौकरी के लिए आवेदन करना, जो आपके जीवन का एक बड़ा मोड़ साबित हो सकता है। या उस नए शहर में जाना जो आपके जीवन में नई खुशी ला सकता है। या फिर अपने संबंधों में बड़े बदलाव लाना, जो गहन मानसिक शांति ला सकता है। सच तो ये है कि तीव्र विकास पूरा खेल बदलकर रख देता है।

अपने सपनों को पूरा करें

आप इस दुनिया में वह सब पाने के योग्य हैं, जो आप चाहते हैं, भले ही समाज (और कभी-कभी हमारी अपनी सोच) ने बार-बार यह जताने की कोशिश की है कि आप इस योग्य नहीं हैं। अब, इस किताब के अंतिम चरण में मैं उम्मीद करती हूँ कि आप इस बात को समझ चुके होंगे कि यह सोच कितनी झूठी और बेकार है। अगर आपके मन में सपना पल रहा है तो यकीन मानिए, वह आपके लिए ही है। हाँ, कुछ लोगों को दूसरों की तुलना में कहीं ज्यादा बाधाओं का सामना करना पड़ सकता है लेकिन सपना तो फिर भी हमारा ही है ना। हम अपने इस सपने को पूरा करने की दिशा में जितने साहसिक कदम बढ़ाएँगे, उतना ही हम उन लोगों को प्रेरित करेंगे, जो हमारे जैसे दिखते हैं और हमारे जैसी पहचान रखते हैं। ऐतिहासिक रूप से उपेक्षित किए गए लोग जितने सशक्त बनेंगे, संसार में उतना ही कम दमन होगा। और जितना कम दमन होगा, उतनी ही ज्यादा शांति संभव होगी। यह हमारे चमकने का समय है, दोस्तों। यह पल एक लंबे इंतजार के बाद आया है और मैं इसे आप सबके साथ संजोना चाहती हूँ।

अब हमारे रास्ते में एक मात्र बाधा यही आ सकती है कि हम ये मान बैठें कि अपने महत्वाकांक्षी सपनों को पूरा करना हमारे बस में नहीं है। और मैं, हममें से किसी को भी इस बाधा में उलझने नहीं दूँगी।

यह पुस्तक पढ़ने के बाद आप अपना अभिप्राय (विचार सेवा) books.feedback@tejgyan.org पर पोस्ट कर सकते हैं।

तेजज्ञान फाउण्डेशन - परिचय

तेजज्ञान फाउण्डेशन आत्मविकास से आत्मसाक्षात्कार प्राप्त करने का एक रास्ता है। इसके लिए सरश्री द्वारा एक अनूठी बोध पद्धति (System for Wisdom) का सृजन हुआ है। इस पद्धति को अन्तर्राष्ट्रीय मानक ISO 9001:2015 के आवश्यकताओं एवं निर्देशों के अनुरूप ढालकर सरल, व्यावहारिक एवं प्रभावी बनाया गया है। इस संस्था की बोध पद्धति के विभिन्न पहलुओं (शिक्षण, निरीक्षण व गुणवत्ता) को स्वतंत्र गुणवत्ता परीक्षकों (Quality Auditors) द्वारा क्रमबद्ध तरीके से जाँचा गया। जिसके बाद इन पहलुओं को ISO 9001:2015 के अनुरूप पाकर, इस बोध पद्धति को प्रमाणित किया गया है।

तेजज्ञान फाउण्डेशन – परिचय

हॅपी थॉट्स तेजज्ञान यूटयूब चैनल

महाआसमानी - अल्प परिचय

Self Development to Self Realization

Towords Self Stabilizaion

क्या आपको उच्चतम आनंद पाने की इच्छा है? ऐसा आनंद, जो किसी कारण पर निर्भर नहीं है, जिसमें समय के साथ केवल बढ़ोतरी ही होती है? क्या आप इसी जीवन में प्रेम, विश्वास, शांति, समृद्धि और परमसंतुष्टि पाना चाहते हैं? क्या आप शारीरिक, मानसिक, सामाजिक, आर्थिक और आध्यात्मिक इन सभी स्तरों पर सफलता हासिल करना चाहते हैं? क्या आप 'मैं कौन हूँ' इस सवाल का जवाब अनुभव से जानना चाहते हैं? यदि आपके अंदर इन सवालों के जवाब जानने और 'अंतिम सत्य' पाने की प्यास जगी है तो तेजज्ञान फाउण्डेशन द्वारा आयोजित 'महाआसमानी परम ज्ञान शिविर' में आपका स्वागत है। यह शिविर पूर्णतः सरश्री की शिक्षाओं पर आधारित है।

महाआसमानी– अल्प परिचय

हैपी थॉट्स सरश्री (इंग्लिश) यूट्यूब चैनल

सरश्री द्वारा रचित पुस्तकों की जानकारी

सरश्री ने विविध विषयों पर १५० से अधिक पुस्तकों का लेखन किया है, जिनमें से 'विचार नियम', 'विश्वास नियम' 'स्वसंवाद का जादू', 'स्वयं का सामना', 'स्वीकार का जादू', 'निर्णय और ज़िम्मेदारी', 'निःशब्द संवाद का जादू', 'संपूर्ण ध्यान' आदि पुस्तकें बेस्टसेलर बन चुकी हैं। इनमें से कुछ पुस्तकें दस से अधिक भाषाओं में अनुवादित की जा चुकी हैं और प्रमुख प्रकाशकों द्वारा प्रकाशित की गई हैं, जैसे पेंगुइन बुक्स, जैको बुक्स, मंजुल पब्लिशिंग हाऊस, प्रभात प्रकाशन, राजपाल एँण्ड सन्स, पेंटागॉन प्रेस, सकाळ प्रकाशन इत्यादि।

विचार नियम
आपकी कामयाबी का रहस्य

विश्वास नियम
सर्वोच्च शक्ति के सात नियम

मौन नियम
स्वयं को जानने का निःशब्द उपाय

तेजज्ञान फाउण्डेशन द्वारा प्रस्तुत सोशल मीडिया ऐक्टिविटिज

तेजज्ञान इंटरनेट रेडियो

२४ घंटे और ३६५ दिन सरश्री के प्रवचन

और भजनों का लाभ लें, तेजज्ञान इंटरनेट रेडियो द्वारा। देखें लिंक

http://www.tejgyan.org internetradio.aspx

Tejgyan Internet Radio on all platforms like
Android, iPhone, iPad and Amazon

यू टयूब द्वारा प्रार्थना में शामिल हो सकते हैं

गुड मॉर्निंग प्रेयर हर रोज़ सुबह 6.15am-6.25am

ध्यान प्रार्थना बीज :
3.30pm-3.45pm & 9pm -9.15pm

शिविर – Train & Boost Your Immunity

जितनी हमारी इम्यूनिटी स्ट्राँगर, उतना हमारा स्वास्थ्य बेहतर

शिविर – श्राद्ध और पितृदोष युक्ति

पूर्वजों के लिए मुक्ति प्रार्थना कैसे करें

Liberation from Ancestral Karmic Bondage

शिविर – हॅपीवाले रिश्ते

जीवित रिश्तों का लक्ष्य

– जितृ पक्ष

यू ट्यूब पर सरश्री के प्रवचनों का लाभ लेने के लिए आज ही यू ट्यूब चैनल को सबस्क्राइब करें।

YouTube channels

Happy Thoughts - Tejgyan
Sirshree - Tejgyan
Happy Thoughts - Parma Gyan

*****Voice of Happy Thoughts App**

Registration link : https://happythoughts.co/
Contact No. : 7447797317

Follow Us